Dietz/Glatthaar
Das Räderwerk der Europäischen Kommission

Unternehmenspraxis in der EU

Band 10

Herausgegeben von
Dr. Ingo Friedrich, Dr. Gerhard Sabathil, Dr. Heinrich Weiler

Das Räderwerk der Europäischen Kommission

Strukturen, Zuständigkeiten,
Entscheidungswege, Adressen

von

**Wolfgang A. Dietz
Christiane Glatthaar**

2., neubearbeitete und erweiterte Auflage

Economica Verlag

Die Deutsche Bibliothek – CIP-Einheitsaufnahme

Dietz, Wolfgang:
Das Räderwerk der Europäischen Kommission : Strukturen,
Zuständigkeiten, Entscheidungswege, Adressen / von Wolfgang A. Dietz ;
Christiane Glatthaar. – 2., neubearb. und erw. Aufl.
– Bonn: Economica Verl., 1994
(Unternehmenspraxis in der EG; Bd. 10)
ISBN 3-87081-193-5
NE: Glatthaar, Christiane; GT

© 1994 Economica Verlag GmbH, Bonn

Alle Rechte vorbehalten.
Nachdruck, auch auszugsweise, nur mit Genehmigung des Verlags gestattet.

Titelbild: Amt für amtliche Veröffentlichungen der Europäischen Gemeinschaften
Satz: Roman Leipe Verlag GmbH, Hagenbach
Druck: graphoprint GmbH, Koblenz
Papier: hergestellt aus 100 % chlorfrei gebleichten Faserstoffen

ISBN 3-87081-193-5

Geleitwort

So positiv die öffentliche Meinung einer engeren europäischen Zusammenarbeit zwar grundsätzlich gegenübersteht, so kritisiert wird für gewöhnlich „die Brüsseler Bürokratie". Sie gilt als unübersichtlich, regelungswütig, wirklichkeitsfremd – schlicht als zu groß und zu mächtig. Unbesehen der Funktion des Ministerrats oder des EG-Parlaments trifft ein solches Urteil zumeist die Europäische Kommission, die unter ihrem französischen Präsidenten Jaques Delors an die große Zeit der Hallstein-Kommission bis 1967 anknüpfen konnte und damit nicht nur als Schwungrad der europäischen Integration, sondern auch als Vorstufe einer europäischen Regierung immer mehr gefürchtet oder bewundert wurde.

Wie berechtigt sind diese Vorbehalte gegenüber einer Behörde, die fast gleichzeitig so herausragende Projekte wie die Schaffung des europäischen Binnenmarktes, Marshall-Pläne für Süd- wie für Osteuropa, den Ersatz von DM, Lira, Franc, Gulden . . . durch eine Europawährung und eine Politische Union für den halben Kontinent in Gang setzt? Sind die Ursachen derart negativer Beurteilungen nicht vielleicht in der Komplexität der Interessen, den Entscheidungsmechanismen, die auf die Eigenheiten von Mitgliedstaaten Rücksicht nehmen müssen, der Sprachenvielfalt und der räumlichen Distanz zu den Orten der Ereignisse zu suchen?

Das vorliegende Buch soll dazu beitragen, die Organisation der Europäischen Kommission durchschaubarer und verständlicher zu machen. Im Gegensatz zu eher statischen, seit vielen Jahren eingefahrenen deutschen Verwaltungsstrukturen, befindet sich die Europäische Kommission in dynamischer Entwicklung, was aber nicht nur Wachstum bedeutet. Vielmehr ist es ein Charakteristikum der Kommission, daß ihre Organisation einem permanenten Wandel unterliegt: neue Einheiten werden durch Zusammenfassung oder Ausgliederung geschaffen, plötzlich auftauchende neue Aufgaben erzeugen einen Schub an Neustrukturierungen. Auch die Internationalität des Personals und der Drang jedes Mitgliedstaates, angemessen berücksichtigt zu sein, bewirken, daß keine organisatorische Ruhe einkehrt. Neue Politikbereiche sind dabei naturgemäß dynamischeren Prozessen ausgesetzt als traditionelle Gemeinschaftspolitiken.

Ausgehend von der Rolle der Kommission im Entscheidungsgefüge der Gemeinschaft beschreiben die Autoren, beide erfahren im Umgang mit den europäischen Organen, die Arbeitsebenen und -einheiten der Kommission in all ihren Verästelungen. Rund um den Sitz der Kommission hat sich eine große Zahl an Verbänden, Interessengruppen und sonstigen Lobbyisten niedergelassen. Ihrer Arbeit gilt ein weiteres Augenmerk, um das Bild der Europäischen Szene in Brüssel abzurunden.

Seit seinem ersten Erscheinen hat das „Räderwerk" eine gute Aufnahme gefunden unter allen, die sich besser über Entscheidungsstrukturen und -mechanismen der Europäischen Gemeinschaft informieren wollen. Die jetzt vorliegende 2., neubearbeitete und erweiterte Auflage zeigt die jüngsten Entwicklungen auf und berücksichtigt die abzusehenden Veränderungen durch den Maastrichter Vertrag zur Politischen Union und zur Wirtschafts- und Währungsunion.

Brüssel, im Juni 1994   Die Herausgeber

Vorwort zur zweiten Auflage

Einer leistungsfähigen Verwaltung kommt in unseren modernen Industriestaaten eine zentrale Bedeutung zu. Das gilt für die Regionen und Nationalstaaten und ebenso für Europa. Der EG-Kommission, Nukleus einer europäischen Verwaltung, lohnt daher eine nähere Betrachtung. Ihre Strukturen aufzuzeigen und Entscheidungswege zu skizzieren, ist Anliegen dieses Buches. Wir danken den Mitarbeiterinnen und Mitarbeitern der EG-Kommission, die bereit waren, Informationen über ihre Tätigkeit zu geben. Sie haben damit den Charakter der Kommission als „offenes Haus" und auskunftsfreudige Verwaltung unterstrichen. Anregungen, die es erlauben, dem Anliegen nach Transparenz der Arbeit der Kommission noch gerechter zu werden, sind jederzeit willkommen.

Seit dem Abschluß der Vorauflage 1991 sind Teilbereiche der Kommission mehrfach umstrukturiert worden. Darin spiegelt sich sowohl die Ernennung einer neuen Kommission im Januar 1993 wider als auch die administrative Vorbereitung auf das Inkrafttreten des Maastrichter Vertrages. Bemerkenswerte Veränderungen gab es bei der Organisation der Außenbeziehungen und dem Binnenmarkt, die sich in mehreren Generaldirektionen bemerkbar machten. Zudem wurden mit dem Amt für humanitäre Soforthilfe (ECHO) und der Direktion Datenverarbeitung zwei weitere Dienste geschaffen.

Mit dem Inkrafttreten des Maastrichter Vertrages entstand rechtlich und begrifflich die Europäische Union als Dach für die fortbestehenden Gründungsverträge und die neu hinzugekommenen „Säulen": gemeinsame Außen- und Sicherheitspolitik (GASP) und die Zusammenarbeit in der Innen- und Justizpolitik (sog. dritte Säule). Der bisherige EWG-Vertrag wurde u. a. um den Bereich der Wirtschafts- und Währungsunion erweitert und firmiert nunmehr als „Vertrag zur Gründung der Europäischen Gemeinschaft" (EG-Vertrag). Der Ministerrat hat sich durch förmlichen Beschluß in „Rat der Europäischen Union" umbenannt. Auch die Kommission ändert nach und nach ihren Sprachgebrauch. Wir verwenden daher sowohl den eingebürgerten und juristisch korrekten Begriff „Kommission der Europäischen Gemeinschaft" als auch die sich abzeichnende, aus dem französischen und englischen Sprachgebrauch herrührende, neue Terminologie „Europäische Kommission". Sie wird von der Kommission aufgrund eines Beschlusses vom November 1993 für alle nicht juristischen Texte gebraucht.

Brüssel, im Juni 1994　　　　　　　　　　　　　　　　Die Autoren

Inhaltsverzeichnis

I.	**Die Kommission und die übrigen EU-Organe**	1
	1. Das Europäische Parlament	3
	2. Der Ministerrat	5
	3. Der Europäische Gerichtshof	8
	4. Die Kommission	12
	4.1 Motor der Integration	12
	4.2 Hüterin der Verträge	13
	4.3 Exekutivorgan	13
	4.4 Gliederung und Aufbau der Kommission	15
	4.5 Sitz der Kommission	21
	5. Zusammenwirken von Kommission, Rat und Europäischem Parlament	23
II.	**Die Europäische Kommission im engeren Sinne**	29
	1. Die 17 Mitglieder	29
	2. Die Aufgabenverteilung in der Kommission	34
	3. Der Präsident	36
	4. Die Vizepräsidenten	41
	5. Die Kabinette	41
	6. Die Gruppe für prospektive Analysen	48
	7. Der Dienst des Sprechers	49
	8. Die Generalinspektion der Dienste	52
III.	**Das Generalsekretariat**	55
IV.	**Der Juristische Dienst**	60
V.	**Die Generaldirektionen und Dienste**	63
	1. Organisation der Außenbeziehungen	63
	1.1 Task Force „Erweiterung"	64

1.2	GD I	Außenwirtschaftliche Beziehungen	64
		Nord-Süd-Beziehungen, Mittelmeerpolitik, Beziehungen zu Lateinamerika und Asien	67
1.3	GD I A	Außenpolitische Beziehungen	69
2.	GD II	Wirtschaft und Finanzen	71
3.	GD III	Industrie	75
4.	GD IV	Wettbewerb	77
5.	GD V	Beschäftigung, Arbeitsbeziehungen und soziale Angelegenheiten	81
6.	GD VI	Landwirtschaft	83
7.	GD VII	Verkehr	89
8.	GD VIII	Entwicklung	91
9.	GD IX	Personal und Verwaltung	95
10.	GD X	Information, Kommunikation, Kultur und Audiovision	98
11.	GD XI	Umwelt, nukleare Sicherheit und Katastrophenschutz	101
12.	GD XII	Wissenschaft, Forschung und Entwicklung; Gemeinsame Forschungsstelle	105
12.1		Gemeinsame Forschungsstelle (GFS)	110
13.	GD XIII	Telekommunikation, Informationsmarkt und Nutzung der Forschungsergebnisse	111
14.	GD XIV	Fischerei	116
15.	GD XV	Binnenmarkt und Finanzdienste	119
16.	GD XVI	Regionalpolitik	123
17.	GD XVII	Energie	127
18.	GD XVIII	Kredit und Investitionen	129
19.	GD XIX	Haushalt	131
20.	GD XX	Finanzkontrolle	133
21.	GD XXI	Zollunion und indirekte Steuern	135
22.	GD XXII	Koordinierung der Strukturpolitik	138

23. GD XXIII Unternehmenspolitik, Handel, Tourismus
und Sozialwirtschaft 138
24. Task Force „Humanressourcen, allgemeine und
berufliche Bildung, Jugend" (Task Force HR) 141
25. Dienst „Verbraucherpolitik" 143
26. Amt für humanitäre Soforthilfe (ECHO) 144
27. Statistisches Amt 147
28. Übersetzungsdienst 150
29. Direktion Datenverarbeitung 151
30. Gemeinsamer Dolmetscher-Konferenzdienst 151
31. Amt für amtliche Veröffentlichungen der
Europäischen Gemeinschaften 152
32. EURATOM-Versorgungsagentur 153
33. Europäische Stiftung zur Verbesserung der Lebens-
und Arbeitsbedingungen/Dublin 154
34. Europäisches Zentrum für die Förderung der
Berufsbildung (CEDEFOP)/Berlin 155
35. Sicherheitsbüro 157

VI. **Lobbying in Brüssel** 158
1. Die „Brüsseler Gepflogenheiten" 158
2. Die Europäischen Fachverbände 163
3. Die Verbindungsbüros von Unternehmen 165
4. Die Informationsbüros der Länder 165

VII. **Informationsquellen in der Bundesrepublik
Deutschland** 168
1. Vertretung der Europäischen Kommission 168
2. Euro-Info-Centre (EIC) 170
3. Industrie- und Handelskammern/Handwerks-
kammern 171
4. Wirtschaftsverwaltung 171

VIII. **Abkürzungen** 172

XI

IX. Adressen 177
   1. Die Mitglieder der Europäischen Kommission, ihre Zuständigkeitsbereiche und die jeweiligen Kabinettchefs 177
   2. Die Vetretung der Europäischen Kommission in der Bundesrepublik Deutschland 180
   3. Informationsbüros der deutschen Länder in Brüssel 180
   4. Die Euro-Info-Centres 182
   5. Ausgewählte Europäische Wirtschaftsverbände mit Büro in Brüssel nach Branchen 186
   6. EG-Verbindungsbüros deutscher Verbände in Brüssel 189
   7. EG-Verbindungsbüros deutscher Unternehmen in Brüssel 190
   8. Gemeinsame Forschungsstelle 192

X. Stichwortverzeichnis 193

I. Die Kommission und die übrigen EU-Organe

Das Image ist verbesserungsfähig. Wenn öffentliche und veröffentlichte Meinung über die Politik der Europäischen Union einmal mehr einen Sündenbock benötigen, auf den es sich mit langen Fingern zeigen läßt, einigt man sich recht schnell auf die EG-Kommission. Sie zieht in nahezu magnetischer Weise die Pfeile der Kritik auf sich und steht fast synonym für „schlechte Nachrichten aus Brüssel". Die Voraussetzungen für die Sündenbockrolle sind günstig. Das Urteil über die Kommission wird schnell gesprochen: „babylonischer Verwaltungsmoloch, bürgerferne, überbezahlte, theoretisierende Beamte, die nichts besseres zu tun haben, als den Schwerpunkt für die Sitzfläche auf Traktoren zu definieren, die Verwalter von Milchseen und Butterbergen". Die Vorurteile lassen sich beliebig weiterführen. Sie sind über Jahrzehnte gewachsen und nähren sich aus den Skurrilitäten, die jeder Großorganisation innewohnen, wobei bekanntermaßen skurril immer nur die Probleme des anderen und nie die eigenen sind (für Traktorenfabrikanten kann obige Frage von entscheidender Bedeutung sein!).

Das schlechte Image der Kommission etwa im Gegensatz zum Rat wird erst erklärbar, wenn man sich die Rollen genauer ansieht, die beide im Entscheidungsprozeß der Gemeinschaft nach den Verträgen einnehmen, und in welcher Weise die übrigen Beteiligten hineinspielen.

Die Europäische Union ist eigentlich ein Plural. An ihrem Anfang stehen 3 Gründungsverträge für 3 verschiedene Politikbereiche, die bis heute weitergelten und über rechtliche Klammern im Laufe der Jahre verbunden wurden. Der Europäischen Gemeinschaft für Kohle und Stahl (EGKS, 1952) folgten die Europäische Wirtschaftsgemeinschaft (EWG, 1958) und die Europäische Atomgemeinschaft (EURATOM, 1958). Die 3 Gemeinschaften führten zunächst ein zwar politisch verbundenes, aber rechtlich unabhängiges Leben nebeneinander. Gemeinsam war ihnen anfangs nur das Parlament im Sinne der „Beratenden Versammlung" und der Europäische Gerichtshof (Abkommen über die gemeinsamen Organe für die Europäischen Gemeinschaften vom 25. April 1957). Erst der sogenannte Fusionsvertrag (Vertrag zur Einsetzung eines gemeinsamen Rates und einer gemeinsamen Kommission der Europäischen Gemeinschaften vom

8. April 1965), der am 1. Juli 1967 in Kraft trat, führte die frühere hohe Behörde der EGKS-, die EWG- und die EURATOM-Kommission zusammen. Von nun an handelte eine Kommission als gemeinsames Organ aller 3 Gemeinschaften: die EG-Kommission.

Der Vertrag über die Europäische Union vom 7. Februar 1992 (in Kraft seit 1. November 1993), wegen der Vertragsunterzeichnung in der niederländischen Grenzstadt auch kurz Maastrichter Vertrag genannt, vereinnahmt die vorgenannten Gründungsverträge, ergänzt bisher von der Integrationspolitik nicht erfaßte Politikbereiche und verändert Verfahrensregeln. Drei „Säulen" bilden heute die Struktur dieses Unionsvertrages (EU-Vertrag). Jeder Säule, d. h. jeder Sachmaterie wird ein unterschiedliches Maß an europäischer Integrationsqualität verliehen. Am stärksten aus der Souveränität der Mitgliedstaaten herausgelöst sind die Politikbereiche des ehemaligen EWG-Vertrages (jetzt EG-Vertrag) mit der nunmehr erfolgten Ergänzung um die Wirtschafts- und Währungsunion und andere hinzugetretene Sektoren wie Transeuropäische Netze, Kohäsion, Industriepolitik, berufliche Bildung, Gesundheitswesen (sogenannte erste Säule). Die Gemeinsame Außen- und Sicherheitspolitik bildet die zweite Säule. Im Rahmen der dort genannten Ziele (u. a. Friedenswahrung, Förderung internationaler Zusammenarbeit, Achtung der Menschenrechte) können sich die Mitgliedstaaten auf gemeinsame Aktionen verständigen. Mit der Zusammenarbeit in der Innen- und Rechtspolitik (dritte Säule) wird auf einem unter Souveränitätsgesichtspunkten ebenso empfindlichen Gebiet versucht, Fragen der Asyl- und Einwanderungspolitik, der Bekämpfung internationaler Kriminalität und der justiziellen Zusammenarbeit aufzugreifen und zu behandeln.

In allen drei Säulen fällt der Kommission eine gewichtige Rolle zu, am stärksten innerhalb des EG-Vertrages.

Mit dem vorgenannten Fusionsvertrag wurde gleichzeitig eine Zusammenlegung der bis dahin getrennten Ministerräte erreicht. Heute arbeitet daher *eine* Kommission – entsprechend der Sachmaterie basierend auf dem jeweiligen Gemeinschaftsvertrag – und tagt *ein* Ministerrat. Letzterer tritt je nach Politikbereich als entsprechender Fachministerrat (Industrierat, Agrarrat, Fischereirat, usw.) zusammen.

Die Hauptorgane der heutigen EU sind daher:
- die Kommission,
- der Rat,

- das Europäische Parlament,
- der Europäische Gerichtshof.

Daneben bestehen als weitere wichtige Einrichtungen der Union, denen allerdings kein Organstatus zukommt,
- der Wirtschafts- und Sozialausschuß (WSA),
- der Beratende Ausschuß der EGKS,
- der Europäische Rechnungshof,
- die Europäische Investitionsbank (EIB).

Der Maastrichter Vertrag erhebt den Europäischen Rechnungshof in den Rang eines Organs und unterstreicht damit die Bedeutung, die die Regierungen der Mitgliedstaaten der Prüfung des rechtmäßigen Haushaltsgebahrens der Gemeinschaftseinrichtungen zumessen.

Neu ins Leben gerufen wird durch den Maastrichter Vertrag zudem der Ausschuß der Regionen, dessen 189 Mitglieder insbesondere in Fragen der Regional- und Kulturpolitik beratende Aufgaben übernehmen, teilweise vor Erlaß der entsprechenden Gemeinschaftsentscheidungen auch gehört werden müssen.

Die Stellung der EU-Organe zueinander definiert sich aus der Aufgabenzuweisung der Gründungsverträge einschließlich der inzwischen erfolgten Vertragsänderungen durch die Einheitliche Europäische Akte, den Maastrichter Vertrag und der weiteren Verträge (u.a. Fusionsvertrag) oder Vereinbarungen (z.B. Interinstitutionelle Vereinbarung zum Haushalt). Um das Rollenspiel entsprechend einordnen zu können, sollen nachfolgend zunächst Aufgaben und Struktur der Organe beschrieben werden.

1. Das Europäische Parlament

518 Abgeordnete, die für ein 5jähriges Mandat gewählt werden, gehören dem Europäischen Parlament (EP) an. Die Sitze im Parlament unterliegen einem Proporz, der 81 Mandate für die bevölkerungsreichen Mitgliedstaaten (Deutschland, Frankreich, Italien, Vereinigtes Königreich), 60 Abgeordnetensitze für Spanien, 25 für die Niederlande und jeweils 24 für Belgien, Griechenland und Portugal vorsieht. 16 bzw. 15 Abgeordnete kommen aus Dänemark und Irland, während der kleinste Mitgliedstaat Luxemburg 6 Sitze belegen kann.

Seit 1979 werden die Abgeordneten in allgemeiner und direkter Wahl gewählt (zuvor wurden sie durch die nationalen Parlamente der Mitgliedstaaten bestimmt). Die Kontingentierung der Mandate, die sich nicht nach der Bevölkerungsstärke orientiert, verletzt nach Ansicht vieler Parlamentarier den Grundsatz der Wahlgleichheit und wirkt als Hindernis auf dem Weg zu einer wirklichen Repräsentanz der Bevölkerung durch die Europaabgeordneten. Eine Änderung der Sitzverteilung müßte im Zuge eines einstimmigen Ministerratsbeschlusses und anschließender Ratifizierung durch die nationalen Parlamente erfolgen. Sie ist vertraglich festgeschrieben.

Zu den 518 regulären Abgeordneten sind seit Anfang 1991 18 Abgeordnete aus den 5 neuen Bundesländern hinzuzurechnen. Sie genießen allerdings wegen der Mandatskontingentierung nur Beobachterstatus.

Eine neue Situation wird voraussichtlich bei den Wahlen zum Europäischen Parlament 1994 eintreten. Der Europäische Rat von Edinburgh hat im Dezember 1992 entschieden, dem Parlament eine neue Sitzverteilung zu geben, die insgesamt 567 Mandate umfaßt. Angesichts der Wiedervereinigung erhält Deutschland dann 99 Sitze. Frankreich, das Vereinigte Königreich und Italien wurden jeweils 87 Sitze zugewiesen. Die weitere Verteilung sieht 64 Mandate für Spanien, 31 für die Niederlande und jeweils 25 für Belgien, Griechenland und Portugal vor. Die bevölkerungsärmsten Länder Dänemark (16 Sitze), Irland (15) und Luxemburg (6) konnten gegenüber der derzeitigen Situation keinen Mandatszuwachs verbuchen. Mit dem Edinburgher Beschluß gelang ein historischer Durchbruch in der EG-Arithmetik. War es bisher ein unumstößlicher Grundsatz gewesen, die „großen Vier" (Deutschland, Frankreich, Italien und Großbritannien) bei der Gewichtung ihrer Stimmen in den Gemeinschaftsorganen gleich zu behandeln, wurde mit der Neuverteilung der EP-Sitze erstmals der unterschiedlichen Bevölkerungsstärke Rechnung getragen. Das Parlament ist damit zwar noch immer weit von repräsentativen Verhältnissen entfernt, aber wenigstens wurde ein Schritt auf eine adäquate Proportionalität gewagt. Der Beschluß von Edinburgh kann allerdings erst in Kraft treten, wenn ihn alle Mitgliedstaaten ratifiziert haben.

Die Parlamentarier haben sich in Fraktionen, die sich nicht an mitgliedstaatlicher Herkunft orientieren, organisiert, wobei die Sozialdemokratische Fraktion vor der Fraktion der Europäischen Volkspartei

(Christlich-Demokratische Fraktion) die größte Abgeordnetengruppe stellt.

Das Parlament tritt zu seinen jeweils einwöchigen Plenarsitzungen regelmäßig in Straßburg zusammen, Sondersitzungen haben bereits in Brüssel stattgefunden, Sitzungen der Ausschüsse und Fraktionen werden in Brüssel, in Straßburg und an anderen Orten einberufen. Das Sekretariat des Parlaments, das die Parlamentsarbeit zu organisieren und den Abgeordneten zuzuarbeiten hat, sitzt in Luxemburg. In ihm sind rund 3500 Mitarbeiter (davon ca. 500 auf Zeit) beschäftigt.

Die Aufteilung der Arbeitsorte wird vom Parlament selbst als unbefriedigend empfunden, jedoch sind ihm nach dem EG-Vertrag die Hände gebunden. Nach dessen Art. 216 bestimmen die Regierungen der Mitgliedstaaten einvernehmlich, d.h. einstimmig, den Sitz der Organe der Gemeinschaft, also auch den des Europäischen Parlaments. Anläufe des EP, diesen Zustand zu ändern, hat es bereits viele gegeben – ohne abschließenden Erfolg, denn die Rechtslage ist eindeutig.

Seit der Europäische Rat von Edinburgh die Entscheidung über den Sitz der Organe getroffen hat, steht fest, daß die Europaabgeordneten weiter zwischen Straßburg und Brüssel hin und her pendeln müssen. Das im Beschluß der Regierungschefs verbriefte Recht, auch Sondersitzungen des Plenums in Brüssel abzuhalten, wurde 1993 erstmals ausgeübt. Hierzu dient ein neu entstandenes Kongreßzentrum im Quartier Leopold.

Zur Arbeit des Europäischen Parlaments unterrichtet das
Informationsbüro des Europäischen Parlaments
Leiter: Dr. Klaus Löffler
Bonn-Center, Bundeskanzlerplatz
53113 Bonn
Tel. (02 28) 22 30 91

2. Der Ministerrat

Das zentrale Entscheidungsorgan der Gemeinschaft ist der Ministerrat. Er setzt sich zusammen aus jeweils einem Minister oder Staatssekretär der Mitgliedstaaten und bildet damit das Gremium der nationalen Regierungen. Der Rat tritt zu seinen Sitzungen regelmäßig in Brüssel im Charlemagne-Gebäude, in den Monaten April, Juni und Oktober in Luxemburg, zusammen. Der Vorsitz wird durch den Vertreter eines Mitgliedstaates geführt und erstreckt sich über alle Fachministerräte und den Europäischen Rat der Staats- und Regierungschefs. Der Ratsvorsitz wechselt halbjährlich in vorher protokollarisch festgelegter Reihenfolge (sogenannte Stresaformel) und sieht für die nächste Zukunft folgende Präsidentschaften vor:

1. Halbjahr 1994: Griechenland
2. Halbjahr 1994: Deutschland
1. Halbjahr 1995: Frankreich
2. Halbjahr 1995: Spanien
1. Halbjahr 1996: Italien
2. Halbjahr 1996: Irland

Der 6-Monate-Rhythmus hat für die Arbeit der Gemeinschaftsorgane Vor- und Nachteile. Als Vorteil erweist sich der Erfolgsdruck, der auf der Präsidentschaft lastet, innerhalb eines relativ knappen Zeitraums Sachverhalte zu einer Entscheidung zu bringen. Das wirkt bei entsprechendem Willen wie ein Schwungrad im Integrationsprozeß. Andererseits kann gerade bei kompliziert verwobenen und vielfältige Interessen berührenden Problemen der Zeitrahmen zu eng bemessen sein, um eine solide Lösung herbeizuführen. In der jüngsten Vergangenheit hat sich der Zeitdruck allerdings eher als heilsam denn als hinderlich erwiesen.

Die jeweilige Präsidentschaft nutzt (insbesondere in den jüngeren Mitgliedstaaten) die Gelegenheit auch zur Präsentation ihres Landes. Informelle Ratssitzungen, auf denen umstrittene Themen erstmals auf politischer Ebene erörtert werden und sich die Minister ohne Einigungszwang austauschen können, finden daher an ausgewählten Orten des Landes statt, das gerade den Vorsitz inne hat.

Auf politischer Ebene sind zwei Räte von besonderer Bedeutung: der Europäische Rat und der Rat der Außenminister (Allgemeiner Rat). Der Europäische Rat versammelt seit 1975 die Staats- bzw. Regierungschefs sowie den Präsidenten der Kommission 2 bis 3mal pro Jahr, wobei die turnusgemäße Sitzung am Ende einer Ratspräsidentschaft angesetzt wird. Von Bundeskanzler Helmut Schmidt und Frankreichs Staatspräsidenten Giscard d'Estaing in der Vorstellung ins Leben gerufen, in kleinem Kreis die großen Linien ungestört erörtern zu können, hat der Europäische Rat ein Eigenleben mit fester Struktur der Tagesordnungen entwickelt, immer in der Gefahr, als oberste Schlichtungsinstanz für „kleine" Themen von den Fachministerräten mißbraucht zu werden.

Allerdings hat es der Europäische Rat, der erst seit der Einheitlichen Europäischen Akte 1987 in den Verträgen eine rechtliche Verankerung gefunden hat, in der Vergangenheit verstanden, der Gemeinschaft immer wieder Impulse und politische Orientierungen zu geben. Vor allem auf den Gebieten der Außen-, Währungs-, Regional-, Umwelt-, Forschungs- und Haushaltspolitik gelangen Durchbrüche dank der Chefgespräche.

An den Sitzungen des Europäischen Rates nehmen auch die Außenminister und auf Seiten der Kommission neben dem Präsidenten der für Auswärtige Beziehungen zuständige Vizepräsident teil.

Eine Sonderrolle spielt der Allgemeine Rat, in dem die Außenminister sitzen. Ihm obliegt die Koordination der Arbeiten der Fachministerräte und – dem eigenen Ressort entsprechend – die Zusammenarbeit der Zwölf in internationalen Angelegenheiten. Nach dem Inkrafttreten des Maastrichter Vertrages hat der Rat beschlossen, sich künftig offiziell als Rat der Europäischen Union zu bezeichnen.

In der Organisation der Ratsarbeit bilden die Tagungen der Räte (1992: 89) nur die Spitze eines Eisberges. Unterhalb der höchsten politischen Ebene lohnt ein Blick auf die administrativen Strukturen. Sie bestehen zum einen in einem 2200-Mitarbeiter-starken Generalsekretariat, das in Generaldirektionen nach Politikbereichen aufgeteilt ist, und dem „diplomatischem Unterbau". An dessen Spitze steht der Ausschuß der Ständigen Vertreter (AStV, ebenfalls gebräuchlich die französische Abkürzung COREPER). Ihm nachgeordnet sind die für Fachfragen gegründeten „Arbeitsgruppen", in denen Beamte der nationalen Regierungen die anstehenden Probleme diskutieren und einer Lösung zuführen sollen. Der AStV soll als ratsinterne Instanz die Arbeit des Rats so vorbereiten, daß dieser im günstigsten Fall eine Entscheidung ohne Aussprache (sogenannter A-Punkt der Tagesordnung) fällen oder aber eine politische Debatte, konzentriert auf die kritischen Fragen, führen kann.

Weil bei allem guten Willen auch die am besten vorbereiteten Botschafter unmöglich alle Dossiers im europäischen Einigungsprozeß beherrschen können, wurde der AStV zweigeteilt und darüber hinaus der „Sonderausschuß Landwirtschaft" geschaffen.

Im AStV II treffen sich die Botschafter. Sein Arbeitsfeld umfaßt u.a. die Außenbeziehungen der Gemeinschaft, den Allgemeinen Rat, den Rat der Wirtschafts- und Finanzminister und die Vorbereitung des Europäischen Rates. Der AStV I wird durch die stellvertretenden Botschafter beschickt, die sich der Knochenarbeit einer breiten Palette von Sachthemen anzunehmen haben. Hier werden beispielsweise die Diskussionen und Konfrontationen über die wirtschaftlichen und technischen Aspekte des Binnenmarktes ausgetragen. Während der Botschafter, der die Bundesrepublik Deutschland im AStV II vertritt, traditionellerweise dem Auswärtigen Amt entstammt, kommt der in den AStV I entsandte Diplomat aus dem Bundesministerium für Wirtschaft.

Angesichts der spezifischen und umfangreichen Materie wurde der „Sonderausschuß Landwirtschaft" gegründet, in dem hohe Beamte der Landwirtschaftsministerien sämtliche mit der EG-Agrarpolitik zusammenhängenden Fragen erörtern mit Ausnahme der Währungsfragen, der Marktorganisation und der Fischerei. So wie der „Sonderausschuß Landwirtschaft" dem Agrarrat zuarbeitet, bereiten der Währungsausschuß und der Ausschuß der Zentralbankpräsidenten die Tagungen des Rates der Wirtschafts- und Finanzminister (ECOFIN-Rat) vor.

Auf Fachbeamtenebene besteht unterhalb der AStV eine Vielzahl von Gruppen, die dem AStV berichten. Dabei handelt es sich entweder um Fachbeamte aus der Ständigen Vertretung oder aus den heimischen Ministerien.

Der „diplomatische Unterbau" tagt regelmäßig in Brüssel, mindestens einmal pro Woche und manchmal über mehrere Tage hinweg, insbesondere AStV II und I. Die technische Ebene der Gruppen kommt auf bis zu 15 Gruppensitzungen pro Tag.

3. Der Europäische Gerichtshof

Der Europäische Gerichtshof (EuGH) ist die gerichtliche Kontrollinstanz für das Handeln der Unionsorgane, entweder für das Verhalten untereinander oder gegenüber Mitgliedstaaten, Bürgern, Unternehmen und den eigenen Bediensteten. Er übt diese Funktion ebenfalls

Der Gerichtshof der Europäischen Gemeinschaft

Gerichtshof
Präsident

6 Kammern

mit je 3 bzw. 5 Richtern

Regierungen der EG - Länder ernennen die 13 Richter und 6 Generalanwälte einvernehmlich auf 6 Jahre

Generalanwälte
Erster Generalanwalt

Unterstützung

- Nichtigkeitsklage
- Vorabentscheidungen über Auslegung oder Gültigkeit von EG - Recht (auf Vorlage nationaler Gerichte)
- Schadenersatzklage gegen EG - Organe oder - Bedienstete

Gericht Erster Instanz
12 Mitglieder

Zuständig für Streitsachen zwischen der EG und ihren Bediensteten, Wettbewerbsverfahren, EGKS - Vertragssachen

- Vertragsverletzungsklage (Kommission gegen Mitgliedstaat)
- Klage eines Mitgliedstaates gegen einen anderen
- Untätigkeitsklage (gegen Rat oder Kommission)

im Verhältnis der Mitgliedstaaten untereinander und im Verhältnis zu ihren Bürgern aus.

Der EuGH hat seinen Sitz in Luxemburg. Ihm gehören 13 Richter und 6 Generalanwälte an, die durch die Regierungen der Mitgliedstaaten für die Dauer von 6 Jahren im gegenseitigen Einvernehmen (d.h. Einstimmigkeit) berufen werden. Im rotierenden System wird alle 3 Jahre die Hälfte der Stellen der Richter (einmal 6, einmal 7 Stellen) und Generalanwälte neu besetzt. Wiederwahl ist möglich.

Ein Nationalitätenproporz sichert jedem Mitgliedstaat eine der 13 Richterstellen, wobei die 13. Stelle in festgelegter Abfolge von einem der bevölkerungsreichen Mitgliedstaaten (Deutschland, Frankreich, Italien, Spanien, Vereinigtes Königreich) zusätzlich besetzt werden kann. Bei den 6 Generalanwälten stehen der Bundesrepublik Deutschland, Frankreich, Italien und dem Vereinigten Königreich jeweils eine Position, die beiden übrigen den anderen Mitgliedstaaten in festgelegter Rotation zu.

Die Richter wählen aus ihrer Mitte den Präsidenten des Gerichtshofs (derzeit: Rodriguez Iglesias) auf die Dauer von 3 Jahren. Auf jeweils 1 Jahr wird der Erste Generalanwalt bestellt, den die Generalanwälte aus ihren Reihen bestimmen.

Jedem Richter und Generalanwalt steht ein sogenanntes Kabinett zur Seite, bestehend aus 3 Juristen, 3 Sekretärinnen und persönlichen Referenten.

Das deutsche Rechtssystem kennt die Einrichtung des Generalanwaltes nicht. Seine Aufgabe am EuGH besteht in der Unterstützung des Gerichts, in dem der für das Verfahren bestimmte Generalanwalt am Ende der mündlichen Verhandlung seinen sogenannten Schlußantrag stellt. Darin sind die rechtlichen Fragen des anhängigen Falles gutachterlich dargestellt, und es wird ein Vorschlag für die Entscheidung des Gerichts unterbreitet. Das Gericht wird durch die rechtliche Wertung des Generalanwaltes, der eine Rolle im Verfahren, nicht aber in der Urteilsberatung hat, nicht gebunden und entscheidet frei in geheimer Beratung.

Entscheidungen des EuGH werden nur noch in wenigen Fällen in voller Besetzung getroffen. Die Zahl der Verfahren zwang zur Einrichtung von Kammern, wobei 2 Kammern zu 6 und 4 Kammern zu 3 Richtern gebildet wurden.

Der EuGH kennt im Gegensatz zum deutschen Recht den Anspruch auf den gesetzlichen Richter nicht, d.h. daß der Richter für ein Verfahren aufgrund einer Geschäftsverteilung bereits feststeht, noch bevor eine Klage eingereicht wird. Vielmehr entscheiden die Richter und Generalanwälte aufgrund eines Vorschlags des Berichterstatters am Ende des schriftlichen Verfahrens über den weiteren prozessualen Verlauf: Beratung in einer der Kammern oder im Plenum. Der jeweilige Berichterstatter wird im übrigen nach Eingang einer Rechtssache durch den Präsidenten des EuGH ernannt.

Der schriftliche Teil des Verfahrens vor dem EuGH, der mit dem Einreichen der Klageschrift seinen Anfang nimmt, wird durch die Kanzlei betrieben, an deren Spitze ein in gemeinsamer Sitzung von Richtern und Generalanwälten gewählter Kanzler steht.

Zur Entlastung des EuGH wurde 1989 ein Gericht erster Instanz, bestehend aus 12 Richtern (einer pro Mitgliedstaat), mit Sitz ebenfalls in Luxemburg ins Leben gerufen. Es ist zuständig für Rechtsstreitigkeiten zwischen der EG und ihren Bediensteten, Wettbewerbssachen und für Klagen im Rahmen des EGKS-Vertrages. Alle übrigen Klagen werden durch den Gerichtshof entschieden. Gegen Urteile des Gerichts erster Instanz besteht Rechtsmittelmöglichkeit zum Gerichtshof.

Gerichtshof und Gericht erster Instanz verfügen zusammen (einschließlich der Stellen auf Zeit) über ungefähr 820 Mitarbeiter. Im Jahr 1992 wurden beim Gerichtshof 438, beim Gericht erster Instanz 115 Rechtssachen eingereicht. Von den Klagen beim EuGH betrafen 162 Anträge auf Vorabentscheidung, d.h. Vorlagen durch nationale Gerichte.

Auf zwei Besonderheiten des EuGH sollte noch hingewiesen werden. Interne Arbeitssprache des Gerichtes ist Französisch. Allerdings können Kläger in jeder der 9 EG-Amtssprachen vortragen und sie damit zur sogenannten Verfahrenssprache erklären, in der die Schriftsätze, das Protokoll der Sitzung, die Schlußanträge und schließlich das Urteil in verbindlicher Form ergehen.

Verfahren vor dem EuGH sind gerichtskostenfrei. Die streitenden Parteien haben lediglich die sogenannten außergerichtlichen Kosten (insbesondere Anwaltskosten – vor dem EuGH besteht Anwaltszwang) zu tragen. Diese werden dem Grunde nach im Urteilsspruch der unterliegenden Prozeßpartei aufgebürdet. Über die Höhe müssen sie sich selbst einigen.

4. Die Kommission

Um den Vertragszweck der Gründungsverträge verwirklichen zu können, bedarf die Gemeinschaft eines Organs, das über die Einhaltung der Vertragsbestimmungen wacht, die gemeinsam beschlossenen Politiken umsetzt und dazu beiträgt, die Vertragsziele durch geeignete Initiativen zu erreichen: die Kommission.

Angesichts dieser Aufgabenstellung wird die Rolle der Kommission im Zusammenwirken der Gemeinschaftsorgane allgemein mit drei Schlagworten umschrieben:

- Motor der Integration,
- Hüterin der Verträge,
- Exekutivorgan der Gemeinschaft.

4.1 Motor der Integration

Das Initiativrecht der Kommission bildet das Herzstück der integrativen Bemühungen. Nach dem EWG- und dem EURATOM-Vertrag steht der Kommission ein Initiativmonopol zu. Der Rat kann im Regelfall nur auf Vorschlag der Kommission entscheiden, insbesondere wenn es um die Ausfüllung der Gemeinschaftspolitiken geht. So können die Maßnahmen zur Herstellung und Fortführung des Binnenmarktes nur aufgrund entsprechender Vorschläge der Kommission vom Rat beraten und verabschiedet werden. Das Initiativmonopol korrespondiert nach dem politischen Verständnis der Kommission im Lichte der Vertragsziele mit einer Initiativpflicht.

Ausgehend von den selbstgesteckten Zielen der Kommission, die sie ausführlich in einem jährlichen Arbeitsprogramm dokumentiert, unterbreitet sie dem Ministerrat Jahr für Jahr umfangreiche Vorschläge. Dem Rat gingen 1992 65 Vorschläge, Empfehlungen und Entwürfe zu Rechtsakten zu, weitere 272 Mitteilungen, Memoranden und Berichte kamen hinzu. Daneben verabschiedete die Kommission in jenem Jahr 6591 Rechtsakte in der Form von Verordnungen, Beschlüssen, Entscheidungen, Richtlinien, Empfehlungen und Stellungnahmen. Es bedarf nach der Vertragslage also einer innovativen, kreativen und leistungsbereiten Kommission, um den europäischen Integrationsprozeß in Schwung zu halten.

Der Rat kann die Kommission auch seinerseits beauftragen, Untersuchungen vorzunehmen und Vorschläge zu unterbreiten, um die Vertragsziele zu verwirklichen.

4.2 Hüterin der Verträge

Wie feierlich Vertragsunterzeichnungen auch immer sein mögen, die Notwendigkeit, die Einhaltung der vertraglichen Verpflichtungen zu überwachen, bleibt. Die Kommission, ausschließlich dem Gemeinschaftsinteresse verpflichtet, hat zu gewährleisten, daß sich kein Mitgliedstaat und kein Unternehmen den Bestimmungen der Verträge entzieht. Ob es sich um die Einhaltung von Stahlquoten, staatliche Beihilfen oder um die Umsetzung von Gemeinschaftsrecht in nationales Recht handelt, die Kommission muß beim Verdacht eines Vertragsverstoßes einschreiten. Auf welche Weise die Kommission von einem derartigen Verdacht erfährt, spielt keine Rolle. Der betreffende Mitgliedstaat wird in diesem Fall zur Mitteilung über sein Handeln und die Begründung hierzu aufgefordert. Befriedigt die Antwort nicht, so fordert die Kommission unter Fristsetzung von regelmäßig einem Monat den Mitgliedstaat mittels einer „begründeten Stellungnahme", die einer Rüge gleichkommt, zu vertragsgemäßem Verhalten auf. Fruchtet auch dieser Verfahrensschritt nicht, kann die Kommission vor dem Europäischen Gerichtshof eine Klage gegen den Mitgliedstaat wegen Vertragsverletzung anstrengen.

Die Kommission gewährleistet mit ihrem Vorgehen nicht nur die Einhaltung des unmittelbaren sondern auch des sekundären Gemeinschaftsrechts (Richtlinien, Verordnungen, Entscheidungen).

4.3 Exekutivorgan

Soweit normative Entscheidungen durch die Gemeinschaft getroffen werden, müssen diese regelmäßig durch die nationalen Organe vollzogen werden. Allerdings administriert die Kommission im Bereich der gemeinsamen Politiken eine breite und interessante eigene Aufgabenpalette, sei es aufgrund direkter Anwendung von Vertragsbestimmungen, sei es aufgrund von Ratsbeschlüssen und der damit verbundenen Durchführungsbefugnis.

Nach der Einheitlichen Europäischen Akte sollte es zur Regel werden, daß der Ministerrat der Kommission die Befugnis zur Durchführung der von ihm erlassenen Rechtsakte überträgt. Die seitherige Praxis zeigt jedoch deutliche Zurückhaltung seitens des Rates. Ohne die Mitwirkung von Ausschüssen, in denen die nationalen Verwaltungen vertreten sind, glaubt man die Kommission nicht kontrollieren zu können. Der Rat entscheidet bei jeder Sachmaterie, welche Art von Ausschuß zu bilden ist.

In den sogenannten *Beratenden Ausschüssen* können die Vertreter der Mitgliedstaaten zwar ihre Meinung zu einem Entwurf der Kommission vortragen und die Kommission hat grundsätzlich zugesagt, diese Stellungnahmen in Erwägung zu ziehen, aber letztlich ist sie daran nicht gebunden. Im Bereich der Binnenmarktentscheidungen sollte der Beratende Ausschuß die regelmäßige Ausschußform werden, zum Leidwesen der Kommission trifft das noch nicht zu. Die Mitgliedstaaten sehen dies allerdings unter dem Gesichtspunkt, das Heft in der Hand behalten zu wollen.

Der *Verwaltungsausschuß* kommt hauptsächlich im Agrarsektor zum Tragen. Jede Gruppe der Agrarprodukte fällt in den Aufgabenbereich eines Verwaltungsausschusses, dessen Regierungsvertreter die Kommissionsvorschläge mit qualifizierter Mehrheit beurteilen müssen. Für den Fall, daß die beabsichtigte Kommissionsmaßnahme und die Stellungnahme des Verwaltungsausschusses nicht übereinstimmen, muß der Rat mit der Angelegenheit befaßt werden. Befürwortet der Verwaltungsausschuß die Kommissionsabsichten oder kommt eine negative Stellungnahme wegen mangelnder qualifizierter Mehrheit nicht zustande, bleibt es beim Kommissionsvorschlag, der in die Tat umgesetzt wird.

Eine weitere Variante des Ausschußverfahrens wird beispielsweise bei der Harmonisierung von Normen im Lebensmittelrecht, im Pflanzenschutz oder bei den Umweltschutzbestimmungen angewendet: der *Regelausschuß*. Entwickelt aus dem Verwaltungsausschuß-Modell bietet er eine größere Möglichkeit, den Rat mit dem von den Regierungsvertretern beanstandeten Kommissionsvorschlag zu befassen, bis hin zur Variante, daß die Kommission einen neuen Vorschlag unterbreiten muß.

Die handelspolitischen Maßnahmen oder die Anwendung von Schutzklauseln entscheidet die Kommission nach Anhörung eines

Beratenden Ausschusses. Bestätigt der Ministerrat die von der Kommission vorgeschlagene Maßnahme nicht innerhalb einer Ausschlußfrist von 3 Monaten, wird diese ungültig.

Thematisch lassen sich eine ganze Palette von Bereichen darstellen, in denen die Kommission eigene Befugnisse besitzt und ausübt. Auf der Grundlage des EGKS-Vertrages koordiniert sie beispielsweise Investitionen im Kohle- und Stahlsektor und übt Preiskontrollen aus. Fusionskontrollen und die Bekämpfung von Monopolverhalten (Preisabsprachen) zählen ebenso zu diesen Aufgaben wie die Inspektion von Kernkraftwerken oder die Versorgung mit spaltbarem Material über die EURATOM-Versorgungsagentur.

Die Kommission verwaltet schließlich Haushaltsmittel der Gemeinschaft (Rat und Parlament haben einen eigenen Haushalt) in der Form der Programme. Hierzu gehören z.B. die Fonds (Europäischer Ausrichtungs- und Garantiefonds Landwirtschaft – EAGFL, Regional- und Sozialfonds), das Forschungsrahmenprogramm mit seinen Unterprogrammen, der Europäische Entwicklungsfonds für die Dritte Welt und die Osteuropa-Hilfe.

4.4 Gliederung und Aufbau der Kommission (s. Abb. S. 16 – 17)

Die Anatomie der Kommission gestattet eine Aufteilung in Haupt und Glieder:

– die Kommission im engeren Sinne,
– die Generaldirektionen und Dienste als administrative Einheit.

Die Kommission im engeren Sinne wird durch die 17 Kommissare gebildet, die von den Regierungen der Mitgliedstaaten einvernehmlich ernannt werden. Jedem Kommissionsmitglied steht ein persönlicher Mitarbeiterstab, Kabinett genannt, zur Seite.

Den Kommissionsmitgliedern untersteht ein Verwaltungsapparat, der sich in „Generaldirektionen" (mit Ministerien vergleichbar) und „Dienste" gliedert. Dem französischen Vorbild folgend, werden allerdings gerne alle administrativen Einheiten, die nicht zur unmittelbaren politischen Lenkungsebene der Kommissare gehören, als „les services" bezeichnet.

Funktional läßt sich zwischen den Gliederungen unterscheiden, die den Charakter von Fachverwaltungen haben (Generaldirektionen,

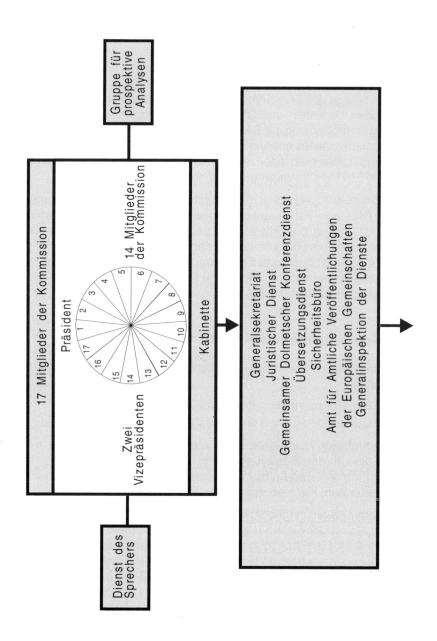

GD	I	- Außenwirtschaftsbeziehungen
GD	I.A	- Außenpolitische Beziehungen
GD	II	- Wirtschaft und Finanzen
GD	III	- Industrie
GD	IV	- Wettbewerb
GD	V	- Beschäftigung, Arbeitsbeziehungen und soziale Angelegenheiten
GD	VI	- Landwirtschaft
GD	VII	- Verkehr
GD	VIII	- Entwicklung
GD	IX	- Personal und Verwaltung
GD	X	- Information, Kommunikation, Kultur, Audiovision
GD	XI	- Umwelt, nukleare Sicherheit und Katastrophenschutz
GD	XII	- Wissenschaft, Forschung und Entwicklung, Gemeinsame Forschungsstelle
GD	XIII	- Telekommunikation, Informationsmarkt und Nutzung der Forschungsergebnisse
GD	XIV	- Fischerei
GD	XV	- Binnenmarkt und Finandienste
GD	XVI	- Regionalpolitik
GD	XVII	- Energie
GD	XVIII	- Kredit und Investitionen
GD	XIX	- Haushalt
GD	XX	- Finanzkontrolle
GD	XXI	- Zollunion und indirekte Steuern
GD	XXIII	- Unternehmenspolitik, Handel, Tourismus und Sozialwirtschaft

Dienst "Verbraucherpolitik"
Task Force "Humanressourcen, allgemeine und berufliche Bildung, Jugend"
EURATOM-Versorgungsagentur
Europäische Stiftung zur Verbesserung der Lebens- und Arbeitsbedingungen
Europäisches Zentrum für die Förderung der Berufsbildung (CEDEFOP)

Statistisches Amt

Amt für humanitäre Soforthilfe

Task Force), die Querschnitts- oder Steuerungsaufgaben wahrnehmen (z.b. Generalsekretariat, Juristischer Dienst) oder mit Stabsfunktion ausgestattet sind (Kabinette, Cellule de prospective, Sprechergruppe).

Gegenwärtig besteht die Kommissionsverwaltung aus 23 Generaldirektionen (Bezeichnung mit römischen Ziffern) und weiteren Diensten, die einer oder mehreren Gemeinschaftspolitiken zugeordnet werden können.

Die innere Gliederung der Generaldirektionen und Dienste erfolgt in der Regel in mehrere „Direktionen" (Bezeichnung mit Großbuchstaben) und danach in Abteilungen bzw. Referate (Bezeichnung mit arabischen Ziffern). Dieser Aufteilung entspricht die Bezeichnung der diese Einheiten leitenden Beamten:

- Generaldirektor,
- Direktor,
- Abteilungsleiter,
- Referatsleiter.

Die weitere Untergliederung hängt sodann von der der Generaldirektion oder der dem Dienst gestellten Aufgabe und/oder der Notwendigkeit ab, einen gewissen Nationalitätenproporz bei der Zahl der Führungskräfte zu erreichen.

Der innere Aufbau der Kommissionsdienststellen läßt sich nicht darstellen, ohne zugleich einige Aussagen über das Laufbahnrecht für EG-Beamte und die Art der Stellenbesetzung zu treffen. Grundsätzlich wird – ähnlich dem deutschen Beamtenrecht – unterschieden zwischen 4 Laufbahngruppen: A bis D. Voraussetzung für den Eintritt in eine Laufbahngruppe ist der Nachweis eines bestimmten Ausbildungsniveaus, d.h. einer entsprechenden Schul- oder Hochschulbildung.

Ausbildungsniveau und Laufbahngruppe werden einander wie folgt zugeordnet:

- Laufbahngruppe A bzw.
  Sonderlaufbahn LA für den   abgeschlossenes
  Sprachendienst   Hochschulstudium

- Laufbahngruppe B   Nachweis der Hochschulreife
- Laufbahngruppe C   Mittelschul-/Realschulbildung
- Laufbahngruppe D   Hauptschulabschluß

Laufbahngruppe A

Generaldirektor (oder stellvertretender Generaldirektor)..................................	A 1
Direktor (Hauptberater oder Kabinettchef)..	A 2
Abteilungsleiter (Berater oder stellvertretender Kabinettchef)................................	A 3
Hauptverwaltungsrat (Referatsleiter, stellvertretender Abteilungsleiter oder Assistent des Generaldirektors)................	A 4 oder A 5
Verwaltungsrat..	A 6 oder A 7
Verwaltungsreferendar...............................	A 8

Laufbahngruppe B

Verwaltungsrat (Büroleiter)........................	B 1
Verwaltungshauptinspektor........................	B 2 oder B 3
Verwaltungsinspektor.................................	B 4 oder B 5

Laufbahngruppe C

Verwaltungshauptsekretär (Bürohauptsekretär)..	C 1
Verwaltungssekretär (Bürosekretär, Schreibkraft)................................	C 2 oder C 3
Schreibkraft (Büroassistent)......................	C 4 oder C 5

Laufbahngruppe D

Amtsmeister..	D 1
Hauptamtsgehilfe..	D 2 oder D 3
Amtsgehilfe...	D 4

Die Laufbahngruppen ihrerseits sind in Besoldungsgruppen unterteilt, die in der Regel der Aufgabenstellung für den betreffenden Beamten entsprechen. Die Laufbahngruppe A gliedert sich in 8 Besoldungsgruppen, die Laufbahngruppen B und C in jeweils 5 und die Laufbahngruppe D in 4 Besoldungsgruppen.

Im Gegensatz zum deutschen Beamtenrecht nimmt mit aufsteigendem Dienstrang die Ziffer im Anschluß an die Bezeichnung der Besoldungsgruppe ab. So ist ein Generaldirektor, also der höchstmögliche Rang für einen Beamten der Kommission, in der Besoldungsgruppe A 1, der Berufsanfänger, der nach seinem Hochschulabschluß beginnt, in A 8 eingestuft. Für eine gewisse Verwirrung sorgt die Tatsache, daß aus der Amtsbezeichnung des Beamten – ganz im Gegensatz zum deutschen Beamtenrecht – nicht eine eindeutige Zuordnung zu einer bestimmten Besoldungsgruppe erfolgen kann wie aus der nachfolgenden Übersicht erkennbar wird.

Es handelt sich um eine vereinfachte Aufstellung ohne Berücksichtigung des Sprachendienstes und des wissenschaftlich-technischen Bereichs.

Berater und Hauptberater sind die im Juristischen Dienst und bei Personen mit Stabsfunktionen gebräuchlichen Amtsbezeichnungen.

Grundamtsbezeichnungen der Laufbahnen bei der EG-Kommission

Der Assistent eines Generaldirektors, der diesem direkt unterstellt ist, übt eine zentrale Rolle im täglichen Dienstbetrieb einer Generaldirektion aus. Die gesamten administrativen Angelegenheiten einer Generaldirektion (in der Regel: Personal-, Haushalts- und Finanzfragen, Ausbildung, Logistik und Informatik) gehören zu seinem Aufgabenfeld. Ihm obliegt der innere Dienstbetrieb einer Generaldirektion. Als Ansprechpartner der Kabinette wirkt er zudem an der Nahtstelle von politischer Führung und administrativer Umsetzung. Die Stabsfunktion des Assistenten wiederholt sich in jeder Generaldirektion.

Der Exkurs in das gemeinschaftliche Beamtenrecht war an dieser Stelle für das Verständnis der Besetzung der Dienstposten erforderlich. Bei der Entscheidung über die Besetzung von Positionen als Generaldirektor, Direktor oder Abteilungsleiter handelt es sich um „politische" Entscheidungen, bei denen der Nationalitätenproporz eine entscheidende Rolle spielt, wenngleich eine Quotierung unter Berufung auf das Idealbild der nur dem Gemeinschaftsinteresse verpflichteten Kommission zurückgewiesen wird. In den eigenen Worten der Kommission ist diese „bestrebt, auf der Ebene der Generaldirektoren ein sorgfältig ausgewogenes Gleichgewicht zwischen den Nationalitäten zu wahren, das auch – allerdings mit größter Flexibilität – für die Ebene der Direktoren und Abteilungsleiter gilt" (siehe Hay, Die EG-Kommission und die Verwaltung der Gemeinschaft, S. 27).

In regelmäßigen Abständen fragen auch Abgeordnete des Europäischen Parlaments nach der zahlenmäßigen Vertretung ihrer Landsleute in den Führungsfunktionen und innerhalb der Laufbahngruppen. In dem Bemühen, jenes „sorgfältig ausgewogene Gleichgewicht" herzustellen, werden daher durchaus Dienstposten ausgeworfen, die bei Anlegung strenger Maßstäbe niedriger bewertet werden könnten.

4.5 Sitz der Kommission

„Adresse provisoire" stand bisher auf den Briefköpfen der Kommissionsdienststellen. Jahrzehntelang hatten sich die Regierungen der Mitgliedstaaten insbesondere wegen des Disputs zwischen Straßburg und Brüssel um den Sitz des Europäischen Parlaments nicht auf einen verbindlichen Arbeitsort für die Kommission verständigen können. Erst der Europäische Rat in Edinburgh im Dezember 1992 brachte den Durchbruch. Einstimmig wurde der status quo festgeschrieben. Hierzu genügte eine halbe Seite im Amtsblatt am Tag vor Weihnachten 1992. „Die Kommission hat ihren Sitz in Brüssel" wird dort verlautbart, wobei einzelne Dienste wie z. B. das Statistische Amt oder Teile einzelner Generaldirektionen in Luxemburg verbleiben (insgesamt ca. 2400 Mitarbeiter). Im Zuge der Gemeinsamen Forschungsstelle bestehen darüber hinaus Dienststellen in Ispra (Italien), Geel (Belgien), Petten (Niederlande) und Karlsruhe.

Innerhalb Brüssels verteilen sich die Dienststellen auf über 60 Verwaltungsgebäude. Eingeprägt hat sich dabei zwar das sternenförmige Berlaymont-Gebäude (Rue de la Loi 200, 1049 Brüssel), das noch heute die offizielle Postanschrift der Kommission begründet. Es liegt in unmittelbarer Nachbarschaft zum derzeitigen Tagungsort des Ministerrates (Charlemagne-Gebäude) und dem derzeit im Bau befindlichen Gebäudekomplex, der künftig die Ratssitzungen und die Ratsdienststellen beherbergen wird. Das Berlaymont hat aber seit den Dezembertagen 1991 seine Funktion als Zentrale der Kommission in Brüssel verloren. Wegen Asbestproblemen wurde es von seinen rund

3300 Bediensteten seinerzeit geräumt, ohne daß in der Zwischenzeit Klarheit besteht, was letztlich mit dem seither leerstehenden Gebäude geschehen soll. Die Kommissare und die Kabinette zogen in das sogenannte Breydel-Gebäude, einige hundert Meter vom früheren Standort, so daß sie weiterhin auch in Sichtweite des derzeitigen Verwaltungsgebäudes des Europäischen Parlaments arbeiten.

Wer nun aber glaubt, die Kommissionsbeamten säßen in gemütlichen, wohlausgestatteten Amtsstuben, unterliegt einem Irrtum. Die Büros sind vielfach sehr klein, der Kampf um den Fensterplatz ist ein Bestandteil der Laufbahn!

Die Kommission scheint in konstanter (physischer) Bewegung. In jüngerer Zeit entstanden eine Reihe von Verwaltungsgebäuden mit der Folge, daß sich das ohnehin übliche Umzugskarussell noch beschleunigte. Hinzu kommt die häufige Reorganisation der Dienststellen. Kaum eine nationale Verwaltung unterliegt wie die Kommission der permanenten Umstrukturierung. Die spezifische Charakteristik der Kommisionsarbeit fördert das beständige Überdenken der vorhandenen Organisationsform. Konzeptionelle Arbeiten nehmen einen größeren Umfang als in nationalen Ministerien ein, da für das Entwerfen neuer oder geänderter Politiken regelmäßig Vorbilder fehlen. Aktuelle politische Veränderungen schlagen sich unmittelbar in Arbeitsaufträgen nieder, für die es häufig keine vorhandene Verwaltungsorganisation gibt. Der Ministerrat übt sich zudem in Zurückhaltung bei der Bewilligung neuer Stellen, weshalb durch Umsetzung und Neubestimmung der Prioritäten Personal für neue Aufgaben freigesetzt werden muß. Der Anspruch neuer Mitgliedstaaten auf Berücksichtigung ihrer Staatsangehörigen bei der Besetzung von Stellen auf allen Ebenen hat zudem über Jahre hinweg zu Reorganisationen geführt.

Einen bestimmten Kommissionsbeamten ausfindig zu machen, auch wenn er gerade wieder sein Büro gewechselt hat, bereitet dennoch keine allzu große Mühe, . . . wenn man seine Telefonnummer kennt. Mit seinem Dienstantritt erhält er eine persönliche Telefonnummer, die für gewöhnlich bis zu seinem Ausscheiden aus Kommissionsdiensten mit ihm wandert. Ein kleines Beispiel, das den individualistischen Aufbau der Kommissionsdienststellen charakterisiert.

5. Zusammenwirken von Kommission, Rat und Europäischem Parlament

In der Rolle des Motors der europäischen Einigung kommt die Stellung der Kommission zu den übrigen Organen besonders deutlich zum Ausdruck. Vereinfacht läßt sich über die normativen Beschlüsse der Gemeinschaft sagen:
- die Kommission schlägt vor,
- das Parlament nimmt Stellung,
- der Rat entscheidet,
- der Europäische Gerichtshof kontrolliert.

Eine Ausnahme von dieser Regel besteht allerdings im Bereich der Europäischen Gemeinschaft für Kohle und Stahl. Hier entscheidet die Kommission mit Zustimmung des Rates, wenn beispielsweise eine offensichtliche Krise (Stahl) festgestellt wird oder Vertragsvorschriften angepaßt werden sollen.

Nach den Römischen Verträgen über die Europäische Wirtschaftsgemeinschaft und die EURATOM-Gemeinschaft bedürfen Maßnahmen von größerer Bedeutung der Entscheidung des Rates, der aber regelmäßig nur auf Vorschlag der Kommission entscheiden kann. Die Konstruktion von Vorschlagsrecht der Kommission und Entscheidungsrecht des Rates erzeugt ein Spannungsverhältnis der Gemeinschaftsorgane, das jenes eingangs beschriebene Schwarze-Peter-Spiel erst zuläßt. Beratungsmaterie für den Rat und damit Grundlage seiner Entscheidung kann ausschließlich sein, was ihm als Vorschlag durch die Kommission vorgetragen wird. Zeigt sich im Ministerrat also, daß man sich wegen der unterschiedlichen Interessenlagen der einzelnen Mitgliedstaaten nicht einigen kann, so fällt es dem Rat leicht, einen Kommissionsentwurf zurückzuweisen, weil er nicht ausgewogen erscheint. Nicht die den Vorschlag ablehnenden Minister stehen dann in einem schlechten Licht, sondern die Kommission, deren Entwürfe nicht mehrheitsfähig waren!

Um dieses Phänomen wissend, bemüht sich die Kommission lange bevor sie einen Vorschlag offiziell dem Ministerrat zuleitet, um eine sorgfältige Analyse des Sachverhalts und um die Berücksichtigung von nationalen Gegebenheiten. Den für den Entwurf einer Richtlinie oder Verordnung erforderlichen Sachverstand holt sich die Kommission häufig über Studien, die Einrichtung von Expertengruppen und die Anhörung der betroffenen Kreise (Verbände usw.). Dabei müssen in den Expertengremien nicht Fachleute aus allen Mitgliedstaaten vertreten sein, geht es doch primär um die sachliche Aufarbeitung eines Problems und nicht um die Aushandlung des politisch von den Regierungen billigbaren Ergebnisses. Allerdings ist unverkennbar, daß die Expertenrunden, deren Bestimmung in den Händen der Kommission liegt, erheblichen Einfluß auf die Position der Dienststellen haben. Ihre Berichte bilden die Diskussionsgrundlage für das weitere Vorgehen.

In der Ebene der Abteilung, in der sich durchschnittlich 5 bis 10 Beamte der Laufbahn A und B befinden, nimmt ein Rechtsakt seinen Lauf. Die Generaldirektion, welche für die Ausarbeitung eines Dokuments verantwortlich zeichnet, zieht die mitbetroffenen Generaldirektionen zur Stellungnahme oder Mitausarbeitung heran und legt ihren Entwurf schließlich dem Juristischen Dienst vor. Mit dessen Stellungnahme versehen wird das Dokument dem Kabinett des für den Politikbereich zuständigen Kommissars unterbreitet. Auf der Ebene der Kabinette und schließlich von der Kommission gutgeheißen, beginnt das externe Schicksal des Kommissionsvorschlags, indem er vom Generalsekretariat der Kommission, dem Ministerrat und zugleich dem Europäischen Parlament zugeleitet wird.

Der weitere Verlauf hängt dann von der betroffenen Sachmaterie ab. Sie gibt im Gesetzgebungsprozeß der Union die Rolle und damit die Stärke im Verhältnis der Organe Rat und Parlament zueinander vor. Soweit im Zuge der Beratungen im Rat eine qualifizierte Mehrheit ausreicht, sei es um einen gemeinsamen Standpunkt festzulegen oder um eine abschließende Entscheidung zu treffen, werden die Stimmen der Mitgliedstaaten wie folgt gewichtet:

- Deutschland, Frankreich, Italien, Vereinigtes Königreich je 10 Stimmen
- Spanien 8 Stimmen
- Belgien, Griechenland, die Niederlande, Portugal je 5 Stimmen
- Dänemark, Irland je 3 Stimmen
- Luxemburg 2 Stimmen

Die qualifizierte Mehrheit wird mit 54 Stimmen erreicht, so daß 2 große Mitgliedstaaten zusammen noch über keine Sperrminorität verfügen.

Der Grundsatz der Einstimmigkeit bleibt allerdings auch in den Binnenmarktmaterien für die Bereiche Steuern, Freizügigkeit der Personen und Rechte der Arbeitnehmer erhalten.

Im gesamten Verfahrensablauf bleibt die Kommission Herr des Verfahrens. Sie kann bis zum Beschluß des Rates über den Rechtsakt ihren Vorschlag modifizieren oder zurückziehen. Darin drückt sich die prozedurale Seite des Initiativrechts der Kommission aus.

Mit dem Inkrafttreten des Maastrichter Vertrages haben sich die Beteiligungs- und Entscheidungsformen für das Europäische Parlament geändert. Die Entscheidungsbefugnisse des EP werden ausgedehnt. Jedoch sind die vorgesehenen Gesetzgebungsverfahren nicht dazu angetan, die Transparenz der Entscheidungsabläufe zu erhöhen. Abhängig von der einschlägigen Materie und Rechtsgrundlage für das Tätigwerden der Gemeinschaft wird es ab der Geltung des Vertrages zur Europäischen Union folgende Verfahren geben:

- Zustimmungsverfahren (z.B. Beitritts- und Assoziierungsverträge),
- Kodezisionsverfahren (z.B. Binnenmarkt, Freizügigkeit der Arbeitnehmer, Forschungsrahmenprogramm),
- Kooperationsverfahren (z.B. Umweltpolitik, berufliche Bildung),
- Konsultationsverfahren (z.B. Kommunalwahlrecht, Wahlrecht zum EP),
- Unterrichtungsverfahren (z.B. Grundzüge der Wirtschaftspolitik).

Insbesondere mit der Einführung des Kodezisionsverfahrens und der damit verbundenen Schaffung eines Vermittlungsausschusses wird die Rolle des Europäischen Parlaments deutlich gestärkt, da ihm letztlich ein Vetorecht eingeräumt wird. Wie sich diese Verfahrensvielfalt in der konkreten Arbeit der Organe niederschlagen wird, läßt sich noch nicht übersehen. Jedenfalls steht zu erwarten, daß die Diskussionen um die Frage, welcher Politikmaterie und damit welcher Rechtsgrundlage eine Angelegenheit zuzurechnen ist, noch intensiver geführt werden wird.

Eine besondere Form des Zusammenwirkens der Organe bringt die Aufstellung des Gemeinschaftshaushalts mit sich. Das Verfahren hierzu wird durch die Kommission eingeleitet. Sie faßt die Haushaltsvoranschläge der einzelnen Organe zu einem Vorentwurf des Haushaltsplans zusammen, kommentiert diesen und unterbreitet gegebenenfalls abweichende Voranschläge. Der Vorentwurf wird dem Rat vorgelegt und von diesem mit qualifizierter Mehrheit aufgestellt und dem Europäischen Parlament zugeleitet. Rat und EP bilden die gemeinsame Haushaltsbehörde. Im Dialog zwischen ihnen entsteht die endgültige Fassung des Haushalts, wobei dem EP bei den sogenannten nicht-obligatorischen Ausgaben (solche, die sich nicht zwingend aus primärem oder sekundärem Gemeinschaftsrecht ergeben) das „letzte Wort" zukommt. Es kann in diesem Fall abweichend von der Ratsmeinung abschließend entscheiden.

Das Gros der Ausgaben liegt jedoch bei den sogenannten obligatorischen Ausgaben (insbesondere die Kosten des EAGFL – Abteilung Garantie). Hier entscheidet letztlich der Rat.

Nach Abschluß des Haushaltsverfahrens stellt der Präsident des Europäischen Parlaments den Haushaltsplan fest.

Eine völlige Ablehnung des Haushaltsplans durch das EP ist mit 2/3 Mehrheit möglich und wurde bereits praktiziert.

Die Kommission tritt schließlich wieder als Organ ins Bild, wenn der Haushalt festgestellt wurde. Sie hat den Haushalt in eigener Verantwortung auszuführen.

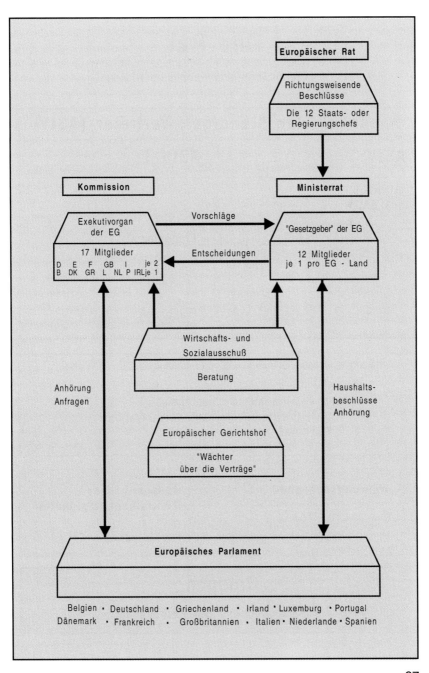

Der Rat

tagt in Form von Fachministerräten

Ausschuß der Ständigen Vertreter (AStV)

AStV II	AStV I
Botschafter (aus AA) u.a. - Außenbeziehungen - wichtige politische Fragen - Wirtschafts- und Finanzpolitik - Allgemeiner Rat - Vorbereitung des Europäischen Rates	stellvertretender Botschafter (aus BMWi) u.a. - Binnenmarkt - Verkehr - Umwelt - Haushalt - Soziales - Forschung - Energie

"Sonderausschuß Landwirtschaft" (zur Vorbereitung d. Agrarrates)

Hohe Beamte der Landwirtschaftsministerien
Alle Agrarfragen mit Ausnahme
- Währungsfragen der Marktorganisation
- Fischerei

- Währungsausschuß   Ausschuß der Zentralbankpräsidenten

(zur Vorbereitung des ECOFIN-Rates)

Gruppen

technische Ebene der Fachbeamten

II. Die Europäische Kommission im engeren Sinne

1. Die 17 Mitglieder

Spricht man von „der EG-Kommission", so verbergen sich hinter diesem Wort zwei Begriffe. Zum einen ist damit das Gemeinschaftsorgan Kommission mit seinen administrativen Gliederungen, insbesondere den 23 Generaldirektionen und den Diensten gemeint, zum anderen steht hinter dem Wort im engeren Sinne das Gremium der „Mitglieder der Kommission der Europäischen Gemeinschaften". Von letzterem soll in diesem Abschnitt die Rede sein.

Nach dem „Vertrag zur Einsetzung eines gemeinsamen Rates und einer gemeinsamen Kommission der Europäischen Gemeinschaften"[1] besteht die Kommission gegenwärtig aus 17 Mitgliedern. Mit jedem Beitritt eines Staates zur Europäischen Gemeinschaft wurde in der Vergangenheit die Zahl der Kommissionsmitglieder erhöht, um jedem Land die Möglichkeit zu eröffnen, in diesem Gemeinschaftsorgan vertreten zu sein; zuletzt geschah dies im Zuge des Beitritts von Spanien und Portugal zum 1. Januar 1986 (von 14 auf 17).

Hinter der Festlegung der Zahl der Kommissionsmitglieder stehen zwei Überlegungen. Zum einen soll sich jeder Mitgliedstaat der Gemeinschaft in der politischen Spitze dieses Organs wiederfinden, zum anderen soll jedoch auch im Hinblick auf die Bevölkerungsstärke eines Mitgliedstaates differenziert werden. So muß der Kommission mindestens ein Staatsangehöriger jedes Mitgliedstaates angehören, jedoch dürfen es pro Staat nicht mehr als 2 sein. Nach dieser Regelung entfallen auf die 5 bevölkerungsreichsten Mitgliedstaaten Bundesrepublik Deutschland, Frankreich, Italien, Spanien und Vereinigtes Königreich jeweils 2 zu besetzende Positionen, während die sogenannten „Kleinen" der Gemeinschaft (die Niederlande, Portugal, Griechenland, Belgien, Dänemark, Irland und Luxemburg) sich mit nur einem Kommissionsmitglied begnügen müssen. Daß auch bei einer solchen Verteilungsmodalität Kompromisse zu Gunsten der Arbeitsfähigkeit des Gremiums eingegangen werden mußten, läßt sich etwa daran ablesen, daß die wiedervereinigte Bundesrepublik Deutschland mehr als doppelt so viele Einwohner zählt als Spanien

---

1 vom 8. April 1965, in Kraft seit 1. Juli 1967

und beiden jeweils das Recht zur Ernennung von 2 Kommissionsmitgliedern zusteht.

Die Kommissionsmitglieder werden durch die Regierungen der Mitgliedstaaten in gegenseitigem Einvernehmen ernannt. Diese Formulierung bedeutet, daß die Ernennung einstimmig erfolgen muß. Was nach außen wie ein formeller Abstimmungsprozeß aussieht, bedeutet jedoch in der politischen Praxis, daß keine Regierung einer anderen in deren Vorschlag hineinredet, sondern die vom jeweiligen Mitgliedstaat vorgeschlagene Person akzeptiert. Dies gilt in jedem Fall für die sogenannten einfachen Mitglieder der Kommission. Die Besetzung der Position des Präsidenten und damit die Auswahl der entsprechenden Persönlichkeit folgt zwar formal den gleichen rechtlichen Regelungen, jedoch wird ein entsprechender Vorschlag eines Mitgliedstaates von den übrigen diskutiert und gewertet.

Die Auswahl der Kandidaten für eine Mitgliedschaft in der Kommission erfolgt daher in der Regel nach nationalen, innenpolitischen Gesichtspunkten. Es spielen dabei die Berücksichtigung von Koalitionsabsprachen ebenso eine Rolle wie das Bemühen einiger Mitgliedstaaten, durch die Entsendung von möglichst hochrangigen, politisch aktiven Persönlichkeiten nationale Interessen in Brüssel gestärkt zu sehen. Die Kommissionsbildung für die Kommission 1989 bis 1992 hat dies deutlich bewiesen. So rückte – um einmal kein deutsches Beispiel zu nennen – der sozialistische belgische Politiker Karel Van Miert an die Stelle von Willy De Clercq. Dieser hatte zwar anerkanntermaßen eine erfolgreiche Amtsperiode hinter sich, in der er für die Außenbeziehungen der Gemeinschaft verantwortlich war, jedoch gehört er der liberalen Partei an, die während seiner Amtszeit aus der belgischen Regierungskoalition ausgeschieden war und sich plötzlich in der Opposition wiederfand.

Verbindliche und handfeste Auswahlkriterien für Personen, die geeignet sind, das Amt eines Kommissionsmitglieds auszufüllen, wird man in den Gemeinschaftsverträgen vergeblich suchen. Das „Anforderungsprofil" an ein Kommissionsmitglied verlangt die „allgemeine Befähigung" und die „volle Gewähr der Unabhängigkeit"[2]. So kann es auch nicht erstaunen, wenn das gegenwärtige Mitglied der Kommission, Bruce Millan, in einem Interview geradeheraus erklärt hat,

---

2 Art. 10 Abs. 1 des Vertrages zur Einsetzung eines gemeinsamen Rates und einer gemeinsamen Kommission der Europäischen Gemeinschaft

daß er bis zu seinem Amtsantritt „keine Ahnung gehabt hat, wie die Kommission funktioniert"[3].

Die Ernennung durch die Mitgliedstaaten erfolgt für die Amtszeit von 4 Jahren. Eine Wiederernennung ist zulässig.

Dieses Regierungsverhalten unterliegt nach gegenwärtiger Vertragslage auf europäischer Ebene keiner demokratischer Kontrolle. Das Europäische Parlament hatte bisher kein Anhörungs-, Beratungs- oder gar Entscheidungsrecht. Allenfalls müssen sich die Regierungen in ihren heimischen Parlamenten einer politischen Debatte stellen.

Der Maastrichter Vertrag sieht für die Zukunft eine fünfjährige Amtszeit für die Kommissionsmitglieder vor, abgestimmt auf die Wahlperiode des Europäischen Parlaments. Das Europäische Parlament wird dann auch bei der Ernennung der Kommissionsmitglieder beteiligt sein. Die Regierungen müssen nach dem Vertrag zur Europäischen Union einstimmig dem Europäischen Parlament einen Vorschlag für einen Kommissionspräsidenten unterbreiten und das Parlament hierzu anhören. Anhörung bedeutet rechtlich zwar nicht Zustimmung, aber kommt politisch doch einer Situation gleich, die es den Regierungen ratsam erscheinen lassen dürfte, ihren Vorschlag sorgfältig auf die politische Stimmungslage im EP abzustimmen.

Hinzu tritt, daß der so ausersehene künftige Kommissionspräsident von den Regierungen bei der Auswahl seiner künftigen Kommissionskollegen konsultiert werden muß. Die gesamte Kommission – Präsident wie einfache Mitglieder – muß sich sodann einem Zustimmungsvotum des Europäischen Parlaments stellen. Erst danach kann die endgültige Ernennung durch die Regierungen der Mitgliedstaaten einvernehmlich erfolgen.

Dieses – gegenüber der früheren Regelung – demokratischere Verfahren soll erstmals auf die ab 7. Januar 1995 amtierende Kommission angewendet werden.

Eine Übergangsregelung besteht für die seit 7. Januar 1993 amtierende Kommission. Ihre Amtszeit ist aufgrund der Ratifizierung des Maastrichter Vertrages auf zwei Jahre begrenzt.

---
3 The Bulletin, 09. 11. 1989, Nr 43, Seite 24

Um die Unabhängigkeit der Kommission als Ganzes und der einzelnen Kommissionsmitglieder gegenüber den nationalen Interessen des jeweiligen Heimatstaates zu gewährleisten, sind eine Reihe von Sicherungen in die Verträgen eingebaut worden. So kann der Ministerrat die Kommission weder als Ganzes noch einzelne Kommissionsmitglieder während ihrer Amtszeit abberufen oder auswechseln. Auch die Regierung eines Mitgliedstaates kann das von ihr vorgeschlagene Kommissionsmitglied nicht zurückrufen oder zum Rücktritt zwingen.

Das persönlich übertragene Amt erlischt nur durch Zeitablauf, Ausscheiden aus eigenem Willen oder durch Tod. In diesen Fällen wird ein Nachfolger für die verbleibende Amtsperiode bestellt. Der jüngste derartige Fall in der EG-Geschichte war das Nachrücken von Peter M. Schmidhuber, der das am 1. August 1987 verstorbene deutsche Mitglied der Kommission Alois Pfeiffer ersetzte.

Der Ministerrat kann sich aber auch für eine Nichtbesetzung für die verbleibende Zeit entscheiden, was nur nach einem Ausscheiden kurz vor Ende einer regulären Amtsperiode praktisch werden dürfte. In jedem Fall wäre auch für die Entscheidung einer Nichtbesetzung wie beim Beschluß über einen Nachfolger Einstimmigkeit im Rat erforderlich.

Die Vollständigkeit gebietet an dieser Stelle den Hinweis, daß eine Amtszeit auch unrühmlich enden kann, wenn der Europäische Gerichtshof auf Antrag der Kommission oder des Rates im Amtsenthebungsverfahren feststellt, ein Kommissionsmitglied habe schwere Verfehlungen begangen oder erfülle die Voraussetzungen für die Ausübung seines Amtes nicht mehr. Seit Bestehen der Gemeinschaft mußte ein solches Amtsenthebungsverfahren noch nicht durchgeführt werden.

Dem Europäischen Parlament steht die Möglichkeit zu, der Kommission das Mißtrauen auszusprechen und sie damit zum Rücktritt zu zwingen. Der Mißtrauensantrag ist nur dann erfolgreich, wenn mindestens 2/3 der anwesenden und die absolute Mehrheit der Parlamentsmitglieder ihn unterstützen. In diesem Falle müßte die gesamte Kommission geschlossen zurücktreten. Einzelne Kommissionsmitglieder können mit diesem Verfahren nicht zum Rücktritt gezwungen werden.

Nachdem die Kommission im Gefüge der Gemeinschaftsorgane das Gemeinschaftsinteresse vertreten muß, dürfen die Mitglieder der

Kommission in der Ausübung ihres Amtes keine Weisungen einer Regierung oder sonstiger Stellen einholen oder entgegennehmen. Die Mitgliedstaaten sind verpflichtet, diese Unabhängigkeit zu achten und nicht zu versuchen, die Kommission bei der Erfüllung ihrer Aufgaben zu beeinflussen.

Mit diesen Postulaten soll sichergestellt werden, daß nationale Interessen nicht in der Kommission sondern im Ministerrat aufeinandertreffen. Zu Beginn ihrer Tätigkeit geben die Kommissionsmitglieder daher vor dem Europäischen Gerichtshof eine feierliche Verpflichtung ab, in der sie erklären, ihr Amt unabhängig und im Interesse der Gemeinschaft auszuüben, keine Weisungen zu ersuchen oder zu befolgen und generell keine Handlungen vorzunehmen, die mit ihrer Aufgabe unvereinbar sind. So dürfen Kommissionsmitglieder während ihrer Amtszeit keiner weiteren Berufstätigkeit nachgehen.

Die formale Unabhängigkeit der Kommissionsmitglieder hindert natürlich nicht die informelle Kontaktaufnahme mit den „heimatlichen" Regierungen. Die Mitglieder der Kommission waren und bleiben in der Regel Politiker – trotz des manchmal recht administrativen Charakters der Kommissionsarbeit. Sie geben ihre politischen Überzeugungen nicht am Haupteingang des Breydel-Gebäudes ab. Die Aufgabenverteilung zwischen Kommission und Rat und das der Kommission zugewiesene Initiativrecht veranlassen die Kommission im übrigen zu einer genauen Analyse der Situation in den einzelnen Mitgliedstaaten und der Betroffenen. Vorschläge, die dem Rat ohne Aussicht auf Erfolg unterbreitet werden, sind nicht gefragt. Die Kommissionsmitglieder halten daher regelmäßig engen Kontakt in die heimatlichen Hauptstädte und fühlen sich auch als Sachwalter der jeweils national Betroffenen, wobei die Betonung auf „auch" liegen wird.

In ihrer rechtlichen Stellung sind alle Kommissionsmitglieder gleichgewichtig. Es gibt formal keine „starken" und keine „schwachen" Kommissare, abgesehen von der Funktion des Präsidenten. Im Gegensatz zum Rat, in dem die nationalen Interessen institutionalisiert sind und in dem die Stimmen nach Mitgliedstaat bei einer Abstimmung gewichtet werden, gilt in der Kommission der Grundsatz: „one man, one vote". Während etwa im Rat eine Koalition der 7 „kleinen" Mitgliedstaaten eine qualifizierte Mehrheit (54 Stimmen) verhindern würde – wie sie für Entscheidungen zur Herstellung des Binnenmarktes erforderlich ist und ausreicht – wäre ein derartig national ausgerichtetes Bündnis der 7 Kommissionsmitglieder aus diesen Mitgliedstaaten wirkungslos, wenn die übrigen 10 Mitglieder der Kommission zusammenstehen. Die Stärke eines Kommissionsmitgliedes resultiert nicht notwendig aus seiner nationalen Herkunft, sondern folgt anderen Faktoren. Da spielen das verwaltete Ressort, seine Fähigkeit zur Kommunikation und Überzeugung, kurz: politisches Können und der geschickte Einsatz vorhandener Mittel – zu denen auch Sprachkenntnisse zu rechnen sind – eine große Rolle.

2. Die Aufgabenverteilung in der Kommission

In einer Organisation, die wie die Kommission ihre Entscheidungen als Kollegialorgan trifft, müssen gleichwohl Formen gefunden werden, die eine politische Steuerung der einzelnen Politikbereiche zulassen. Es gilt folglich eine Kombination zu finden zwischen der kollektiven Entscheidung und der Notwendigkeit direkter Verantwortlichkeit. Jedem Kommissionsmitglied werden aus diesem Grund eine oder mehrere Generaldirektionen oder Dienste zugewiesen. Für sie ist das Kommissionsmitglied verantwortlich. Diese Verantwortlichkeit bedeutet, daß der Kommissar den in diesen Diensten verankerten Politikbereich bearbeitet und hierfür bei Koordinierungsbedarf die Federführung übernimmt. Die dem Kommissionsmitglied zugewiesenen Generaldirektionen berichten an ihn und unterliegen seinen Weisungen.

Für welche Politikbereiche ein Kommissionsmitglied zuständig wird, ist eine der in Brüssel am meisten mit Spannung erwarteten Entscheidungen. Formell befinden die Kommissionsmitglieder in ihrer ersten Sitzung nach Amtsantritt über die Aufgabenzuweisungen – gegebenenfalls auch im Zuge einer Mehrheitsentscheidung. Ein Vergleich mit der Aufgabenverteilung im Zuge einer Kabinettsbildung in der Bundesrepublik Deutschland wäre mithin unpassend. Im Brüsseler EG-Jargon nennt man diese entscheidende Klausurtagung der Kommission die „Nacht der langen Messer".

Wie heikel das Thema der Aufgabenverteilung ist und wie zurückhaltend es von der Kommission in der Öffentlichkeit behandelt wird, macht die Antwort der Kommission vom 26. Mai 1989 auf eine Anfrage des sozialistischen Europaabgeordneten José Medairos Ferreira (Portugal) deutlich. Seine Frage war kurz und präzise: „Kann der Präsident der Kommission erläutern, welche Kriterien und Gründe bei der Verteilung der Zuständigkeitsbereiche der Kommissionsmitglieder, die ab 1.Januar 1989 gilt, eine Rolle spielten?" (Schriftliche Anfrage Nr. 2580/1988).

Die Antwort des Präsidenten Delors fiel noch kürzer, dafür aber auch nicht annähernd so präzise aus: „Die Kommission verteilt die Zuständigkeitsbereiche ihrer Mitglieder im Sinne der Kollegialität mit dem Ziel, ihre Arbeit bestmöglichst zu organisieren und ihrer Aufgabe gerecht zu werden." Soweit der volle Wortlaut der offiziellen Antwort! Ohne Licht in das Dunkel zu bringen, wirft diese Ein-Satz-Antwort ein bezeichnendes Licht auf das diplomatische Tauziehen im Hintergrund und läßt den Fragenden mit dem zwischen den Zeilen zu lesenden diplomatischen Hinweis zurück: dergleichen fragt man nicht!

Bei der Geschäftsverteilung spielen nationale Interessen eine beachtliche, wenn nicht die entscheidende Rolle, selbst wenn dies nach außen nie zugegeben würde. Das politische Gewicht eines Kommissionsmitgliedes hängt zu einem guten Teil davon ab, mit welchem Portefeuille es ausgestattet wird. So war es etwa bei der Bildung der Delors-II-Kommission 1989 nicht unumstritten, daß mit Martin Bangemann ein Deutscher für die Fortentwicklung des Binnenmarktes zuständig wurde, so sehr sich dies von der Person – zu diesem Zeitpunkt aktiver Bundeswirtschaftsminister – und der Sache – wirtschaftsstärkster Mitgliedstaat und „Exportweltmeister" Bundesrepublik Deutschland – angeboten haben mag. Zu tief saß und sitzt das Mißtrauen, daß bei der Formulierung europäischer Politik nationale Interessen – in diesem Falle der deutschen Industrie – zu gut abschneiden könnten. Ein Mißtrauen, das auf Gegenseitigkeit beruht: man denke nur an die deutschen Befürchtungen vor einer „französisch formulierten" europäischen Agrarpolitik.

Welche Variationen in der Aufgabenverteilung unter den Kommissionsmitgliedern möglich sind, zeigt sich unter anderem in der Fähigkeit, bis dahin existierende Generaldirektionen aufzuteilen, neu zu gruppieren oder neu ins Leben zu rufen. So wurde beispielsweise die frühere Task Force „Kleine und mittlere Unternehmen" unter Einbeziehung des Politikbereichs Tourismus zur Generaldirektion XXIII aufgewertet. Neu geschaffen wurden der „Dienst Verbraucherpolitik", die Task Force „Human Ressources" und eine Task Force „Erweiterung".

Zu den Generaldirektionen, die traditionell hohes Ansehen genießen, gehören die Auswärtigen Beziehungen (Generaldirektion I und I a), waltung (Generaldirektion IX). Andere Generaldirektionen wiederum stoßen auf ein sektorielles oder regionales Interesse wie beispielsweise die Bereiche Verkehr (Generaldirektion VII), Fischerei (Generaldirektion XIV), Soziales (Generaldirektion V), Energie (Generaldirektion XVII) oder Regionalpolitik (Generaldirektion XVI).

Um die Besetzung dieser Aufgabenfelder wird hinter den Kulissen hart gerungen. Nationale Interessenlagen und persönliche Wünsche müssen derart unter einen Hut gebracht werden, daß jeder Amtsinhaber und jeder Mitgliedstaat sich nach seiner subjektiven Auffassung gebührend berücksichtigt findet. Die ausgeprägte Bereitschaft zum Kompromiß und – vorher – zum geschickten Taktieren sind die Voraussetzungen für eine erfolgreiche Aufgabenverteilung.

3. Der Präsident

Das Amt hat einen klangvollen Namen: Präsident der Europäischen Kommission. Ein Vergleich mit der Funktion und Bedeutung des Präsidenten der Vereinigten Staaten von Amerika oder – in Europa naheliegender – des Präsidenten der Französischen Republik oder des deutschen Bundespräsidenten drängt sich auf. Dabei zeigen sich schnell erhebliche Differenzen in demokratischer Legitimation und Machtfülle.

Der Präsident der Kommission kann sich weder auf ein Votum der Bürger Europas stützen, noch hat er die machtvollen Exekutivfunktionen, die den US-Präsidenten auszeichnen. Während der französische und der amerikanische Präsident ihre Person und ihr politisches Programm ihren Landsleuten zur Abstimmung unterbreiten müssen und der Bundespräsident zwar nicht unmittelbar durch das Volk, aber wenigstens durch die Bundesversammlung seine demokratische Legitimation bezieht, fußt die Ernennung zum Präsidenten der Kommission auf einer Entscheidung durch die Regierungen der 12 Mitgliedstaaten. Diese ernennen für die Dauer von 2 Jahren eines der gegenwärtig 17 Mitglieder der Kommission zu deren Präsident. Nicht öffentlicher Wahlkampf sondern feinste Diplomatie hinter möglichst verschlossenen Türen lassen aus einem Kandidaten um das Amt schließlich einen Kommissionspräsidenten werden. Das „Findungsverfahren" ist dem freien Spiel der Politik und Diplomatie überlassen. Es gibt keine rechtlich verbindlichen Regeln, nach denen der richtige Mann oder die richtige Frau (die Geschichte der EG kennt eine Kommissionspräsidentin noch nicht) ausgewählt wird. Wem schließlich das Amt übertragen wird, entscheidet sich – wie in europäischen Angelegenheiten häufig – meist auf Grund eines Kompromisses. Unausgesprochen werden dabei sonstige internationale Ämter von Bedeutung beim „diplomatischen Verteilungspoker" ins Kalkül gezogen. Das Land, das gerade den Nato-Generalsekretär stellt, wird kaum mit viel Sympathie rechnen können, wenn es „auch noch" den Präsidenten der Kommission beansprucht, auch wenn diese beiden Organisationen nur insoweit etwas miteinander zu tun haben, als die Mitgliedschaften zum Teil deckungsgleich sind.

Nach den bisherigen rechtlichen Bestimmungen mußte der Präsident zunächst – wenigstens für eine logische Sekunde – zum „einfachen" Mitglied der Kommission ernannt worden sein, bevor ihn die Regierungen der Mitgliedstaaten zum Präsidenten ernennen konnten. Tatsächlich wurde aber im Rahmen der Benennung der Kommissionsmitglieder unter den Mitgliedstaaten bereits ausgehandelt, welchem Kommissionsmitglied aus welchem Mitgliedstaat diese Funktion zufallen sollte.

Der Maastrichter Vertrag bringt für die Rolle des Präsidenten einige Änderungen mit sich. Seine künftige Amtszeit wird fünf statt bisher zwei Jahre betragen. Es wird ihm also weitaus stärker als bisher gelingen, der Arbeit der Kommission seinen Stempel aufzudrücken. Vor der Ernennung der übrigen Kommissionsmitglieder muß er durch die zwölf Regierungen konsultiert werden und sich nach seiner Nominierung einem Votum des Europäischen Parlaments stellen.

Die bisherige Amtszeit des Präsidenten (2 Jahre) und die Dauer seiner Mitgliedschaft in der Kommission (4 Jahre) hätten einen schnellen Wechsel, gar eine regelmäßige Rotation gestattet. Jedoch haben die Regierungen der EG-Staaten seit der Ernennung von François-Xavier Ortoli im Jahr 1973 jeweils von der Möglichkeit der Wiederernennung Gebrauch gemacht. Der gegenwärtige Präsident Jacques Delors befindet sich gar in seiner 5. Amtsperiode. Bedingt durch die Übergangsbestimmung des EU-Vertrages endet seine Amtszeit – wie die der übrigen Kommissionsmitglieder – vorzeitig nach Ablauf von zwei Jahren am 6. Januar 1995.

Das Ernennungsverfahren und die „nationale" Abfolge bei der Besetzung des Präsidentenstuhles der Kommission unterscheidet sich damit grundlegend von den Regelungen über die Präsidentschaft im Ministerrat. Während die Ratspräsidentschaft – dort Vorsitz genannt – im halbjährlichen Wechsel von einem Mitgliedstaat zum nächsten in festgelegter Reihenfolge weitergereicht wird, gibt es für die Nationalität des Kommissionspräsidenten keine vertraglich festgelegten Bestimmungen. Dies würde auch dem Auftrag und der Rolle der Kommission nicht gerecht, die als Organ nur dem Gemeinschaftsinteresse verpflichtet ist.

Die bisherige Ernennungspraxis hat lediglich gezeigt, daß zwar eine auf die Person des Präsidenten bezogene Wiederernennung praktiziert wird, daß jedoch bei seinem Ausscheiden aus diesem Amt ein Angehöriger eines anderen Mitgliedstaates sein Nachfolger wird. Seit dem Bestehen der Gemeinsamen Kommission für die drei Gemeinschaften (1967) folgten nacheinander der Belgier Jean Rey, der Italiener Franco-Maria Malfatti, der Niederländer Sicco Mansholt, der Franzose François-Xavier Ortoli, Roy Jenkins aus Großbritannien, Gaston Thorn aus Luxemburg und schließlich seit 1985 der gegenwärtig amtierende Franzose Jacques Delors. Aus der Bundesrepublik Deutschland kam zwar der erste Präsident der EWG-Kommission, Walter Hallstein, aber seit der Fusion der Organe der drei Gemeinschaften hat kein Deutscher die Funktion des Präsidenten ausgeübt. Diejenigen, die gerne einen Deutschen auf diesem Platz sähen, tröstet vielleicht der Hinweis, daß es den Spaniern, Portugiesen, Griechen, Iren und Dänen ebenso ergeht!

Nach dem Idealbild der Gründungsverträge der Europäischen Gemeinschaften und dem Fusionsvertrag, der zum 1.Juli 1967 einen gemeinsamen Rat und eine gemeinsame Kommission für EGKS, EWG und EURATOM einführte, entscheiden die Mitglieder der Kommission als Kollegialorgan. Die Kommission ist insoweit mit dem Schweizerischen Bundesrat vergleichbar. Der Präsident ist mithin „nur" der Erste unter Gleichen. Ihm steht keine Richtlinienkompetenz – wie dem deutschen Bundeskanzler – zu und seine Stimme gibt auch rechnerisch keinen Ausschlag, wenn es bei einer Abstimmung in der Kommission zum Patt kommt. Auch für ihn gilt der Satz: „One man, one vote" und nicht etwa eine Regel wie im mitbestimmten deutschen Aufsichtsrat.

Gefordert sind daher diplomatisches Geschick, Überzeugungskraft und die Fähigkeit, politische Entscheidungsprozesse durch Interessenausgleich und das Schnüren entsprechender Pakete zu steuern.

Hierzu gibt die Geschäftsordnung der Kommission, die sie sich im übrigen selbst gibt und die nicht vom Rat vorgeschrieben wird, eine Reihe von Instrumenten an die Hand. Der Präsident beruft die Kommissionssitzungen ein und leitet sie. Wichtiger noch als diese formale Steuerung ist aber die Beeinflussung der Tagesordnung. Hier hat in der Vergangenheit eine Stärkung der Position des Präsidenten stattgefunden. Die Geschäftsordnung sieht nun vor, daß der *Präsident* für jede Sitzung die Tagesordnung festlegt. Dabei hat er das alljährlich von der Kommission aufgestellte Arbeitsprogramm und das vierteljährliche Gleitprogramm zu berücksichtigen. In das Gleitprogramm werden jene Punkte aufgenommen, für die ein Beschluß der Kommission erforderlich ist. Über das Gleitprogramm und die Entscheidung zur Aufnahme eines Punktes in die Tagesordnung, kann der Präsident den Entscheidungsprozeß beschleunigen oder verlangsamen. Hier liegt eine erhebliche tatsächliche Machtbefugnis, da im Angesicht der Interessenvielfalt in der europäischen Politik der Zeitpunkt eines Vorschlags für seinen Erfolg genau so wichtig sein kann wie sein Inhalt.

Hierzu tritt eine ganze Palette politischer Möglichkeiten, die dem Präsidenten erlauben, die politische Diskussion zu gestalten. Er nimmt grundsätzlich als Vertreter der Kommission an den regelmäßigen Gipfeltreffen der Staats- und Regierungschefs, dem Europäischen Rat teil. Dort trägt er in der Regel zur Lage der Gemeinschaft vor, legt die Überlegungen zur Fortentwicklung der Gemeinschaft aus der Sicht der Kommission dar und formuliert grundsätzliche Vorschläge für politische Problemfelder. Er lenkt auf diese Weise gemeinsam mit der jeweiligen Ratspräsidentschaft die Diskussion.

Eine politisch bedeutsame Rolle kommt dem Präsidenten auch bei der Verteilung der Verantwortungsbereiche der Kommissionsmitglieder zu. Die Kommission beschließt zwar auch in diesem Fall als Kollegialorgan – gegebenenfalls mit Mehrheit! – über die Aufgabenverteilung untereinander, jedoch geschieht dies aufgrund eines Vorschlags des Präsidenten. Dieser wird in seinem Vorschlag sinnvollerweise sowohl nationale Interessen als auch den politischen Hintergrund der einzelnen Kommissionsmitglieder berücksichtigen, selbst wenn dergleichen öffentlich nicht geäußert wird. Vom Präsidenten wird bei dieser Aufgabe ein beachtliches Maß an politischem Fingerspitzengefühl und Takt verlangt, da er – um politisch erfolgreich sein zu können – in der Folgezeit auf die Unterstützung seiner Kollegen angewiesen ist.

Um jedoch nationale oder persönliche Erbhöfe nicht entstehen zu lassen und um eine gerechtere Verteilung der „interessanten" Politikbereiche zu erzielen, werden erfahrungsgemäß die Aufgaben nach Ablauf der Amtszeit der Kommission in dem Sinne neu verteilt, daß ein Ressort nicht erneut in den Verantwortungsbereich eines Kommissars gelegt wird, der die Nationalität seines Ressortvorgängers teilt. Eine Maßnahme, die unter Jacques Delors ergriffen wurde.

Traditionellerweise fallen in den Verantwortungsbereich des Präsidenten das Generalsekretariat der Kommission und der Juristische Dienst. Beide Einrichtungen erlauben dem Präsidenten im Tatsächlichen inhaltliche Einflußnahme auf Entscheidungen und Vorschläge der Kommission, noch bevor sie das Stadium der Beratung im Gremium der 17 erreichen. Dies hängt mit den Befugnissen von Generalsekretariat und Juristischem Dienst zusammen.

Dem Generalsekretariat obliegt die Koordination der Arbeit der 23 Generaldirektionen und übrigen Dienste sowie die Vertretung gegenüber dem Ministerrat. Dem Juristischen Dienst sind alle Vorschläge und Entscheidungen der Kommission zu unterbreiten, der sie auf ihre Konformität mit den Bestimmungen der Gemeinschaftsverträge zu prüfen hat.

Zuletzt sei noch auf die vielfältigen Möglichkeiten hingewiesen, die sich aus der Bestimmung der Geschäftsordnung ergeben, wonach *der Präsident* die von der Kommission gefaßten Beschlüsse bekanntgibt. Zwar ist die Befugnis in der täglichen Praxis auf die übrigen Mitglieder der Kommission delegiert, soweit ihre Verantwortungsbereiche tangiert sind, aber vor und nach bedeutsamen europäischen Ereignissen wie Gipfeltreffen oder zu Beginn und Ende einer Ratspräsidentschaft formuliert der Präsident seine Erwartungen und Beurteilungen in die Notizblöcke und Mikrofone der in Brüssel zahlreich akkreditierten Journalisten.

Besondere Beachtung findet alljährlich die Präsentation des Arbeitsprogramms der Kommission, das der Präsident dem Europäischen Parlament in seiner ersten Sitzungswoche des Jahres vorträgt. Es hat den Charakter einer „Regierungserklärung", in dem die Kommission ihre Schwerpunkte für das Jahr formuliert und damit zu erkennen gibt, in welchen Politikfeldern sie in besonderem Maß aktiv zu werden beabsichtigt. Der Präsident hat durch diese Art der Einführung der Kommissionsgesichtspunkte in die politische Debatte eine Plattform, die ihm Gehör verschafft.

4. Die Vizepräsidenten

Neben dem Präsidenten der Kommission sieht der EU-Vertrag einen oder zwei Vizepräsidenten vor. Damit wird von der bisherigen Regelung abgewichen, die die Bestellung von sechs Vizepräsidenten erlaubte. Während nach den Bestimmungen des EWG-Vertrages das Amt der Vizepräsidenten ebenso wie das des Präsidenten durch die Regierungen der Mitgliedstaaten im gegenseitigen Einvernehmen vergeben wurde, hat der Maastrichter Vertrag ein gänzlich neues Verfahren vorgesehen. Nunmehr ist es die Kommission selbst, die „aus ihrer Mitte einen oder zwei Vizepräsidenten ernennt". Deren Amtszeit beträgt dann entsprechend der des Präsidenten fünf Jahre und nicht mehr wie bisher zwei Jahre. Damit zeichnen sich noch schwierigere Auseinandersetzungen um die Positionen ab als in der Vergangenheit. Nach altem Recht konnte jeder der „großen" Mitgliedstaaten mit zwei Kommissaren einen davon zum Vizepräsidenten erheben. Gefordert wird jetzt die Quadratur des Kreises, eine Balance zwischen allen denkbaren Interessen: politische Zugehörigkeit, Nord-Süd-Zuordnung, kleiner/großer Mitgliedstaat, männlich/weiblich, ... usw.).

Die Rolle des oder der Vizepräsidenten erlangt im Fall der Vertretung des Präsidenten aus Abwesenheits- oder Krankheitsgründen Bedeutung, namentlich bei der Einberufung und Leitung der Kommissionssitzung.

Nach langem Tauziehen hinter den Kulissen entschied sich die Kommission am 22. Dezember 1993 für Henning Christophersen (Dänemark) und Manuel Marin (Spanien) als Vizepräsidenten. Sie werden ihr Amt bis zum Amtsantritt der neuen Kommission am 7. Januar 1995 ausüben.

5. Die Kabinette

Die in vielfältiger Weise zu beobachtende Prägung der EU-Verwaltung in ihrem Aufbau, ihrer inneren Struktur und ihren Bezeichnungen durch französische Vorbilder findet sich u.a. im unmittelbaren Umfeld der Kommissionsmitglieder. Die Rede ist von den sogenannten Kabinetten, einer Gruppe von Beamten, die das besondere Vertrauen des Kommissionsmitgliedes genießt und ihn bei seiner Arbeit unterstützt. Die Bezeichnung entstammt der französischen Verwaltungsorganisation, in der strikt zwischen der politischen Entscheidungsebene – dem Minister – und der administrativen Vollzugsebene – dem Ministerium – unterschieden wird. Zur Vorbereitung der politischen Entscheidungen und als Bindeglied zum Verwaltungsapparat bedient sich der Minister eines Stabes von ausgewählten Mitarbeitern und Beratern, die ihm bei seinen Aufgaben zur Seite stehen. Diese Organisationsform findet sich beispielsweise auch in Belgien oder in Italien. In der Verwaltungsstruktur der Bundesrepublik Deutschland wäre sie am ehesten mit der Zentralstelle eines Ministeriums oder dem Ministerbüro vergleichbar. Entsprechend dem Vorbild in romanischen Ländern, erhält jedes Kommissionsmitglied die Möglichkeit zur Bildung seines eigenen persönlichen Stabes, seines Kabinetts.

Die Größe der Kabinette wird zu Beginn der Amtszeit einer Kommission durch einen Beschluß der Kommission über die Zahl der Planstellen festgelegt. Gegenwärtig stehen jedem Kommissionsmitglied 6 Stellen für Beamte des höheren Dienstes, also solche mit Hochschulabschluß, zu; angesichts der besonderen Aufgaben des Präsidenten hat dieser Anspruch auf 3 zusätzliche Beamte. Darüberhinaus stehen Stellen für das Kabinettsarchiv und die entsprechende Zahl von Bürokräften bereit.

Das Kommissionsmitglied ist frei in der Auswahl seiner Mitarbeiter. Häufig handelt es sich um Laufbahnbeamte der Kommission, aber auch Politiker, Universitätsangehörige oder Beamte aus der „heimischen" Verwaltung finden sich darunter. So sind das Auswärtige Amt, das Bundeswirtschaftsministerium und das Bundeslandwirschaftsministerium für deutsche Kommissionsmitglieder beliebte Rekrutierungsmöglichkeiten. Ähnlich verhält es sich bei den nichtdeutschen Kommissaren. In der Praxis teilen die Kabinettsmitglieder die Staatsangehörigkeit „ihres" Kommissars, wenngleich nach einer internen Regelung die 6. Stelle in einem Kabinett nur mit einem „Ausländer" besetzt werden darf. Hier spiegelt sich das Bemühen wider, „nationales" Interessendenken in der Kommission durch den Geist der Gemeinschaft zu ersetzen. Namentlich der Präsident, aber auch andere Kommissionsmitglieder bedienen sich gerne des Erfahrungsschatzes von Beamten, die nicht ihrer Nationalität angehören.

Die Kabinettsmitglieder werden vom Präsidenten der Kommission auf Vorschlag des betreffenden Kommissars ernannt. Ihre Amtszeit ist gebunden an die Person „ihres" Kommissars. Scheidet dieser aus der Kommission – auch vorzeitig – aus, so endet zugleich die Tätigkeit seiner Kabinettsmitglieder. Unter den Kabinettsmitgliedern findet man sowohl ausgewiesene Fachleute in bestimmten Politikbereichen, etwa Landwirtschaft oder Wirtschaftspolitik, als auch erfahrene Administratoren, mit generalistischem Hintergrund. Das geforderte Fachwissen, die damit verbundene Berufserfahrung und die sinnvollerweise vorhandenen Sprachkenntnisse ergeben ein anspruchsvolles Anforderungsprofil.

Die Leitung des Kabinetts obliegt einem Kabinettchef (A 2 Beamter), der von einem stellvertretendem Kabinettchef (A 3 Beamter) vertreten wird. Der Kabinettchef ist für die Organisation der Arbeit innerhalb des Kabinetts verantwortlich. Er verteilt die Aufgaben und sorgt für die Koordination innerhalb der Gruppe. Jedem Kabinettsmitglied wird eine Reihe von Politikbereichen zur Bearbeitung zugewiesen, die in der Regel mit einer der 23 Generaldirektionen oder der sonstigen Dienste übereinstimmen, aber auch querschnittartig angelegt sein können. Diese Art der Aufgabenzuweisung spiegelt die doppelte Funktion der Kabinette wider, die sich aus dem „Kollegialprinzip" und der „Ressortverantwortung" des Kommissionsmitglieds ergibt.

Da die Kommission ihre Entscheidungen als Kollegialorgan fällt, müssen alle EG-relevanten Politikbereiche durch das Kabinett abgedeckt werden können. Sämtliche Entscheidungen der Kommission müssen durch die Kabinette für das Kommissionsmitglied vorbereitet werden. Die Vorlagen aus den Generaldirektionen bedürfen der Aufbereitung, um die wesentlichen politischen Punkte herauszuarbeiten. Das fordert von dem angesichts der Vielfalt der EG-Politik relativ kleinen Stab ein enormes Arbeitspensum. Der Kommissar muß nicht nur in den Sitzungen der Kommission über alle aktuellen Entwicklungen aller Politikbereiche informiert sein. Vorträge, Symposien, Tagungen oder Seminare berufsständischer Organisationen oder von Industriezweigen fordern seine Präsenz und seine Stellungnahme – und das nicht nur in seinem Heimatstaat. Das von einem Kommissionsmitglied zu bearbeitende geographische Terrain ist mindestens Europa. Bei zahlreichen Politikbereichen wie Industrie-, Handels-, Agrarpolitik oder den auswärtigen Beziehungen ist unser ganzer Globus die Bühne, auf dem das Stück gespielt wird. Die Stichworte Uruguay-Runde des GATT, Pastakrieg mit den USA, Anti-Dumping-Verfahren gegen Hersteller aus Südostasien, die Osteuropahilfe, Beziehungen zu EFTA-Staaten sollen zur Illustration genügen.

Im Bereich der Ressortverantwortlichkeit des Kommissionsmitgliedes stellt sich dem Kabinett die Aufgabe der politischen Lenkung, der Koordination innerhalb der vom Kommissar verantworteten Politikbereiche und der Abstimmung mit den übrigen Kabinetten der Kommissionsmitglieder.

Die politische Lenkung der dem Kommissionsmitglied unterstellten Generaldirektionen oder Dienste erfolgt in der Regel über die Formulierung von entsprechenden Vorgaben, die von der betroffenen Generaldirektion bei der Ausarbeitung eines Vorschlags einzuhalten sind. Dies ist insbesondere in solchen Fällen einschlägig, in denen es um den Entwurf einer neuen Politik der Gemeinschaft geht oder wenn dem Ministerrat erstmals ein Vorschlag unterbreitet werden soll.

Die Kabinettsmitglieder haben in Vertretung ihres Kommissars gegenüber der in ihrem Verantwortungsbereich liegenden Generaldirektion ein Weisungsrecht. In der Praxis wird vom Mittel der Weisung jedoch kaum Gebrauch gemacht. Dies verbietet einerseits die kollegiale Zusammenarbeit (die Weisungsempfänger sind im Dienstrang oft höher als die Anweisungsberechtigten!), und umgekehrt greift die Loyalität, zu der die Beamten der Dienste verpflichtet sind.

Die strukturelle Vorgabe des Kollegialprinzips prägt den wesentlichen Teil der Tätigkeit der Kabinette. Vorschläge anderer Kommissionsmitglieder müssen auf ihre Vereinbarkeit mit den eigenen politischen Vorstellungen untersucht werden, selbst gilt es, Verbündete für eigene Vorschläge zu finden. In welcher Weise die interne Arbeit der Kabinette organisiert wird, bleibt dem betroffenen Kommissar bzw. seinem Kabinettchef überlassen. Üblicherweise werden regelmäßig interne Kabinettsitzungen durchgeführt, in denen die aktuellen Fragen angesprochen, notwendige Koordinationen vorgenommen werden und ein möglichst hoher Gleichklang im Informationsstand hergestellt wird. Die Notwendigkeit dieser internen Kabinettsitzungen ergibt sich aus der wöchentlich stattfindenden Sitzung der Kabinettchefs. Hier kommen die Kabinettchefs aller Kommissionsmitglieder zusammen, um die regelmäßigen Sitzungen ihrer Kommissare – die eigentliche Kommissionssitzung – vorzubereiten. Da in der Kabinettchefsitzung alle in der Kommission denkbaren Politikbereiche angesprochen werden können, muß der Kabinettchef über die anstehenden Dossiers ausreichend unterrichtet sein. Dazu gehört auch die Kenntnis der Haltung anderer Kabinette, über die die fachlich betroffenen Kabinettsmitglieder aus ihren Kontakten mit ihren Counterparts in den anderen Kabinetten berichten können. Hinzu kommen die sogenannten Sonderkabinettchefsitzungen, die für Donnerstag oder Freitag vor der regulären Kabinettchefsitzung anberaumt werden. Sie bieten eine weitere Sondierungsmöglichkeit und wirken als zusätzlicher Filter.

Das auf diese Weise gewonnene Meinungsbild bildet sodann die Grundlage, auf der der Kabinettchef – in Abstimmung mit seinem Kommissar – die Haltung seines Kabinetts in der Kabinettchefsitzung vertritt.

Die Kabinettchefsitzung, die jeweils für Montag einberufen wird, spiegelt schließlich die Tagesordnung wider, die die Kommission innerhalb der nächsten Zukunft, in der Regel am darauffolgenden Mittwoch, erörtern wird. Die Sitzung der Kabinettchefs findet unter dem Vorsitz des Generalsekretärs der Kommission statt. Aufgabe dieser Runde ist es, die streitigen, aber besonders die unstreitigen Punkte einer Vorlage herauszuarbeiten und damit die Diskussion der Kommission selbst von unnötigem Ballast zu befreien. Soweit ein Vorschlag einstimmig von den Kabinettchefs gebilligt wird, führt dies zur Aufnahme als sogenannter „A-Punkt" in die Tagesordnung der folgenden Kommissionssitzung. Der Präsident kann in diesem Fall die Annahme des Vorschlags in der Form, die er durch den Beschluß der Kabinettchefs gefunden hat, ohne Aussprache vorschlagen. Widerspricht kein Kommissar, indem er eine Aussprache beantragt, so werden diese „stummen Tagesordnungspunkte" zu Beginn der Kommissionssitzung angenommen.

Die Clearing-Funktion der Kabinettchefsitzung wird besonders deutlich bei den Punkten, in denen eine Einigung auf dieser Ebene nicht hergestellt werden kann. Hier gilt es, die streitigen Punkte möglichst exakt herauszufiltern, um den Kommissaren eine Diskussion zu ermöglichen, die sich mit den wesentlichen Fragen auseinandersetzt. Das Protokoll, das vom Generalsekretariat über die Kabinettchefsitzung geführt wird, gibt Auskunft über die Streitpunkte und die Haltungen der 17 Kabinette. Die verbleibende Zeit zwischen Kabinettchefsitzung und Kommissionssitzung kann damit für Überzeugungsarbeit oder die Entwicklung von Alternativen oder Kompromissen genutzt werden.

Aus den Generaldirektionen, die durch einen Tagesordnungspunkt fachlich berührt sind, können Beamte beigezogen werden, um sachliche Erläuterungen zu geben. Der Juristische Dienst ist bei jeder Kabinettchefsitzung vertreten. Damit wird seine Sonderstellung gegenüber den Fachgeneraldirektionen unterstrichen.

In der Funktion der Vorabklärung von Streitpunkten läßt sich die Kabinettchefsitzung vergleichen mit der sogenannten Vorkonferenz der obersten Beamten der Ministerien, wie sie einige Bundesländer kennen, oder mit der Runde der Staatssekretäre der Bundesministerien.

Neben der wöchentlichen Routinesitzung der Kabinettchefs findet immer eine Reihe von Sitzungen statt, die Sonderaufträgen der Kommission gewidmet sind. Diese Sitzungen müssen aber nicht unbedingt auf der Ebene der Kabinettchefs abgewickelt werden. Vielmehr werden hier die Spezialisten bzw. die für die zu erörternde Frage zuständigen Kabinettsmitglieder entsandt. Viel hängt in derartigen Sitzungen davon ab, welchen Informationsstand und welchen Verhandlungsspielraum die Beteiligten mitbringen. Hier zeigt sich regelmäßig der Wert EG-erfahrener Kabinettsmitglieder.

Für die Kabinettchefsitzungen hat man sich darauf verständigt, Französisch und Englisch als Arbeitssprache zu verwenden. Ein Simultandolmetschen findet regelmäßig nur vom Englischen ins Französische statt. Die Sitzungen der Kabinettsreferenten laufen in Französisch ab, wobei für einzelne Beamte Simultanübersetzung möglich ist, wenn dies erforderlich werden sollte. Entgegen früherer Übung müssen die schriftlichen Unterlagen für die Kommissionssitzungen nicht mehr nur in Französisch und Englisch erstellt werden, sondern müssen seit 1989 2 Arbeitstage vor der Kommissionssitzung auch in Deutsch vorliegen.

Aus der geschilderten Arbeitsweise wird die große Bedeutung erkennbar, die den Kabinetten im Entscheidungsprozeß innerhalb der Kommission zukommt. Die Filterfunktion der Kabinette bedeutet faktisch ein beachtliches Maß an Macht. Nicht nur werden unstreitige Vorgänge de facto entschieden, sondern es wird auch darüber befunden, welche Entscheidung der Kommission vorgelegt und in welcher Weise die Streitpunkte als solche dabei formuliert werden.

Erhebliche faktische Entscheidungsbefugnisse sind den Kabinetten im Bereich des sogenannten Schriftlichen Verfahrens zugewachsen, weshalb an dieser Stelle kurz darauf eingegangen werden soll. Im Schriftlichen Verfahren werden über das Generalsekretariat den Kabinetten Vorschläge für Entscheidungen der Kommission zugeleitet, die in der Regel die „laufende Verwaltung" betreffen. Dabei wird von dem Kommissionsmitglied, aus dessen Verantwortungsbereich der Vorschlag stammt, eine Frist gesetzt, innerhalb derer widersprochen oder die mündliche Behandlung in der Kommissionssitzung beantragt werden muß. Geschieht dieses von keinem der Kommissionsmitglieder, so gilt der Vorschlag mit Fristablauf als angenommen und wird dann im Protokoll der folgenden Kommissionssitzung festgehalten.

Da nun jedes Kommissionsmitglied frei in seiner Entscheidung ist, welche Verfahrensart es wählt, sei es Schriftliches Verfahren oder mündliche Erörterung in der Kommissionssitzung, gilt es für die Kabinette innerhalb sehr kurzer Zeit – zwischen 3 und 5 Arbeitstagen – zu erkennen, in welcher Weise reagiert werden muß. Nachdem der überwiegende Teil der Kommissionsbeschlüsse im Schriftlichen Verfahren zustandekommt, wird die besondere Verantwortung unterstrichen, die den Kabinetten hinsichtlich politischer Beurteilung und Auswahl „kritischer Vorgänge" zukommt.

In der täglichen Praxis der Kommission wird ein Großteil der Entscheidungen im Wege der „Übertragung der Zeichnungsbefugnis" gefällt. Nach Art. 27 der Geschäftsordnung der Kommission können einzelne Kommissionsmitglieder (oder auch Beamte) zu vorher eindeutig umschriebenen Maßnahmen der Geschäftsführung oder der laufenden Verwaltung Entscheidungen treffen, soweit sie hierzu ermächtigt wurden. Hauptanwendungsfälle liegen im Agrarbereich, bei Wettbewerbsfragen (Art. 85 ff EG-Vertrag), Anti-Dumping-Verfahren oder im Schutzklausel-Verfahren (Art. 115 EG-Vertrag). Schätzungsweise 2/3 aller Kommissionsbeschlüsse entsteht auf diese Weise, wobei grundsätzlich das Kollegialprinzip gewahrt bleibt, da die Fälle unter dem Vorbehalt des Aufgreifens in der Kommission stehen. Diese sogenannte Habilitation kann als eine zarte Keimzelle eines echten Ressortprinzips angesehen werden.

Ein Wort noch zu den agierenden Personen in den Kabinetten. Auf die hohen Anforderungen hinsichtlich der fachlichen und sprachlichen Qualifikation wurde bereits hingewiesen. Die Dynamik der Arbeit in der Kommission und die Komplexität von Entscheidungen setzen taktisches Geschick, diplomatisches Einfühlungsvermögen und Kreativität voraus, will man erfolgreich sein. Kabinettsmitglieder, die ihre Belastbarkeit unter Beweis gestellt haben, gehören häufig zu den Anwärtern auf Führungsfunktionen in den Generaldirektionen oder Diensten. Überspitzt läßt sich formulieren: Wer in der Kommission als Beamter Karriere machen will, muß einige Zeit in den Kabinetten gearbeitet haben. Diese Tatsache stößt bei den Beamten der Dienste häufig nicht auf große Begeisterung, vermindern doch diese „Parachutistes" (Fallschirmspringer), wie sie im EG-Jargon genannt werden, nach Ansicht der Beamten in den Diensten deren Aufstiegschancen. Hinzu tritt, daß mit jedem Ausscheiden eines Kommissars ein regelrechter Massenabsprung – um im Bild zu bleiben – stattfindet. Bei einer Fluktuation von regelmäßig der Hälfte aller Kommissionsmitglieder nach Ablauf ihrer Amtszeit kommt eine beträchtliche Zahl von Aspiranten auf attraktive Positionen zusammen.

6. Die Gruppe für prospektive Analysen

Die Idee für derartige Verwaltungseinheiten stammt aus den Vereinigten Staaten: ein „think tank" oder eine Denkfabrik sollen die politische Führung abseits des Alltagsgeschäfts beraten und grundsätzliche Überlegungen anstellen. In der Erkenntnis, daß auch die Europäische Union ihre künftige Gestalt und ihre Rolle in der Welt aktiv definieren muß und daß hierzu die Kommission als das Gemeinschaftsorgan mit dem ausschließlichen Initiativrecht in besonderer Weise berufen ist, hat Kommissionspräsident Jacques Delors die früher im Generalsekretariat angesiedelte Beratergruppe des Präsidenten ausgeweitet und damit begonnen, Mitarbeiter von innerhalb und außerhalb der Kommission in einer „Cellule de prospective" zusammenzuziehen und sie mit Studien zu künftigen Entwicklungen zu betrauen.

Organisatorisch wurde die Cellule dem Präsidenten direkt unterstellt. An ihrer Spitze steht Generaldirektor Jean-Claude Morel. Die Einrichtung der Cellule fand unter den Kommissionsmitgliedern nicht nur Freunde, wurde dem Präsidenten doch unterstellt, er wolle sich damit seine Zuarbeitsebene deutlich verbreitern. Das ist nicht von der Hand zu weisen, indes stoßen bei dieser Frage unterschiedliche Ausgangsverständnisse über die Rolle des Präsidenten aufeinander.

Die Notwendigkeit, eine Einheit zu haben, die jenseits der Generaldirektionen in der Lage ist, die Entwicklungsströme in der Gemeinschaft zu analysieren und Vorschläge für ihre Steuerung zu unterbreiten, wird auch von den internen Kritikern nicht bestritten.

Zu den Aufgaben, derer sich die Gruppe in der Vergangenheit im Rahmen ihres Arbeitsprogramms angenommen hat, gehören beispielsweise die nachfolgenden Themenkomplexe:
- Analyse und Evaluierung der Europäischen Integration und ihre weitere Entwicklung,
- Wirtschaftliche Entwicklung und Umwelt,
- Bevölkerungsentwicklung.

Durch Grundlagenstudien soll die Kommission in die Lage versetzt werden, entsprechende Politikentscheidungen zu treffen und dem Ministerrat geeignete Vorschläge zu unterbreiten. Die Studien der Cellule dienen zudem der Sensibilisierung der Entscheidungsträger.

In ihrer Arbeitsmethodik sucht die Gruppe den Kontakt zu vergleichbaren Planungsstäben in den Mitgliedstaaten. Die Möglichkeit, über Fachgruppen qualifizierte Mitarbeiter der einschlägigen Generaldirektionen heranzuziehen, ist gegeben.

Für die mittel- und langfristige Entwicklung der Gemeinschaft sind die Arbeiten der Cellule von Bedeutung. Sie prägt das Vorverständnis für politische Themen und wirkt damit bei der Weichenstellung künftiger Politiken der Gemeinschaft an entscheidender Stelle und zu einem sehr frühen Zeitpunkt mit.

7. Der Dienst des Sprechers

Jede politische Einrichtung lebt davon, daß die Medien von ihr Notiz nehmen. Bei der Kommission der Europäischen Gemeinschaften ist dies nicht anders. Aus diesem Grund unterhält die Kommission die sogenannte Sprechergruppe, den Service du porte-parole.

Die Sprechergruppe untersteht direkt der Verantwortung des Präsidenten. Sie ist nicht – von der Aufgabenstellung durchaus denkbar – der Generaldirektion X „Information, Kommunikation, Kultur und Audiovision" angegliedert, die Öffentlichkeitsarbeit mittels Broschüren, Besuchsprogrammen und Veranstaltungen leistet. Die Trennungslinie zwischen beiden Bereichen verläuft zwischen tagesaktueller Information, journalistisch aufbereitet und den langfristigen Informationen, die durch die GD X erarbeitet und verbreitet werden.

Die Sprechergruppe, deren Mitglieder teilweise selbst einen journalistischen Berufshintergrund haben, unterrichtet die bei der EG akkreditierten Journalisten: das nach Washington D.C. zweitgrößte Pressecorps der Welt. Gegenwärtig sind das mehr als 650 Journalisten aus über 50 Ländern, von denen ca. 60 Journalisten aus dem deutschsprachigen Raum, 45 aus Frankreich und etwa 40 aus Großbritannien kommen. Ungefähr 500 Journalisten arbeiten für die Printmedien und ca. 130 berichten für Radio und Fernsehen. 52 internationale und nationale Presseagenturen berichten vom EG-Geschehen aus der belgischen Hauptstadt. In den letzten 10 Jahren hat sich die Zahl der akkreditierten Journalisten verdoppelt.

Zur Information der Korrespondenten bedient sich die Sprechergruppe eines Pressebriefings, das an jedem Arbeitstag um 12 Uhr im Pressesaal des Breydel-Gebäudes stattfindet. Aus gegebenen Anlässen können auch weitere Briefings angesetzt werden, wenn es etwa den Verhandlungsfortschritt in den Agrarpreisrunden zu kommentieren gilt. Bei tagesaktuellen Ereignissen wie einem Sitzungstag der Kommission (regelmäßig am Mittwoch), der wichtigen Tagung eines Ministerrates oder beim Besuch von Staatsgästen werden zusätzlich zu den Routine-Briefings Pressekonferenzen angesetzt.

Zu den Presse-Briefings und -Konferenzen haben ausschließlich die bei der Kommission registrierten Journalisten Zugang. In der Vergangenheit war es auch für Beamte der Kommission oder Lobbyisten möglich – wenn auch nicht gestattet –, den Ausführungen des Sprechers der Kommission zu folgen. Mit dem wachsenden Interesse an den Ereignissen an der Nachrichtenbörse Brüssel führte diese Praxis jedoch dazu, daß sich die Medienvertreter in der Exklusivität ihrer Unterrichtung gestört fühlten und schließlich durch die Kommission eine strenge Zugangskontrolle verfügt wurde.

Im Gegensatz etwa zur Bundespressekonferenz, bei der auch der Bundeskanzler auf Einladung der Bonner Journalistenvereinigung spricht, veranstalten in Brüssel nicht die Journalisten, sondern die Kommission die Pressekonferenzen.

Soweit die Kommission außerhalb von Brüssel tagt – etwa im Zuge von Plenarwochen des Europäischen Parlaments in Straßburg – werden die Pressekonferenzen am Tagungsort abgehalten und manchmal akustisch in den Brüsseler Pressesaal übertragen oder ein Pressesprecher unterrichtet die in Brüssel zurückgebliebenen Medienvertreter. In der Regel folgt das Pressecorps aber den Spuren des EG-Trosses.

Angesichts der 9 Amtssprachen der Gemeinschaft und der hinzutretenden Sprachenvielfalt der Korrespondenten aus dem Nicht-EG-Raum hat man sich für die Pressebriefings auf Französisch als Arbeitssprache verständigt. Weder die Statements der Sprechergruppe noch die Fragen der Journalisten werden gedolmetscht. Schriftliche Pressemitteilungen erscheinen tagesaktuell in Französisch, manchmal zusätzlich in Englisch, vereinzelt auch in Deutsch. Letzteres kommt dann in Betracht, wenn eine Mitteilung vorliegt, die aus dem Verantwortungsbereich eines deutschen Kommissionsmitglieds stammt oder ein Sachverhalt in der Bundesrepublik Deutschland betroffen ist. Mit Blick auf die Aktualität der Texte und ihre schnelle Vergänglichkeit wären Übersetzungen in alle Amtssprachen am Erscheinungstag unverhältnismäßig aufwendig. Hinzu kommt die enorme Zahl von Pressemitteilungen, Memos, Hintergrundinformationen u.ä.. Auf die Journalisten ergießt sich eine regelrechte Papierflut: 1992 ergingen beispielsweise mehr als 3100 Informationsvermerke! Die Pressemitteilungen der Sprechergruppe sind über die Datenbank RAPID abrufbar und stehen nach Ablauf mehrerer Wochen auch in allen Amtssprachen zur Verfügung.

Innerhalb der Sprechergruppe, die einschließlich der Bürokräfte etwas über 50 Mitarbeiter umfaßt, sind jedem Sprecher ein oder mehrere Politikbereiche zugeordnet. Die Mitglieder der Sprechergruppe sind damit aber keine Pressesprecher eines bestimmten Kommissars (sie figurieren nicht in einem Kabinett!), auch wenn sie Vorschläge und Meinungen erläutern, die ihren Ursprung im Verantwortungsbereich eines bestimmten Kommissars haben. Sie treten grundsätzlich als Sprachrohr der gesamten Kommission an die Öffentlichkeit. Diese Arbeitsweise und die Unterstellung unter die Verantwortlichkeit des Präsidenten unterstreicht einmal mehr das Wirken der Kommission als Kollegialorgan.

Die Leitung der Sprechergruppe ist gegenwärtig verwaist, sie wird durch den stellvertretenden Sprecher, Bruno Dethomas wahrgenommen, nachdem der frühere Sprecher Claus-Dieter Ehlermann die Führung der Generaldirektion IV „Wettbewerb" übernommen hat.

In Fällen von besonderer Bedeutung treten auch Kommissionsmitglieder selbst vor das Pressecorps. Zu nennen sind dabei die regelmäßigen Auftritte des Präsidenten vor Tagungen des Europäischen Rates oder bei richtungsweisenden Entscheidungen der Kommission, wenn der zuständige Kommissar seine Statements abgibt.

1992 fanden auf diese Weise 72 Pressekonferenzen des Präsidenten und der Kommissionsmitglieder statt. Bei Kommissionsmitgliedern wird im übrigen eine Ausnahme von der Sprachvereinbarung gemacht. Das Kommissionsmitglied kann in seiner Muttersprache vortragen. Die Ausführungen werden simultan übersetzt wiederum nur ins Französische, manchmal zusätzlich ins Englische und Deutsche. In keinem Fall gibt es aber eine „babylonische" Sprachenvielfalt wie bei den Tagungen des Ministerrates. Nur einige sprachgewandte und -begabte Kommissionsmitglieder, die auch einen komplexen Sachverhalt in fremder Sprache vortragen können und die die Sprachenfrage mehr unter dem Gesichtspunkt der Arbeitsökonomie sehen, bedienen sich des Französischen.

Neben den täglichen Pressebriefings bietet der Sprecherdienst den Journalisten regelmäßig Unterrichtungen zu spezifischen Themen (z.B. Haushalt, Agrar), die einer detaillierten Erörterung bedürfen. Zum Brüsseler Pressecorps gehören nicht nur Journalisten der Tagespresse und der Nachrichtenagenturen, sondern eine beachtliche Zahl von Fachjournalisten, die beispielsweise über die Agrarpolitik oder die Wirtschafts- und Währungspolitik berichten.

Für den internen Gebrauch und für die akkreditierten Medienvertreter erstellt der Dienst des Sprechers täglich den Pressespiegel mit den wichtigsten Agenturmeldungen.

8. Die Generalinspektion der Dienste

Im Frühjahr 1991 hat die Kommission entschieden, eine „Generalinspektion der Dienste" einzurichten und den bisherigen Generaldirektor der Generaldirektion VII (Verkehr), Eduardo Peña Abizanda, zum ersten Leiter der Dienststelle zu bestellen. Die Generalinspektion soll ein Instrument zur Effizienzsteigerung der Kommissionsverwaltung werden und dafür Sorge tragen, daß die Aufträge der politischen Leitungsebene Kommission in den Diensten in vollem Umfang umgesetzt werden.

Die Schaffung eines Generalinspektoriats geht auf eine Kritik des Europäischen Rechnungshofes zurück, der im Jahr zuvor die Verwaltungen der Kommission und des Ministerrates einer kritischen Prüfung unterzogen hatte und dabei namentlich bei der Kommission einen Mangel an Koordination unter den Dienststellen aufgriff. Es wird daher künftig die Aufgabe der Generalinspektion sein, fortlaufend den Einsatz des zur Verfügung stehenden Personals und der bereitgestellten Finanzmittel zu bewerten.

Die Generalinspektion wurde dem Präsidenten der Kommission zugeordnet. Ihm gegenüber berichtet der Generalinspekteur über die Ergebnisse seiner Arbeit und – erforderlichenfalls – auch gegenüber der Kommission als Ganzes. Hier läßt sich im übrigen eine weitere Stärkung der Position des Präsidenten erkennen. Die Generalinspektion führt ihre Aufgabe in seinem Auftrag durch, und er legt das jährliche Arbeitsprogramm der Dienststelle nach vorheriger Unterrichtung der Kommission fest. In mindestens einmal pro Jahr vorgesehenen Zusammentreffen mit jedem Kommissionsmitglied und in den Gesprächen mit den Generaldirektoren der Dienste können beiderseits Vorschläge für Prüfungsgegenstände unterbreitet werden.

In der Ausübung ihrer Arbeit kann die Generalinspektion alle erforderlichen Erhebungen vornehmen und ist frei in der Auswahl der ihr sinnvoll erscheinenden Methoden und Mittel. Die der Generalinspektion durch den Beschluß der Kommission eingeräumte Unabhängigkeit soll die Voraussetzung dafür schaffen, daß Vorschläge zur Verbesserung der Arbeit der Kommissionsdienststellen frei von strukturellen Zwängen erarbeitet werden können. Nach Abschluß einer Inspektion wird ein Bericht erstellt, zu dem der betroffene Dienst schriftlich Stellung nehmen kann. Zusammen mit einer eventuellen weiteren Kommentierung durch die Generalinspektion werden diese Berichte dem Präsidenten, den Kommissionsmitgliedern und den Generaldirektoren zugeleitet.

Die Mitarbeiter werden aus unterschiedlichen Diensten und Disziplinen rekrutiert. Die Inspektoren führen ihre Tätigkeit für vier Jahre aus, wobei ein Rotationssystem ihre Rückkehr in die Dienste sicherstellen soll. Am Ende der Anlaufphase soll das Inspektorat 40 Mitarbeiter umfassen.

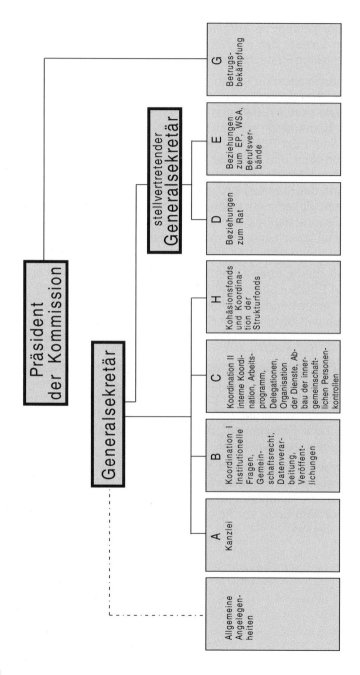

III. Das Generalsekretariat

„Das Bundeskanzleramt des Kommissionpräsidenten": So könnte man den Vergleich zur Verwaltungsstruktur in der Bundesrepublik Deutschland ziehen, wenn über das Generalsekretariat berichtet wird. Es erfüllt die Funktion der internen Koordination der Kommissionarbeit ebenso wie die Steuerung des nach außen wirkenden Kommissionsverhaltens, namentlich gegenüber den übrigen Organen. Das Generalsekretariat ist damit das zentrale administrative Instrument zur Meinungsbildung innerhalb der Kommission und zur Umsetzung des politischen Kommissionswillens, weshalb es in den alleinigen Zuständigkeitsbereich des Präsidenten fällt. Das Generalsekretariat spielt zudem bei der Bewältigung von ad-hoc-Themen eine bedeutende Rolle. Ihm werden Sonderaufträge durch die Kommission übertragen, wenn schnelles Handeln der Kommission geboten erscheint oder wenn grundsätzliche Fragen durch Sonderstäbe aufgearbeitet werden müssen (z.B. Deutsche Einheit).

Die Leitung des Generalsekretariates liegt gegenwärtig bei dem aus Großbritannien stammenden David Williamson. Präsident und Generalsekretär müssen auf das Engste zusammenarbeiten und können auf diese Weise zu einem machtvollen Tandem in der Kommission werden. Mit ungefähr 420 Mitarbeitern gehört das Generalsekretariat zu den größeren Kommissionseinheiten. Unter den rund 100 A-Beamten dominieren in der Zahl die Franzosen, Belgier, Italiener und Briten, erst danach folgen die Deutschen.

Das Generalsekretariat wartet mit einer klaren Gliederung in 8 Direktionen auf, von denen 3 (Direktion D, E, F) – die die Beziehungen der Kommission zu den Organen der EU und den nationalen Regierungen betreffen – in den Verantwortungsbereich des stellvertretenden Generaldirektors fallen. Die Direktion G für die Betrugsbekämpfung untersteht direkt dem Kommissionspräsidenten.

Dem Generalsekretär sind einige Stabsfunktionen direkt zugeordnet. Dazu gehören die allgemeine Verwaltung und Finanzverwaltung, die Post und die Archive der Kommission sowie das Praktikantenbüro (Bureau des stages). Jährlich können etwa 1100 Praktikanten, in der Regel nach Abschluß ihres Hochschulstudiums, ein fünfmonatiges Praktikum absolvieren, das ihnen einen Einblick in die Arbeitsweise einer Dienststelle der Kommission vermittelt (nähere Auskünfte sind über das Praktikantenbüro, Tel. (00 32-2) 2 99 23 39 erhältlich).

Die Direktion A trägt die Bezeichnung „Kanzlei", vereinigt sie doch in ihren Abteilungen Funktionen einer Geschäftsstelle und die der engeren Verwaltung. Die wöchentlichen Sitzungen der Kommissionsmitglieder, der Kabinettchefs, die Sonderkabinettchefsitzungen und die aus mehreren Kommissaren bzw. Kabinettsmitgliedern gebildeten Gruppensitzungen (zur Vorbereitung einer Kommissionsberatung, wenn nur einige Sachbereiche betroffen sind) werden in der ersten Abteilung vor- und nachbereitet. Insbesondere werden hier die Tagesordnungen zusammengestellt, die Sitzungsunterlagen verteilt und das Protokoll der Sitzung gefertigt. Die Abteilung dient insgesamt einem möglichst reibungslosen Ablauf der Sitzungen.

Das schriftliche Verfahren, mit dem eine Überfrachtung der mündlichen Erörterungen in der Kommissionssitzung vermieden werden soll, wird von der zweiten Abteilung bearbeitet. Sie verwaltet zudem die Konferenzräume.

Die Veröffentlichungen im Amtsblatt der EG und die offiziellen Äußerungen der Kommission bilden den Arbeitsinhalt der dritten Abteilung. Das Amtsblatt erscheint in den 9 Amtssprachen in 3 verschiedenen Ausgaben:

L – Rechtsvorschriften,
C – Mitteilungen und Bekanntmachungen,
S – Ausschreibungen.

Für die Post des Präsidenten der Kommission wurde eine eigene Abteilung geschaffen.

Als Geschäftsstelle und Sekretariat des Beratenden Ausschusses, der nach dem Vertrag zur Gründung der Europäischen Gemeinschaft für Kohle und Stahl als Organ dieser Gemeinschaft besteht (siehe Art. 7, 18, 19 EGKS-Vertrag) fungiert eine weitere Abteilung der Direktion A. Sie hat ihren Sitz in Luxemburg.

Die Direktionen B und C dienen der inneren Koordinierung der Kommissionsarbeit. In Direktion B (Bezeichnung: „Koordination I") bestehen 6 Abteilungen. An erster Stelle rangieren die institutionellen Fragen einschließlich der Vorbereitung und Begleitung der Regierungskonferenzen. Die Umsetzung und Anwendung des Gemeinschaftsrechts bedarf der Überwachung, insbesondere müssen die Mitgliedstaaten hierzu angehalten und müssen Verstöße gegen Vertragspflichten gerügt werden. Dieser Rolle als „Hüterin der Verträge" wird die Abteilung 2 gerecht.

Die Datenverarbeitung ist die Domäne der dritten und sechsten Abteilung, während sich die beiden übrigen Abteilungen mit den Veröffentlichungen der EG befassen. Von herausragender Bedeutung ist dabei der „Gesamtbericht", den die Kommission zu Beginn jedes Jahres als Rechenschaftsbericht für das verflossene Jahr vorlegt. Er wird aus den Beiträgen der einzelnen Generaldirektionen zusammengetragen, wobei er sämtliche Politikfelder von der inneren Entwicklung der Gemeinschaft bis hin zu den Außenbeziehungen umfaßt. Das monatliche „Bulletin" entsteht wie der Gesamtbericht in der Abteilung 5.

Organisatorische und inhaltliche Koordinationen machen das Tätigkeitsfeld der Abteilungen der Direktion C (Bezeichnung: „Koordination II") aus. Dabei sind die Vorschläge der Generaldirektionen untereinander abzustimmen. Hierzu zählt auch das jährliche Arbeitsprogramm der Kommission, das der Präsident in der ersten Sitzungswoche eines Jahres dem Europäischen Parlament präsentiert. Es hat den Charakter von Absichtserklärungen für die Angelegenheiten, derer sich die Kommission in den folgenden 12 Monaten besonders anzunehmen gedenkt. Das Arbeitsprogramm wird vor seiner Präsentation durch Abfragen der Generaldirektionen und Dienste zusammengetragen. Diese vorbereitende Arbeit und die begleitende Kontrolle gehören in den Tätigkeitsbereich der Abteilung C-2. Eine Abteilung für die Organisation der Kommissionsdienste schließt sich an.

In den 12 Mitgliedstaaten und in über 90 Ländern der Welt sowie bei internationalen Organisationen vertreten Delegationen die Position der Gemeinschaft. Die Inspektion der Delegationen gehört ebenso in den Aufgabenbereich der Direktion C.

Die Beziehungen der Kommission zu den übrigen Organen der Gemeinschaft prägen die Direktionen D („Beziehungen zum Rat") und E („Beziehungen zum Europäischen Parlament, dem Wirtschafts- und Sozialausschuß, dem Ausschuß der Regionen und Berufsverbänden"). Dem Generalsekretariat kommt die allgemeine Zuständigkeit für die Beziehungen zum Rat zu. Es ist der administrative Ansprechpartner des Rates auf der Seite der Kommission. Die Beamten der Direktion D nehmen an allen Sitzungen des Rates einschließlich der informellen Treffen teil, um der Kommission über den Sachstand der Verhandlungen ein umfassendes und objektives Bild geben zu können. So ist das Generalsekretariat auch bei den bilateralen Gesprächen der Präsidentschaft mit einzelnen Delegationen vertreten, wenn es darum geht, im Ministerrat nicht ausräumbare Schwierigkeiten zu beseitigen oder die Kompromißbereitschaft auszuloten. Es nimmt an den vorbereitenden Besprechungen des Ratsvorsitzenden mit dem oder den zuständigen Kommissionsmitgliedern teil. Darüberhinaus erhält das Generalsekretariat Kopien der Sprechzettel der im Rat vortragenden Kommissare und wird zum Briefing eingeladen, das zur Vorbereitung einer Ratstagung kommissionsintern zwischen dem betroffenen Kommissar, seinem Kabinett und der Generaldirektion veranstaltet wird.

Als Parlamentsdirektion kann man die Direktion E bezeichnen. Die Zusammenarbeit zwischen Kommission und Europäischem Parlament steht im Mittelpunkt. Dieser Sektor hat seit dem Inkrafttreten der Einheitlichen Europäischen Akte deutlich an Bedeutung gewonnen, nachdem die Rolle des Parlaments bei der Rechtsetzung und im Haushaltsverfahren gestärkt worden ist. Die sich aufgrund von Entschließungen und Resolutionen des Europäischen Parlaments ergebenden Folgerungen werden dabei ebenso bearbeitet wie die Beantwortung der schriftlichen und mündlichen Parlamentsanfragen. Beispielsweise richteten sich von den 3.526 schriftlichen Anfragen, die 1992 im EP formuliert wurden, 3.051 an die Kommission; insgesamt 975 mündliche Anfragen mußten innerhalb und außerhalb der Fragestunde sachkundig beantwortet werden. In vergleichbarer Weise ressortieren die Beziehungen zum Wirtschafts- und Sozialausschuß und den darin vertretenen Berufsgruppen sowie dem durch den Maastrichter Vertrag neu geschaffenen Ausschuß der Regionen in der Direktion E.

Die frühere Direktion F („Zusammenarbeit zwischen den Regierungen der Mitgliedstaaten einschließlich der Europäischen Politischen Zusammenarbeit (EPZ), Menschenrechte" wurde in die neugeschaffene Generaldirektion I.A. (Außenpolitische Beziehungen) transferiert. An ihre Stelle trat eine neue Direktion F, die die Aufgaben der Kommission in den Bereichen Justiz und Inneres übernimmt, welche ihr im Rahmen des Maastrichter Vertrages zugewiesen wurden. In dieses Aufgabenfeld gehören die Fragen des Einwanderungs- und Asylrechts, der Personenkontrolle an den Außengrenzen der EG, die Drogenbekämpfung und die sonstige polizeiliche und justizielle Zusammenarbeit.

Nach einem Grundsatzbeschluß im Jahr 1987, dem eine entsprechende Aufforderung durch den Europäischen Rechnungshof und das Europäische Parlament vorausgegangen war, wurde im Juli 1988 die UCLAF (unité de coordination de la lutte anti-fraude) ins Leben gerufen. Bestehend aus einem kleinen Stamm von EG-Beamten, der durch nationale Experten der Mitgliedstaaten verstärkt wurde, wirkt die Direktion G in 2 Richtungen. Zum einen werden die mit umfangreichen Finanzmitteln operierenden Generaldirektionen (insbesondere die GD VI, GD XII, GD XIII) beraten und werden die kommissionsinternen Maßnahmen zum Kampf gegen den Subventionsbetrug koordiniert. Zum anderen wirkt die Direktion G mit den entsprechenden Dienststellen der Mitgliedstaaten zusammen, auf deren Mitwirkung sie angewiesen ist, da nur den Mitgliedstaaten Zugriffs- und Vollstreckungsmöglichkeiten offenstehen.

Welche Bedeutung dem Kampf gegen Betrügereien zu Lasten des EG-Haushalts zukommt, läßt sich schon daraus entnehmen, daß die Kommission im Haushaltsjahr 1992 nahezu 2.000 Fälle mit einem involvierten Volumen von etwa 270 Millionen ECU aufgedeckt hat.

Mit dem Maastrichter Vertrag wurde die rechtliche Grundlage geschaffen für die Einrichtung des Kohäsionsfonds. Seine Mittel richten sich an die Mitgliedstaaten Portugal, Spanien, Griechenland und Irland. Dieser neuen Aufgabe stellt sich die Direktion H (Kohäsionsfonds).

Insgesamt ist das Generalsekretariat unter dem Gesichtspunkt der politischen Steuerung des Kommissionsverhaltens das Herzstück der Kommission. Im Generalsekretariat zu arbeiten, insbesondere in den politischen Bereichen, gilt unter Kommissionsbeamten als Auszeichnung und beachtlicher Schritt auf der Leiter beruflichen Erfolgs.

IV. Der Juristische Dienst

Als Notariat der Kommission hat man den Juristischen Dienst bezeichnet. Ihm obliegt es, für jene Rechtssicherheit zu sorgen, die dem politischen Willen der Kommission erst zu ihrem Durchschlag verhilft. Täglich entwerfen die Generaldirektionen neue Richtlinien und Verordnungen, die auf ihre Verträglichkeit mit dem Gemeinschaftsrecht zu prüfen sind, gilt es Lösungen für prozedurale und materielle Rechtsfragen zu finden. o geht jeder Vorschlag aus den Diensten vor einer Beschlußfassung durch die Kommission über den Tisch des Juristischen Dienstes. Sein Generaldirektor nimmt an den wöchentlichen Kommissionssitzungen teil. Sprachjuristen sorgen für einwandfreie Bezeichnungen in 9 Amtssprachen

174 Mitarbeiter zählt der Juristische Dienst, von denen 75 der Laufbahngruppe A angehören. Nach ihrer Nationalität bilden die deutschen Juristen die größte Gruppe der A-Beamten (13), gefolgt von Italienern und Franzosen (je 11). An der Spitze der Generaldirektion steht der Franzose Jean-Louis Dewost. Die interne Gliederung des Juristischen Dienstes hebt sich deutlich ab von der Struktur der Generaldirektionen, beginnend bei den Bezeichnungen. Unter der Leitung jeweils eines Hauptberaters (im Rang einem Direktor einer Generaldirektion vergleichbar) bestehen 12 auf Sachbereiche ausgerichtete Gruppen (équipe):

1. Gemeinschaftsinstitutionen, Haushalt, Verträge
2. „Europäische Architektur" (i.e. Europäischer Wirtschaftsraum, KSZE, Europäische Menschenrechtskonvention, Erweiterungen der Gemeinschaft)
3. Auswärtige Beziehungen, Entwicklung
4. Binnenmarkt für Waren und Energie, Industrieangelegenheiten, Zollunion
5. Binnenmarkt für Dienstleistungen, Personen, Kapital, Unternehmensrecht und Steuern
6. Energie, Stahl, EURATOM, Forschung
7. Sozialrecht, Politik der Begleitung und Koordination der strukturpolitischen Instrumente
8. Landwirtschaft, Fischerei
9. Verkehr, Umwelt, Verbraucherangelegenheiten
10. Wettbewerbs- und Kartellrecht

11. Staatliche Beihilfen, Dumping
12. Personal und Verwaltung

Rechtlich bedeutsame Fragen werden von den fachlich berührten Generaldirektionen mit diesen Gruppen direkt erörtert und abgeglichen.

Darüber hinaus obliegt den Gruppen die Vertretung der Kommission in allen Verfahren vor dem Europäischen Gerichtshof. 1992 wurden beispielsweise 438 Klagen beim EuGH anhängig gemacht, von denen 162 Anträge auf Vorabentscheidung, 9 Klagen von Beamten und 267 sonstige Klagen betrafen. Beim neu geschaffenen Gericht Erster Instanz gingen 115 Rechtssachen ein.

In besonderer Weise spezialisiert sind die beiden weiteren Gruppen, die die Gliederung des Juristischen Dienstes vervollständigen. Die Gruppe der Sprachjuristen schafft die Voraussetzung für einheitliche Auslegung juristischer Begriffe. In täglichen Besprechungen werden von ihnen die Problemfälle mit den Fachbeamten der Generaldirektionen durchgesprochen, bevor Rechtstexte der Kommission veröffentlicht werden. Für jede Amtssprache arbeiten in dieser Gruppe 2 Beamte.

Eine weitere Gruppe Kodifikation befaßt sich mit der Koordination der gemeinschaftlichen Gesetzessammlung.

V. Die Generaldirektionen und Dienste

Die Generaldirektionen und Dienste bilden die Infrastruktur der Kommission. Nach Fachbereichen gegliedert sind die einzelnen Generaldirektionen in Direktionen und diese in Abteilungen unterteilt.

Zwar kann nicht der Tätigkeitsbereich jedes einzelnen der etwa 14.200 Mitarbeiter der Kommission beschrieben werden, die folgenden Abschnitte sollen aber dennoch einen detaillierten Überblick über das Arbeitsfeld und die Arbeitsweise der einzelnen Dienststellen geben. Soweit Zahlenangaben zum Umfang des Budgets gemacht worden sind, betreffen sie jeweils die Summen in ECU. 1 ECU entspricht ca. 2 DM.

1. Organisation der Außenbeziehungen

Die Neubildung der Kommission, die im Januar 1993 ihre Arbeit aufnahm, hatte nicht nur ein zähes Ringen um die Dossiers zur Folge, sondern setzte sich in der Auseinandersetzung um die administrative Gliederung der Kommission fort. Mit Hans van den Broek (Niederlande) und Joao de Deus Pinheiro (Portugal) traten zwei aktive Außenminister in die Kommission ein. Zudem pochte Sir Leon Brittan (Großbritannien) auf eine Berücksichtigung in der gemeinschaftlichen Außenpolitik und beharrte Spanien auf einer Beibehaltung der Beziehungen zu den Mittelmeeranrainern und Lateinamerika im Aufgabenbereich von Vizepräsident Marin. Der Kompetenzstreit wurde äußerlich beigelegt durch die Dreiteilung der Außenbeziehungen in folgender Form:

- van den Broek: Außenpolitik, Gemeinsame Außen- und Sicherheitspolitik (nach dem Maastrichter Vertrag), Erweiterungsverhandlungen
- Sir Leon Brittan: Außenwirtschaftspolitik für Nordamerika, Japan, China, GUS, Europa (inkl. Mittel- und Osteuropa); Handelspolitik
- Marin: Wirtschaftliche Zusammenarbeit mit den Ländern des südlichen Mittelmeerraumes, des mittleren Ostens, des Nahen Ostens, Lateinamerikas und Asiens; Lomé-Konvention

Diese Neuorientierung führt dazu, daß die gesamte Verwaltung der Außenbeziehungen ebenfalls neu ausgerichtet wird. Hier werden zudem organisatorische und personelle Startvorteile für die Kommissionsorganisation nach Abschluß der Erweiterungsverhandlungen mit Österreich, Schweden, Finnland und Norwegen gesucht. Da die organisatorischen Strukturen kaum von diesen Personalentscheidungen zu trennen sind – letztere sie zum Teil sogar vorgeben – und es auch um nationale Interessen bei der Vergabe von Führungsfunktionen geht, wird das Ringen um die endgültigen Strukturen längere Zeit anhalten. Derzeit sind nur zum Teil feststehende Gliederungen beschreibbar, zumal sich die neugegründete Generaldirektion I.A (Außenpolitische Beziehungen) im Aufbau befindet.

Die thematische Trennung von Außenwirtschaftspolitik und Außenpolitik birgt nicht nur Vorteile. Kompetenzstreitigkeiten zwischen den Kommissionsmitgliedern werden sich unweigerlich auch zwischen den zugehörigen Dienststellen zeigen.

1.1 Task Force „Erweiterung"

Zu Beginn des Jahres 1993 wurden Beitrittsverhandlungen mit Österreich, Schweden, Norwegen und Finnland eröffnet. Unter der direkten Verantwortung von Kommissar van den Broek wurde hierfür eine Task Force „Erweiterung" gegründet. Sie steht unter der Leitung des Dänen Steffen Smidt. Die Task Force übernimmt die Koordination und die Verhandlungsführung mit den Delegationen der Beitrittskandidaten, wobei mit jedem Staat getrennt verhandelt wird. Erklärtes Ziel der Verhandlungen ist es, diese bis zum März 1994 abzuschließen. 1994 sollen dann die notwendigen parlamentarischen Entscheidungen bzw. Referenden in den vier Staaten stattfinden, so daß bei optimistischer Sicht ein Beitritt zur Gemeinschaft zum 1. Januar 1995 möglich erscheint.

1.2 GD I – Außenwirtschaftliche Beziehungen

Unter Kommissionsbeamten gilt die Arbeit in den Außenbeziehungen als eines der erstrebenswerten Berufsziele. Die GD I genießt hohes politisches Ansehen und versteht sich selbst durchaus als eine Elite innerhalb der Kommission. Mit insgesamt über 700 Mitarbeitern, von denen mehr als die Hälfte der Laufbahngruppe A angehören, also eine akademische Ausbildung genossen haben, rangiert die Generaldirektion I unter denen mit der größten Personalstärke. In absoluten Zahlen sind nur in der Generaldirektion VIII – „Entwicklung" mehr Akademiker beschäftigt.

Die Generaldirektion besteht aus 11 Direktionen. Durch die Generaldirektion zieht sich allerdings eine Trennungslinie, die durch die Zuweisung von Zuständigkeiten in den Drittlandsbeziehungen der Gemeinschaft an verschiedene Kommissionsmitglieder hervorgerufen wird. Während Sir Leon Brittan grundsätzlich für die Außenwirtschaftspolitik und die Handelspolitik verantwortlich zeichnet, wurden dem spanischen Vizepräsidenten Manuel Marin die Mittelmeerpolitik, die Beziehungen zu den Ländern Lateinamerikas und Asiens und zu den AKP-Staaten zugewiesen.

Daraus erklärt sich sowohl die „Kopfstruktur" der Generaldirektion als auch die von anderen Generaldirektionen abweichende Gliederung. Keine andere Generaldirektion kennt nämlich 2 Generaldirektoren. Als ordentlicher Generaldirektor fungiert der Deutsche Horst G. Krenzler, während der Spanier Juan Prat als Generaldirektor ad personam die Direktionen dirigiert, die in den Zuständigkeitsbereich seines Landsmanns fallen (H, I, J, K).

Viele Anzeichen sprechen dafür, daß die Generaldirektion mittelfristig geteilt werden könnte, denn ein gewisses Eigenleben der beiden Teile erscheint unverkennbar. Zur Erleichterung des Verständnisses soll nachstehend der Aufbau getrennt nach den politischen Zuständigkeitsbereichen dargestellt werden.

In der Linie untersteht dem Generaldirektor die Direktion C „Allgemeine Fragen und Instrumente der Außenwirtschaftspolitik" direkt. Hinter diesem Begriff verbirgt sich die gesamte Antidumping-Politik der Gemeinschaft, ein Ergebnis der gemeinsamen Handelspolitik der EU. In zwei Abteilungen dieser Direktion C führen die Mitarbeiter aufgrund von Beschwerden europäischer Hersteller Erhebungen in der gesamten Welt durch, um im Fall von Dumpingmaßnahmen, mit denen ein unberechtigter Wettbewerbsvorteil durch außereuropäische Konkurrenz erzielt werden soll, geeignete Schritte einzuleiten.

Das Stichwort „Handelsfragen" bildet die Klammer für die Direktionen A und D, welche gemeinsam einem stellvertretenden Generaldirektor, Hugo Paemen, unterstellt sind. Die Direktion A befaßt sich mit

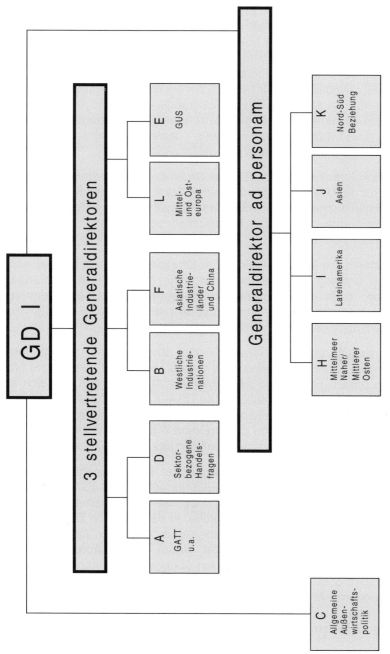

Handelsfragen im Rahmen des GATT und OECD. Dabei sind die Grundsatzfragen innerhalb einer Abteilung dieser Direktion angesiedelt, die darüberhinaus über eine Abteilung für Ausfuhrkreditpolitik und Ausfuhrförderung verfügt. Hierzu gehören insbesondere die Förderung der Teilnahme von Unternehmen an Handelsmessen in Drittstaaten, wobei dieses im Rahmen von Gemeinschaftsständen geschieht. Eine Abteilung im Hinblick auf die Auswirkungen und Belange des Binnenmarktes komplettiert neben zwei sektoralen Abteilungen „Landwirtschaft und Fischerei" beziehungsweise „Forschung, Wissenschaft und Kernenergie" die Direktion A.

Stark sektoral ausgerichtet ist die Direktion D. Es bestehen Abteilungen für den Textilsektor und Schuhe; Stahl, Kohle und Schiffbau; die Dienstleistungen einschließlich der Fragen geistigen Eigentums und der Spitzentechnologien (z.B. Handelsauseinandersetzungen mit Japan über Halbleiter).

Nachdem die Aufgabenfelder der Direktionen A und D in erheblichem Umfang den Diskussionsstoff für die GATT-Verhandlungen bieten, steht dem zuständigen stellvertretenden Generaldirektor Hugo Paemen eine Lenkungsgruppe (steering-group) für die Uruguay-Runde der GATT-Verhandlungen zur Seite.

Als stellvertretenden Generaldirektor für „Übersee" könnte man Gianluigi Giola bezeichnen. Ihm unterstehen die Direktionen B und F. In beiden Fällen sind es horizontale Ausrichtungen, die sich an einzelnen Ländern orientieren. Die USA, Kanada, Südafrika, Australien und Neuseeland gehören nach dieser Einteilung in den Bereich der Direktion B, während die Direktion F den asiatischen Raum mit China, Japan und den übrigen Ländern des Fernen Ostens abdeckt.

Geographisch auf „Europa" ausgerichtet, ist der Verantwortungsbereich der stellvertretenden Generaldirektors Jean-Louis Cadieux. Ihm unterstehen die Direktionen E und L sowie die Koordinierungseinheit für die internationale Osteuropahilfe. In der Direktion E widmet sich die Kommission den Wirtschaftsbeziehungen zu den Nachfolgestaaten der ehemaligen Sowjetunion, wobei in zwei Abteilungen zwischen Rußland einerseits und den übrigen neuentstandenen unabhängigen Staaten unterschieden wird. Sektoral ausgerichtet wurden die weiteren Abteilungen. Eine Abteilung trägt die Verantwortung für Landwirtschaft, Umwelt, Finanzdienstleistungen und die Unterstützung für Unternehmen, eine weitere kümmert sich um die Infrastruktur (Energie, nukleare Sicherheit, Telekommunikation). Ausbildung und Unterstützung für den sozialen Wandel in den vorgenannten Gebieten prägt die fünfte Abteilung der Direktion E, der noch eine Finanzabteilung zugeordnet ist.

Spiegelbildlich gliedert sich die Direktion L. Zwei Abteilungen sind für die Beziehungen zu den Staaten Mittel- und Osteuropas (MOE), drei Abteilungen für die diversen Wirtschaftssektoren und eine für die Finanzverwaltung zuständig. Letztere befaßt sich mit der Gestaltung der Verträge und der Abwicklung des Mitteleinsatzes im Rahmen des PHARE-Programms, das für die MOE-Staaten aufgelegt wurde.

In der Koordinierungseinheit erfüllt die Kommission die ihr von der Gruppe der G-24-Staaten übertragene Aufgabe, die Hilfsleistungen für Mittel- und Osteuropa sinnvoll aufeinander abzustimmen.

Nord-Süd-Beziehungen, Mittelmeerpolitik, Beziehungen zu Lateinamerika und Asien

Angesichts der oben beschriebenen „Kopfstrukur" der Generaldirektion I kann man im Hinblick auf die 4 Direktionen H bis K von einer Generaldirektion in der Generaldirektion sprechen. Folgerichtig besteht um den Generaldirektor ad personam Juan Prat eine Stabsstruktur einschließlich eines Assistenten des Generaldirektors und Mitarbeitern für den Haushalt, die Beziehungen zum Europäischen Parlament und für die Programmplanung und Koordinierung der Vorhaben.

Die Aufgabenzuweisung unter den Direktionen H bis K folgt primär geographischen Überlegungen. Die Direktion H umfaßt heute den Mittelmeerraum sowie den Nahen bzw. Mittleren Osten. In den Abteilungen werden dabei das nördliche Mittelmeer (mit der Türkei, dem ehemaligen Jugoslawien, Zypern, Malta, San Marino und Andorra) und das südliche bzw. östliche Mittelmeer (mit den arabischen und nordafrikanischen Staaten inklusive Israel) unterschieden. Die Beziehungen zu den Golfanrainerstaaten (Golf-Kooperationsrat) und den übrigen arabischen Staaten des Mittleren Ostens sind in einer weiteren Abteilung zu Hause.

In ähnlicher Manier erfolgte die Strukturierung der Direktion I. Mexiko, Kuba und die Staaten Zentralamerikas ressortieren in der ersten, die Staaten Südamerikas in der zweiten Abteilung.

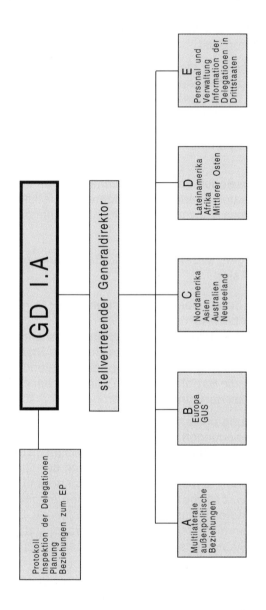

Südasien und Südostasien bilden die Unterscheidungsmerkmale für die Abteilungen 1 und 2 der Direktion J. Die Direktionen H, I, J verfügen jeweils über eine zusätzliche Abteilung als Technisches Referat. Diese Einteilung wird namentlich bei der Durchführung von Entwicklungsmaßnahmen bedeutsam. Die Länderabteilungen bereiten in diesen Fällen die Entscheidungen in Zusammenarbeit mit den jeweiligen nationalen Regierungen bis zum Abschluß entsprechender Vereinbarungen vor. Die Abwicklung der Maßnahme wird dann dem Technischen Referat übertragen.

Die Diskussion um die Beziehungen zwischen den Industriestaaten des Nordens und den in der Entwicklung befindlichen Staaten des Südens haben zur Entstehung der Direktion K beigetragen. Es besteht eine Abteilung für allgemeine Wirtschaftsfragen, die als Grundsatzabteilung verstanden werden kann. Unter der Bezeichnung „Beziehungen mit internationalen Organisationen" verbergen sich die Kontakte zu den Vereinten Nationen und ihren Unterorganisationen, dem Europarat und die internationalen Anstrengungen gegen die Drogen.

Schließlich besteht eine Abteilung für allgemeine Zollpräferenzen und die Strategie und die Koordinierung der wirtschaftlichen Zusammenarbeit. Diese Tätigkeit muß vor dem handelspolitischen Hintergrund der Begünstigung von Wareneinfuhren in den Gemeinsamen Markt für sich entwickelnde Länder auf der südlichen Halbkugel gesehen werden.

1.3 GD I.A – Außenpolitische Beziehungen

Veranlaßt durch die Aufteilung der Außenbeziehungen der Gemeinschaft unter den Kommissaren van den Broek (Außenpolitik) und Sir Leon Brittan (Außenwirtschaft) wurde im Frühjahr 1993 der Aufbau einer Generaldirektion I.A beschlossen. Damit will die Kommission auf administrativem Gebiet auch der neuen Lage Rechnung tragen, die durch die Verankerung einer Gemeinsamen Außen- und Sicherheitspolitik im Maastrichter Vertrag entsteht. Die GD I.A untersteht auf politischer Ebene dem niederländischen Kommissar van den Broek. Mit der Leitung wurde der bisherige Direktor im Generalsekretariat Günther Burghardt (Deutschland) betraut, der dort bereits die Direktion für die Europäische Politische Zusammenarbeit (EPZ) geführt hatte. Damit werden die beiden für die Außenbeziehungen der EU so relevanten Generaldirektionen jeweils von Deutschen geleitet.

Wie es bei der Neubildung von Verwaltungseinheiten in der Kommission üblich ist, wird geraume Zeit verstreichen, bevor die endgültigen inneren Strukturen feststehen. Ein vorläufiges Gerüst sieht die Bildung einer dem Generaldirektor zugeordneten allgemeinen Dienststelle und fünf Direktionen vor.

Unmittelbar dem Generaldirektor zugeordnet werden sollen die Protokollabteilung (früher in der GD I), die Inspektion der Delegationen (früher im Generalsekretariat) und eine Planungsabteilung. Darüber hinaus soll eine Einheit für die Beziehungen zum Europäischen Parlament ins Leben gerufen werden.

Der neue Generaldirektor brachte seine gesamte ehemalige Direktion (ehemals Direktion F im Generalsekretariat) in die GD I.A ein. Sie bildet das Herzstück der neuen Direktion A (Multilaterale politische Beziehungen). Die Feingliederung sieht unter anderem Abteilungen für die Politik auf dem Gebiet der Menschenrechte, der Beziehungen zu den Vereinten Nationen, zur KSZE und zum Europarat vor. Zudem soll sich eine Abteilung mit der Sicherheitsdimension befassen, die durch den Maastrichter Vertrag eingeführt wurde.

Für die Direktionen B, C und D zeichnet sich eine geografisch bestimmte Grundstruktur ab. Die Direktion B soll sich des europäischen Kontinents einschließlich der Nachfolgestaaten der UdSSR annehmen. Nordamerika, Asien (einschließlich Japan und China), Australien und Neuseeland sollen nach den gegenwärtigen Überlegungen Gegenstand der Arbeit der Direktion C werden. Der afrikanische Kontinent, einschließlich der südlichen Mittelmeeranrainerstaaten und Lateinamerika bilden das Betätigungsfeld für die dritte nach Hemisphären gegliederte Direktion D.

Schließlich hat man die ehemalige Direktion DAD aus der Generaldirektion IX der neuen Generaldirektion angegliedert. Sie firmiert als Direktion E mit der Bezeichnung „Personal, Verwaltung und Beziehungen zu den Delegationen" und dient der organisatorischen und personellen Verwaltung der EU-Delegationen in der ganzen Welt.

2. GD II – Wirtschaft und Finanzen

Die Generaldirektion II unter der Leitung des Generaldirektors Giovanni Ravasio ist für Wirtschaft und Finanzen zuständig; hier werden die Hauptarbeiten für die Wirtschafts- und Währungsunion (WWU) geleistet. Mit etwa 220 Mitarbeitern, unter denen überdurchschnittlich viele Deutsche sind, ist es eine mittelgroße Generaldirektion. Die GD II ist in 2 Blöcke unterteilt, nämlich in die Direktionen A bis C für den Bereich der Wirtschaft und die Direktionen D bis F für die Finanzen. Beide Bereiche unterstehen jeweils einem stellvertretenden Generaldirektor, wobei dem zur Zeit deutschen stellvertretenden Generaldirektor für den Wirtschaftsbereich noch Dienststellen für die Koordinierung der Informatik und Statistik sowie für Veröffentlichungen und Konjunkturumfragen unmittelbar unterstehen.

Da mit dem Ziel, die WWU zu erreichen, besonders weitreichende Betätigungsfelder für die Generaldirektion II entstanden sind, gibt es zusätzlich zu den 6 Direktionen auch eine dem Generaldirektor unmittelbar unterstellte Dienststelle, in der ein Stab von Wirtschaftsberatern sowie eine wirtschaftliche Dokumentations- und Informationsstelle tätig sind.

Im Bereich der Wirtschaft ist das Ziel der WWU zunächst die Konvergenz und schließlich die Vereinheitlichung der Wirtschaftspolitiken der Mitgliedstaaten.

Die Direktion A mit 4 Abteilungen ist für die Volkswirtschaften der Mitgliedstaaten zuständig. In dieser Direktion werden konjunkturpolitische Leitlinien ausgearbeitet, indem die Konjunkturentwicklungen der einzelnen Länder analysiert und auf diese Weise die Grundlage für die Prüfung der Wirtschaftslage in Europa geschaffen wird. Die Abteilungen sind jeweils für die volkswirtschaftliche Studie einzelner Mitgliedstaaten zuständig. Auf diese Weise wird eine multilaterale Übersicht über die Abweichungen der einzelnen Wirtschaften ermöglicht.

Die Direktion B ist als „Wirtschaftsdienst der EG" für die ökonomische Bewertung der Gemeinschaftspolitiken zuständig. In 4 Abteilungen wird die EU-Politik in den verschiedenen Bereichen bewertet, so für den Wettbewerb, die Forschung und Entwicklung, Fragen der Integration und der Außenpolitik sowie den Binnenmarkt. Bei der Binnenmarktpolitik steht die Bewertung der industriellen Entwicklung und die Beurteilung der Unternehmensstrategien (Wettbewerbs- und

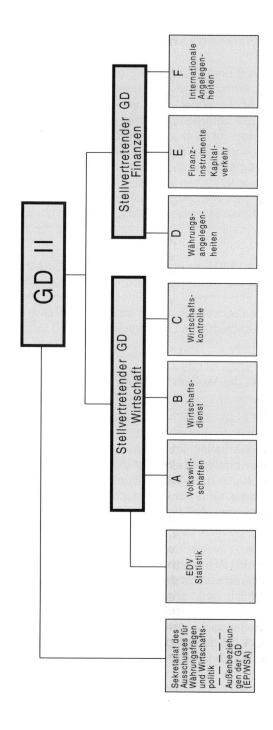

Subventionsfragen) im Vordergrund. Weitere Abteilungen sind für die Bewertung der Strukturfonds und der Agrarpolitik mit ihren Auswirkungen auf die Wirtschaftslage der EG und für die Bereiche Transport, Umwelt und Energie zuständig.

Die Direktion C mit 4 Abteilungen ist für die Wirtschaftskontrolle eingesetzt. Auf EG-Ebene wird sie vor allem durch Analysen der makroökonomischen Politik und der Konvergenz der nationalen Wirtschaftspolitiken bewirkt sowie durch die Kontrolle der Haushalte. Neben Wirtschaftsvorausschätzungen erarbeitet eine Abteilung ökonometrische Modelle, z.b. Koordinationsmodelle für kurz- oder mittelfristige Maßnahmen auf den Gebieten des Arbeitsmarktes oder der öffentlichen Finanzierung.

Die Direktionen D und E sind für die Währungs- und Finanzfragen zuständig. In der Direktion D sind 4 Abteilungen mit Fragen der Währungsangelegenheiten befaßt. Die Abteilungen D-1 und D-2 sind für das EWS, die Verbreitung des ECU auf dem internationalen Markt und für damit zusammenhängende institutionelle, rechtliche und finanzielle Fragen zuständig. Die internationalen Aspekte namentlich der Zahlungsbilanzen, der Finanzmärkte und der Finanzhilfen zugunsten von Drittländern (Staaten Mittel- und Osteuropas, Ex-UdSSR) stehen im Zentrum der Aufgaben der Abteilung D-4. Die dritte Abteilung beschäftigt sich mit der Entwicklung der mitgliedstaatlichen und der gemeinschaftlichen Währungspolitik, wobei es darum geht, durch eine größtmögliche Verträglichkeit der nationalen Währungspolitiken die Integration auf Gemeinschaftsebene voranzutreiben.

Die Direktion E ist für Finanzinstrumente und Kapitalverkehr zuständig. Während eine der 3 Abteilungen mit der Entwicklung der Finanzinstrumente durch Studien über neue Finanztechniken befaßt ist und mit der Europäischen Investitionsbank (EIB) zusammenarbeitet, werden in der Abteilung E-3 Fragen der Finanzintegration und des freien Kapitalverkehrs behandelt. Die Abteilung E-2 ist für die Analyse der Finanzinstrumente zuständig, so etwa für das NGI (Neues Gemeinschaftsinstrument, Ortoli-Fazilität), mit dem vor allem Investitionen von kleinen und mittleren Unternehmen (KMU) durch Darlehen oder Kapitaleinlagen gefördert werden. Die Koordinierung der strukturellen Instrumente wird beim Verbindungsbüro Kommission-EIB durchgeführt, das neben den Direktionen ebenfalls bei der GD II angesiedelt ist.

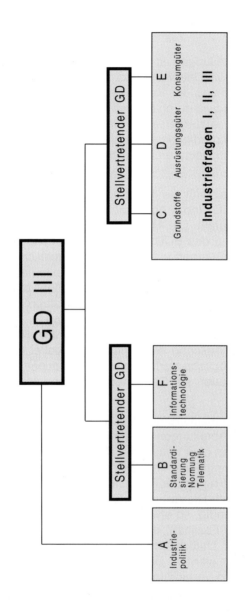

Der Währungsausschuß und der Ausschuß für Wirtschaftspolitik, die sich aus nationalen Experten zusammensetzen, sowie der Ausschuß der Präsidenten der Zentralbanken, der im Rahmen der Währungsunion erheblich an Einfluß und Mitspracherecht gewinnen soll, haben in der GD II ihre Sekretariate.

Die neu eingerichtete Direktion F mit 3 Abteilungen bearbeitet internationale wirtschaftliche und finanzielle Angelegenheiten. Die im Jahr 1991 gegründete Europäische Bank für Wiederaufbau und Entwicklung (EBWE), die im Bereich der Unterstützung von Staaten auf dem Reformweg zur Marktwirtschaft tätig ist, arbeitet mit der Direktion F zusammen. Die Direktion ist nach Fachgebieten wie folgt gegliedert: Zentral- und Ost-Europa (F-1), andere europäische Länder und internationale Umweltfragen (F-2), internationale Finanzangelegenheiten (F-3).

3. GD III – Industrie

Die zuvor für „Binnenmarkt und gewerbliche Wirtschaft" zuständige GD III ist im Jahr 1993 grundlegend umstrukturiert worden. Im wesentlichen hat sie die Zuständigkeit für den Bereich Binnenmarkt an die GD XV abgegeben und den Bereich Informationstechnologie von der GD XIII übernommen. Obwohl sich die Verantwortungsbereiche der Kommissare geändert haben, untersteht die GD III nach wie vor Kommissar Martin Bangemann.

Die GD III, weiterhin unter der Leitung des italienischen Generaldirektors Riccardo Perissich, ist in 6 Direktionen unterteilt, die drei Bereiche abdecken: die Industriepolitik (Direktion A), die Bereiche Normung, Telematik und Informationstechnologie (Direktionen B und F) und die klassischen Industriebereiche (nach Produkten verteilt auf die Direktionen C, D und E). Für die beiden letztgenannten Bereiche ist jeweils ein stellvertretender Generaldirektor verantwortlich. Neben den 6 Direktionen gibt es eine dem Generaldirektor unmittelbar unterstellte Dienststelle für Verwaltung, Koordinierung und Planung der Personal- und Sachmittel sowie für Budgetfragen.

Die Direktion A mit 5 Abteilungen ist für die Industriepolitik zuständig. Hier werden internationale Verflechtungen im industriellen und technologischen Bereich mit den Mittelmeeranrainerstaaten einerseits und mit den Staaten in Nord- und Südamerika sowie im Pazifik andererseits verfolgt und Beziehungen zur INRO (International Natural Rubber Organisation) unterhalten. Eine Abteilung für industrielle Kooperation ist vor allem für die Zusammenarbeit innerhalb der Gemeinschaft zuständig. Weiterhin werden allgemeine Fragen der Industriepolitik und der Wettbewerbsfähigkeit bearbeitet sowie die besonderen industriellen Aspekte im Hinblick auf Strukturhilfen (vor allem das Programm PEDIP für die portugiesische Industrie). Die Informationstechnologie und die Ausstattung mit Telekommunikationsnetzen werden analysiert, Prospektiven und Strategien werden weiterentwickelt.

In der Direktion B werden die Gebiete der Standardisierung und Normung sowie der Bereich Telematik bearbeitet. Hierzu gehört der Bereich der technischen Gesetzgebung mit dem Ziel der Harmonisierung der nationalen Regelungen. Die Direktion B arbeitet hierbei mit den externen Normenorganisationen CEN und CENELEC zusammen, mit denen sie gemeinsam die Europäische Organisation für Zertifizierung und Prüfung (EOZP) eingerichtet hat. Für die Vereinheitlichung von Bezeichnungen und Zertifizierungen bestimmter Produkte zum Zweck der Qualitätssicherung ist eine weitere Abteilung zuständig. Eine neu eingerichtete Abteilung bearbeitet die industriellen Probleme bei der Beachtung von Umweltschutzrichtlinien und -gesetzen. Die letzte, ebenfalls neu eingerichtete Abteilung B-5 bearbeitet den Bereich europäischer Telematiknetze und -systeme.

Die Direktionen C, D und E sind jeweils für bestimmte Industriebranchen zuständig, beobachten den Markt im Hinblick auf den Binnenmarkt und den Handel mit Drittstaaten, verwalten handelspolitische Instrumente und erforschen den Regelungsbedarf der Gemeinschaft auf diesen Gebieten. Die Direktion C ist für die Grundstoffindustrie verantwortlich, im einzelnen für Stahl, Rohstoffe, fortgeschrittene Werkstoffe, Zement, Glas, Keramik, Papier und Holz sowie für Chemie, Plastik und Kautschuk. Zum Aufgabenbereich der Direktion D, Ausrüstungsgüter, gehören Mechanik und Elektrotechnik, Präzisionsapparate, medizinische Geräte und Metrologie, Konstruktion und Transportmittel (Land, Wasser, Luft, Weltraum). In die Zuständigkeit der Direktion E gehören die Konsumgüter, d. h. Nahrungsmittelprodukte, landwirtschaftliche und biotechnologische Produkte, Pharmazeutika, Textilien, Kleidung, Leder und Möbel, Kraftfahrzeuge und Unterhaltungselektronik.

Die aus der GD XIII übernommene Direktion F mit 6 Abteilungen für Informationstechnologie verwaltet die Programme für Forschung und technologische Entwicklung. Bei den Projekten des hier angesiedelten Programms ESPRIT sind etwa 6.000 Wissenschaftler und 1.500 Organisationen beteiligt. Die Abteilung F-1 ist für Grundlagenforschung und wissenschaftlichen Austausch zuständig, drei weitere Abteilungen für Mikroelektronik mit dem Schwerpunkt auf den VLSI (höchstintegrierte Schaltkreise), für Software und neue Informationsverarbeitungsverfahren sowie für Informatik in den Hochtechnologien. Zwei Abteilungen arbeiten in den Bereichen der Büroautomatisierung u.ä. und der rechnerintegrierten Fertigung (CIM), Bereiche, in denen die Qualität der Logistik und die Integration von natürlicher Sprache und von Symbolen eine große Rolle spielen.

4. GD IV – Wettbewerb

In der GD IV sind unter der Leitung des deutschen Generaldirektors Claus-Dieter Ehlermann ca. 370 Mitarbeiter beschäftigt, die sich auf 5 Direktionen und die im Jahr 1990 eingesetzte Task Force für Fusionskontrolle verteilen. Aufgrund der langjährigen Erfahrungen im deutschen Bundeskartellamt, die diejenige der anderen Mitgliedstaaten weit übersteigt, ist die GD IV mit überproportional vielen deutschen Mitarbeitern besetzt. Der Generaldirektor ist bisher immer ein Deutscher gewesen.

Die GD IV ist thematisch in 4 Bereiche gegliedert. Die Direktion A für allgemeine Wettbewerbspolitik und Koordination mit 5 Abteilungen ist für die Grundlagen wie die Abstimmung der Politik mit anderen EU-Organen, juristische und prozedurale Fragen zuständig. Von dieser Direktion werden Studien zu wirtschaftlichen Fragen erstellt und entsprechende Studienaufträge vergeben. Eine Abteilung ist mit der Anwendung des Wettbewerbsrechts im Hinblick auf den Schutz gewerblichen und geistigen Eigentums sowie auf Forschung und Entwicklung befaßt. Schließlich liegt hier die Zuständigkeit für staatliche Unternehmen und Staatsmonopole (Anwendung der Art. 101 und 102 EGV).

Die Direktionen B, C, und D mit jeweils 3 bis 4 Abteilungen sind für Kartelle, den Mißbrauch von Monopolstellungen und andere Wettbewerbsverzerrungen im Sinne von Art. 85, 86 EWGV zuständig.

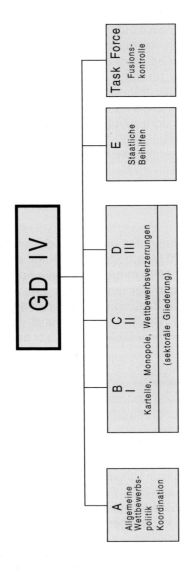

78

Dabei liegt bei der Direktion B der Schwerpunkt auf den Gebieten Elektrik/Elektronik, industrielle Fertigung sowie Handel, Banken und Versicherungen. Die Direktion C beobachtet die Produktion in den Bereichen Metalle, Mineralien, Holz, Glas, Kautschuk u.a. sowie die Sektoren Energie, chemische und landwirtschaftliche Produkte. In der Direktion D sind die Abteilungen mit der Produktion von Kohle und Stahl befaßt, mit Transport und Tourismus und mit der Automobilbranche und deren Annexen.

Für horizontale (Wettbewerber) und vertikale (z.B. Hersteller und Händler) Vereinbarungen können 3 verschiedene Entscheidungen getroffen werden: Die Erteilung eines Negativattestes (Genehmigung der Vereinbarung), die Freistellung nach Art. 85 III EWGV (Ausnahmegenehmigung) und die Anordnung der Abstellung einer Zuwiderhandlung. Neben der Veröffentlichung dieser Entscheidung im Amtsblatt der EG gibt es dazu üblicherweise Pressemitteilungen der Kommission.

Die Direktion E mit 6 Abteilungen hat einen hiervon völlig getrennten Geschäftsbereich, nämlich den Sektor „staatliche Beihilfen" im Sinne von Art. 92 bis 94 EGV. Ihre Aufgaben betreffen alle Arten von Subventionen, d.h. sowohl sektorielle als auch regionale staatliche Beihilfen, die jeweils von den Mitgliedstaaten gegenüber der Kommission zu melden und von letzterer zu genehmigen sind. Ausgenommen hiervon sind Beihilfen von geringer Bedeutung (weniger als 50.000 ECU bei dreijähriger Laufzeit), die keiner Meldepflicht mehr unterliegen.

Die Zusammenarbeit mit den Mitgliedstaaten in diesem empfindlichen Bereich wird durch multilaterale Sitzungen, die mindestens dreimal jährlich stattfinden, gewährleistet. Positive Entscheidungen über staatliche Beihilfen (ca. 80 bis 90% der Fälle) werden in Kurzform im monatlich erscheinenden Bulletin der Kommission veröffentlicht. Bei einer Verfahrenseröffnung werden alle Beteiligten durch Veröffentlichung im Teil C des Amtsblatts zu Stellungnahmen aufgefordert; negative Entscheidungen erscheinen im Teil L des Amtsblatts.

Die im Jahr 1990 eingerichtete Task Force Fusionskontrolle unter der neuen Leitung des Briten Philip Lowe ist besonders in das öffentliche Interesse gerückt. Die Task Force, die die Zuständigkeiten der nationalen Kartellbehörden teils ergänzt und teils ersetzt, prüft etwa 60 Fusionsfälle im Jahr, von denen in den Jahren 1991 und 1992 jeweils über 50 innerhalb der Einmonatsfrist genehmigt wurden. Bei den ver-

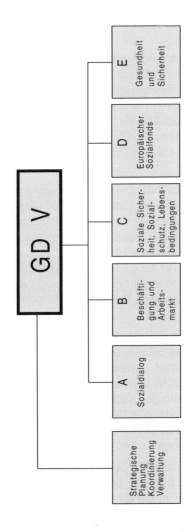

bleibenden „Problemfällen" stellt die Task Force eingehende Nachforschungen an, die im Ergebnis entweder zum Verbot der Fusion oder zur Genehmigung unter modifizierenden Auflagen führen.

Eine Fusionskontrolle findet statt, wenn mindestens 2 Unternehmen fusionieren, die jeweils mehr als Zweidrittel ihres Umsatzes in einem Mitgliedstaat erzielen, wobei der gemeinsame Umsatz weltweit 5 Mrd. ECU und auf der Gemeinschaftsebene 250 Mio. ECU überschreiten muß. Während die EG bisher nur in der Anfangsphase einer transnationalen Fusion ein Mitspracherecht hatte, ist sie jetzt zu umfassenderer Kontrolle, zu weiterer Prüfung nach Ablauf von 4 Jahren und insbesondere dazu ermächtigt, im Falle unzulässiger Fusionen vor dem EuGH Klage zu erheben.

Für national begrenzte Fusionen behalten die nationalen Kartellämter grundsätzlich die ausschließliche Zuständigkeit, bei transnationaler Aktivität werden sie weiterhin im Rahmen der einheitlichen europäischen Fusionskontrolle beteiligt.

Im Rahmen des jährlichen Geschäftsberichts der EG wird jeweils ein eigenständiger Bericht über die Ziele und Erfolge der Wettbewerbspolitik von der EG-Kommission publiziert, der einen detaillierten Überblick über die Arbeit der GD IV ermöglicht.

5. GD V – Beschäftigung, Arbeitsbeziehungen und soziale Angelegenheiten

Anders als bei den meisten Tätigkeitsbereichen der Kommission, die klar voneinander zu unterscheiden sind (z.B. Verkehr, Fischerei, Wettbewerb), ist das Arbeitsgebiet der GD V nicht eindeutig begrenzbar, da die Sozialpolitik in viele Bereiche übergreift. Um dem großen Gebiet gerecht zu werden, ist die GD V mehrfach umstrukturiert worden, so etwa durch die Abspaltung der Bereiche Humanressourcen, allgemeine und berufliche Bildung und Jugend in eine eigenständige Task Force.

Die Stelle des Generaldirektors ist gegenwärtig verwaist, nachdem der neubestellte spanische Generaldirektor Sigismund Crespo nach wenigen Monaten das ihm übertragene Amt zurückgab. Faktisch wird die Generaldirektion derzeit durch den aus Wales stammenden Briten Hywel Ceri Jones, vormals Leiter der Task Force Humanressourcen, geleitet.

Die GD V mit ihren ca. 310 Mitarbeitern gliedert sich in 5 Direktionen und 3 Stabseinheiten, die dem Generaldirektor direkt zugeordnet sind. Die Stabseinheiten bestehen aus einer strategischen Planungsgruppe von Experten, die die künftige Entwicklung der gemeinschaftlichen Sozialpolitik entwerfen sollen, einer Koordinationsabteilung, welche sich u.a. der Beziehungen zum Parlament, dem WSA und den internationalen Organisationen annimmt, sowie einer Verwaltungseinheit.

In der im Jahre 1990 eingerichteten Direktion A sollen zur Umsetzung der Art. 118 a, 118 b EGV der Dialog zwischen den Sozialpartnern (Arbeitgeber und Arbeitnehmer) und ihre Zusammenarbeit in der Industrie gefördert werden. In 3 Abteilungen für den Sozialdialog auf der EG-Ebene und auf sektoraler Ebene (Industrie, Dienstleistungen) sowie für die Verbesserung von Arbeitsbedingungen und die Harmonisierung arbeitsrechtlicher Regelungen versucht die Kommission hier, den Austausch der Sozialpartner auf europäischer Ebene zu fördern. So wurden u.a. paritätisch besetzte Ausschüsse, z.B. für den Land-, Wasser- und Luftverkehr, eingesetzt, in denen Vertreter der Arbeitnehmer und Arbeitgeber zu Fragen der Sozialpolitik konsultiert werden.

Die Direktion B (Beschäftigung und Arbeitsmarkt) bearbeitet in 4 Abteilungen die Bereiche Beschäftigungspolitik, soziale Aspekte der Stahlpolitik (EGKS), Gleichbehandlung der Geschlechter im Arbeitsleben und erstellt ein EG-weites Informationssystem über offene Arbeitsstellen und Ausschreibungen. Auch die Direktion B wird von Ausschüssen und Arbeitsgruppen mit beratender Funktion unterstützt, so z.B. von dem „Beratenden Ausschuß für Chancengleichheit von Frauen und Männern". Im Bereich der Stahlpolitik werden hier Förderprogramme der EGKS für soziale Begleitmaßnahmen bei Arbeitsverlust im Stahlsektor etc. koordiniert.

Die Verbesserung der Lebensbedingungen, soziale Sicherheit und Sozialschutz gehören in den Zuständigkeitsbereich der Direktion C mit 4 Abteilungen. Im Bereich der sozialen Sicherheit sind Förderprogramme der EG, etwa für die Eingliederung der am stärksten benachteiligten Gruppen oder für Beschäftigungsinitiativen von Frauen angesiedelt. Weiterhin gibt es Abteilungen, die für die Freizügigkeit der Arbeitnehmer, die Wanderungspolitik sowie für die soziale Sicherheit von Wanderarbeitnehmern zuständig sind. Von der Abteilung C-4 werden Maßnahmen zugunsten Behinderter gefördert, die an das 1988 eingesetzte Aktionsprogramm HELIOS zur Unterstützung staatlicher und nichtstaatlicher Organisationen für Behindertenhilfe anknüpfen.

Die mit 6 Abteilungen größte Direktion D ist für die Maßnahmen und Ausgaben des Europäischen Sozialfonds (ESF) zuständig. Die Förderziele des ESF, die von Regionalhilfen bei Arbeitsmarktverschiebungen über die Bekämpfung von Langzeitarbeitslosigkeit bis zur Eingliederung Jugendlicher in das Erwerbsleben rangieren, werden von den Abteilungen D-2 bis D-5 für die jeweils förderungwürdigen Mitgliedstaaten und deren Regionen umgesetzt. Die Vergabe und die Verwaltung der Mittel erfolgt über die Abteilung D-6. In der Bundesrepublik Deutschland fließen die Mittel des ESF an die Bundesanstalt für Arbeit, welche sie im Zuge der Arbeitsförderungsmaßnahmen vergibt.

Schließlich werden in der Direktion E (Sitz in Luxemburg) Fragen der Gesundheit und der Sicherheit bearbeitet. Hier ist auch das Programm „Europa gegen den Krebs" (Budget 1993: 10,7 Millionen ECU) angesiedelt. Neben 3 Abteilungen für öffentliche Gesundheit, für Medizin und Hygiene in Industriebetrieben und für Arbeitsplatzsicherheit gibt es eine Abteilung, die Förderprogramme für die im Kohle- und Stahlsektor tätigen Arbeitnehmer betreut. Zuletzt befindet sich hier das Sekretariat des „Beratenden Ausschusses für Sicherheit, Arbeitshygiene und Gesundheitsschutz am Arbeitsplatz", der 1989 eingesetzt wurde, um EG-weit geltende Mindestvorschriften in den genannten Bereichen zu initiieren und ihre Durchführung zu prüfen.

6. GD VI – Landwirtschaft

Die zentrale Verwaltung der Gemeinsamen Agrarpolitik (Art. 38 bis 47 EGV) ist die Aufgabe der GD VI unter der Leitung des französischen Generaldirektors Guy Legras. Mit etwa 780 Mitarbeitern, unter denen in leitenden Positionen überproportional viele Italiener, Deutsche und Franzosen sind, ist es die zweitgrößte Generaldirektion (hinter der GD IX).

Neben Kohle und Stahl gehört die Landwirtschaftspolitik zu den ursprünglichen EG-Politiken. Sie war anfangs darauf gerichtet, die Ernährungssicherung zu gewährleisten und zugleich den Beschäftigten in der Landwirtschaft steigende Einkommen zu garantieren. Mit zunehmender Produktivität und folgender Überproduktion haben

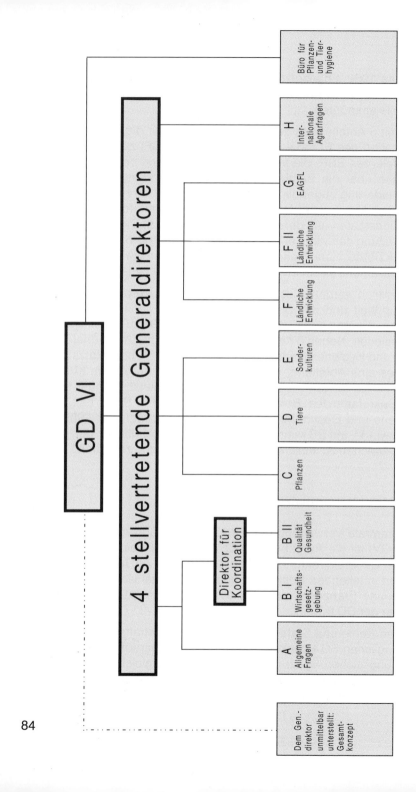

sich Veränderungen in der Gemeinsamen Agrarpolitik ergeben, die nun auch Erzeugungsmethoden fördert, die die Umwelt schonen und bedarfsgerecht ausgerichtet sind. Über Jahrzehnte hat die Agrarpolitik das Bild der EG geprägt. Heute werden in diesem Bereich ca. 80 Mrd. DM verausgabt.

Die GD VI besteht aus einer dem Generaldirektor unmittelbar unterstellten Dienststelle und 10 Direktionen, die in 4 Blöcke unter der Leitung jeweils eines stellvertretenden Generaldirektors unterteilt sind. Zusammengefaßt sind die Direktionen:

- A, B.I, B.II : Allgemeine Fragen, Wirtschaftsgesetzgebung, Qualität
- C, D, E, : Marktorganisation für die verschiedenen Erzeugnisse
- F.I, F.II, G : Ländliche Entwicklung, Europäischer Ausrichtungs- und Garantiefonds Landwirtschaft (EAGFL)
- H : Internationale Agrarfragen

Die dem Generaldirektor unmittelbar unterstellte Dienststelle mit 2 Abteilungen ist für Analysen und das Gesamtkonzept sowie für die Personal- und die allgemeine Verwaltung zuständig. Hier werden die Arbeitsergebnisse der Direktionen in Nachfragevorausschätzungen, Regionalförderkonzepte und Entwicklungsvorschläge für die Agrarstrukturen umgesetzt. Auch die Koordinierung der Arbeiten zur Preisfestsetzung einzelner Erzeugnisse obliegt dieser Dienststelle.

Die Direktion A mit 5 Abteilungen ist für allgemeine Angelegenheiten und für die Beziehungen zum Parlament (Vorbereitung der parlamentarischen Ausschuß-Sitzungen) und zum WSA sowie zu den nichtstaatlichen Organisationen zuständig. Die Beziehungen zu letzteren beinhalten insbesondere Kontakte zu Gewerkschaften und Verbraucherorganisationen auf nationaler und internationaler Ebene. Außer allgemeinen statistischen Erhebungen (Preise, Produktionskapazitäten, Strukturen), Analysen und Vorausschätzungen der Marktentwicklung wird die wirtschaftliche Lage der Agrarbetriebe analysiert und im Bereich der Agrarinformatik durch elektronische Datenverarbeitung aufbereitet. Eine Abteilung A-5 ist für Studien, die Dokumentationen u.ä. zuständig. Zur Information der Öffentlichkeit werden regelmäßig Publikationen in der Reihe „Grünes Europa" erstellt und kostenfrei in den Informations- und Dokumentationszentren der EU verteilt.

Die Wirtschaftsgesetzgebung für die Landwirtschaft ist der Aufgabenbereich der Direktion B.I mit 4 Abteilungen. Die Harmonisierung der Agrarregelungen wird nicht global, sondern für jede Erzeugnisgruppe getrennt in Angriff genommen. Neben der Kontrolle der Wettbewerbsbedingungen innerhalb der EU, insbesondere bezüglich staatlicher Beihilfen, werden die Anwendung der bestehenden Vorschriften, Verstöße und Beschwerden geprüft. Angelegenheiten, die mehrere Erzeugnisse betreffen, werden in der Abteilung B.I-4 bearbeitet, so z.B. Regelungen für Stabilisierungsmechanismen und kompatible Zölle.

In der Direktion B.II, zuständig für Qualität und Gesundheit, werden Vorschriften für die Qualitätsmaßstäbe pflanzlicher Erzeugnisse sowie für den Bereich der Tierernährung und Tierzucht entworfen. Die tierärztliche Versorgung wird ebenfalls hier auf Gemeinschaftsebene gesetzlich geregelt.

Für die Koordinierung der Arbeiten der Direktionen B.I und B.II ist ein zusätzlicher Direktor eingesetzt.

Die Direktionen C, D und E sind jeweils für die Marktorganisation verschiedener Erzeugnisse zuständig. Neben dem Bearbeiten juristischer Fragen (Rechtsangleichung) werden hier z.B. Qualitätsnormen festgelegt und durch Reinheitskontrollen unterstützt. Auch das Festlegen von Quoten (Stichworte Milchsee, Butterberg) gehört zu den Aufgaben dieser Direktionen. Aufgrund der Analyse der Weltmarktsituation wird das Verhältnis von Export und Import der Gemeinschaft kontrolliert.

Im einzelnen sind die Direktionen C für pflanzliche Erzeugnisse, D für tierische Erzeugnisse und E für Erzeugnisse der Sonderkulturen (Tabak, Hopfen, Wein, etc.) zuständig.

Die Direktionen F.I und F.II, die mit „Ländliche Entwicklung" I und II überschrieben sind, erlassen Maßnahmen für die Abteilung Ausrichtung des EAGFL. Die Direktion F.I mit 3 Abteilungen ist generell für die Koordinierung sämtlicher Maßnahmen zugunsten des ländlichen Raums und speziell für Maßnahmen zur Erreichung der Ziele Nr. 1 (Förderung von Gebieten mit Entwicklungsrückstand) und Nr. 5b (Förderung der Entwicklung des ländlichen Raums) zuständig.

Die Direktion F.II mit 3 Abteilungen ist u.a. für Maßnahmen im Rahmen des Ziels Nr. 5a (Anpassung der Agrarstrukturen) zuständig. Dazu werden Zuschüsse zur Umstellung der landwirtschaftlichen Produktion, für die Verbesserung der Verarbeitung und Vermarktung der Erzeugnisse sowie für die Aufgabe der Nutzung von Ackerflächen für Nahrungsmittelzwecke gewährt (Budget im Zeitraum 1990 bis 1993: ca. 2.000 Mio. ECU). Die Abteilung F.II-2 erläßt spezifische Maßnahmen für den ländlichen Raum, wobei die Einführung von Erzeugungsmethoden, die den Erfordernissen des Umweltschutzes und der natürlichen Lebensräume gerecht werden, Priorität hat. Die Koordinierung der Agrarforschung nimmt die Abteilung F.II-3 wahr, die insbesondere ein Programm zur Wettbewerbsfähigkeit der Landwirtschaft und zur Bewirtschaftung betreut, in dessen Rahmen Projekte zur Qualitätsverbesserung, zur Kostensenkung, zu umweltverträglichen Arbeitsmethoden usw. gefördert werden (Budget 1990 bis 1993: 55 Mio. ECU). Schließlich werden in dieser Direktion Übergangsmaßnahmen für besonders rückständige Regionen koordiniert.

Die Direktion G ist für den EAGFL zuständig und bearbeitet in 5 Abteilungen, juristische, finanzielle und Verwaltungsfragen. Entsprechend der Aufteilung des EAGFL in die beiden Abteilungen Garantie (Markt- und Preispolitik) und Ausrichtung (Strukturpolitik) sind in der Direktion G die Haushaltsfragen der beiden Bereiche in verschiedene Abteilungen verteilt worden. Der Haushalt des Garantiefonds, dessen Finanzvolumen (im Haushalt 1993 sind ca. 33.295 Millionen ECU vorgesehen) weitaus größer ist als das der Ausrichtung, wird nicht nur finanztechnisch koordiniert. 2 Abteilungen sind für die Verwaltung der Ausgaben und für den Rechnungsabschluß zuständig, während eine weitere Abteilung an Maßnahmen zur Betrugsbekämpfung arbeitet. Zu diesem Zweck ist auch eine Sachverständigengruppe eingesetzt worden, die alle Agrarvorschriften auf eine mögliche Vereinfachung hin überprüft.

Die zehnte Direktion H mit dem Aufgabenbereich „Agrarfragen im internationalen Bereich" besteht aus einem Stab von Beratern mit Verhandlungsbefugnis, die die Kommission in GATT- und sonstigen Verhandlungen mit Drittstaaten vertreten. Jedem Berater sind bestimmte Länder zugeteilt, mit denen Verhandlungen geführt oder angestrebt werden.

Ein neu eingerichtetes, dem Generaldirektor unmittelbar unterstelltes Büro für Tier- und Pflanzenhygiene kontrolliert in 3 Abteilungen die Einhaltung der Gemeinschaftsregelungen im internen Markt und in Verbindung mit Drittstaaten.

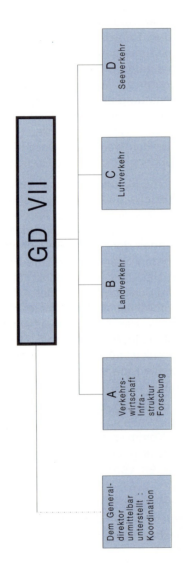

7. GD VII – Verkehr

Angesichts der großen Bedeutung des Verkehrs für den Binnenmarkt, die im EWG-Vertrag mit einem eigenen Titel (Art. 74 bis 84 EGV) gewürdigt ist, ist die GD VII mit etwa 140 Mitarbeitern eine relativ kleine Generaldirektion. Im Zusammenhang mit dem Wechsel des vorherigen Generaldirektors Peñna Abizanda auf den neu geschaffenen Posten des „Generalinspekteurs der Kommission" ist die GD VII im Jahr 1991 umstrukturiert worden.

Unter der Leitung des Generaldirektors Robert Coleman werden die Probleme der Verkehrspolitik in 4 Direktionen mit je 4 Abteilungen und einer dem Generaldirektor unmittelbar unterstellten Dienststelle bearbeitet. Letztere ist für die Koordinierung der Verkehrspolitik, die Gesetzgebung und für die Dokumentation zuständig.

Von der Direktion A werden u.a. die Beziehungen zu den anderen EU-Organen und zu internationalen Organisationen (z.B. OECD, Europäische Verkehrsministerkonferenz etc.) unterhalten. Weiterhin wird die Verkehrswirtschaft durch Marktbeobachtung und Prognosen analysiert und statistisch erfaßt. So werden etwa die Auswirkungen von Wettbewerbsverzerrungen und Liberalisierungsbestrebungen auf die im Verkehrssektor tätigen Unternehmen untersucht, um daraus folgernd Wirtschaftsstrategien für die Zukunft entwickeln zu können. Schließlich gibt es 2 Abteilungen für Verkehrsnetze und Infrastruktur sowie für Forschung und Entwicklung auf dem Gebiet des Verkehrs. Hier werden ein Aktionsprogramm für den Aufbau und Ausbau des Eisenbahn-Hochgeschwindigkeitsnetzes, eines kombinierten Verkehrsnetzes und des Straßenanschlusses verschiedener Regionen sowie die Programme COST und EURET betreut. EURET (Budget 1990 bis 1993: 25 Mio. ECU) fördert die Verkehrstechnologie mit Projekten zur Optimierung der Logistik und zur verbesserten Nutzung der Verkehrswege.

Die Direktion B, zuständig für den Landverkehr, hat 2 Abteilungen für allgemeine Fragen des Straßenverkehrs sowie des Schienen- und kombinierten Verkehrs und der Binnenschiffahrt. Eine Abteilung B-3 für Sicherheit, Technologie und Umweltaspekte des Straßenverkehrs erarbeitet Maßnahmen und Regelungsentwürfe, etwa für Mindestanforderungen an die Beförderung gefährlicher oder schädlicher Fracht, zur EG-weiten Geschwindigkeitsbeschränkung für Nutzfahrzeuge oder zur Vereinheitlichung elektronischer Fahrtenschreiber für

LKW. Die letzte Abteilung ist für Fragen im Zusammenhang mit Straßenzöllen und für soziale Aspekte zuständig, deren unterschiedliche Handhabung in den einzelnen Mitgliedstaaten zu Wettbewerbsverzerrungen führt. Zur Anpassung der sozialen Unterschiede wird der Dialog der Sozialpartner gefördert. Außerdem werden Regelungen in Zusammenarbeit mit paritätisch besetzten Ausschüssen (Arbeitgeber und Arbeitnehmer) der jeweiligen Branchen getroffen, so z.b. die gemeinsame Arbeitszeitregelung für das Fahrpersonal im internationalen Straßenverkehr.

Die Direktion C ist für den Luftverkehr zuständig. Im Interesse einer gemeinsamen Luftverkehrspolitik werden hier Maßnahmen zur Liberalisierung des Marktzugangs, der Luftfrachtdienste und der Tarife (z.B. Flexibilitätszonen mit Rabattmöglichkeiten) ergriffen. Eine andere Abteilung überprüft die Anwendung des Gemeinschaftsrechts im Luftfahrtbereich und entwirft neue Regelungen in Zusammenarbeit mit den paritätischen Ausschüssen, während die Abteilung C-3 für die Flugsicherheit, die Luftverkehrskontrolle und die Industriepolitik auf Gemeinschaftsebene zuständig ist. In der Abteilung C-4 werden die Flughafenpolitik, Fragen des Umweltschutzes und damit zusammenhängende Maßnahmen bearbeitet. So wird etwa der Informationsaustausch zwischen Flughafenbetreibern und Fluggästen gefördert und das Interesse der Fluggäste durch einheitliche Entschädigungsregelungen für Überbuchungsfälle wahrgenommen.

Die für den Seeverkehr zuständige Direktion D hat in den Abteilungen für die Seeverkehrspolitik und die Anwendung des Gemeinschaftsrechts insbesondere die Aufgabe, Maßnahmen zur Stärkung der Wettbewerbsfähigkeit der Gemeinschaftsflotte zu ergreifen. Das wird einerseits erreicht, indem die Mitgliedstaaten einseitige Beschränkungen aufheben, und andererseits durch Verhandlungen mit Drittstaaten, z.B. über die Liberalisierung des Zugangs zu Ladungsdienstleistungen in dem betreffenden Drittstaat. Eine weitere Abteilung ist für die EG-weit anzupassenden Regelungen bezüglich Sicherheit, Technik und Umweltschutz zuständig, während die letzte Abteilung D-4 Fragen der unterschiedlichen Hafenpolitik und soziale Aspekte des Seeverkehrs bearbeitet.

8. GD VIII – Entwicklung

Die GD VIII, mit etwa 720 Mitarbeitern eine der größten Generaldirektionen, ist für die Entwicklungspolitik der EG im Bezug auf die AKP-Staaten (Staaten in Afrika, Karibik, Pazifik) zuständig. Als Beitrag zur Aufarbeitung der Kolonialvergangenheit wird der Entwicklungsfonds im Umfang von jährlich etwa 2 Mrd. ECU außerhalb des Kommissionshaushalts durch vierteljährliche direkte Beiträge der Mitgliedstaaten gespeist. Daraus ergibt sich die Autonomie der GD VIII in Finanzangelegenheiten. Die GD VIII hat die Aufgabe, Entwicklungshilfemaßnahmen zu planen, zu verwalten und zu finanzieren. Nach dem Rücktritt des Generaldirektors Dieter Frisch ist die Position des Generaldirektors noch nicht wieder besetzt worden.

Die 6 Direktionen der GD VIII sind in 2 Blöcke unterteilt, denen jeweils ein stellvertretender Generaldirektor vorsteht:

– Direktionen A, B, C: Politik, Verwaltung, Finanzen

– Direktionen D, E, F: Spezifische Aufgaben für einzelne AKP-Staaten.

Neben den Direktionen gibt es in den AKP-Staaten selbst Delegationen der EU unter der Leitung von EG-Beamten. Außerdem gibt es außerhalb der Direktionen 3 Dienststellen, die dem Generaldirektor (01 bis 04), dem stellvertretenden Generaldirektor für die Direktionen A bis C (05) und dem zweiten stellvertretenden Generaldirektor (06, 07) unmittelbar unterstellt sind. Letzterer ist auch für das Programm gegen AIDS verantwortlich (08).

Die für Pressemitteilungen und Publikationen eingesetzte Abteilung 01 erstellt u.a. die Zeitschrift „Courrier ACP-CEE", in der die Beziehungen und aktuellen Entwicklungen zwischen den AKP- und den EU-Staaten dargestellt werden, und versendet sie kostenfrei. Der Informationsaustausch mit den Delegationen in den AKP-Staaten und die Betreuung des dort tätigen Personals ist die Aufgabe der Abteilung 02, während die Abteilung 03 für die Gesamtplanung und für die Unterstützung der Strukturanpassungspolitik zuständig ist. Allgemeine Verwaltungsangelegenheiten und Personalfragen obliegen der Abteilung 04.

Die den Direktionen A bis C zugehörige Abteilung 05 ist für die Beziehungen zu den anderen Organen zuständig, was insbesondere die

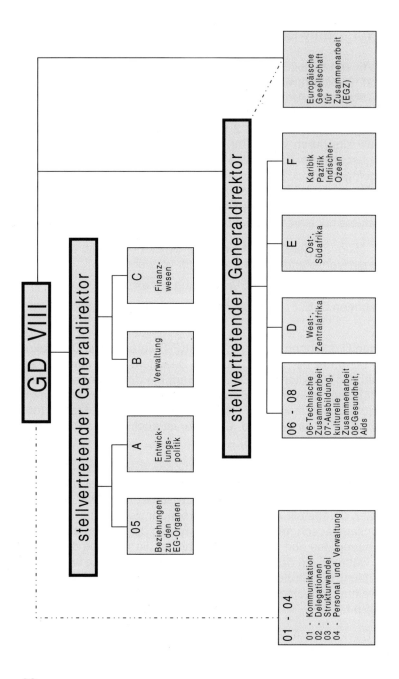

Vorbereitung der parlamentarischen Plenar- und Ausschußsitzungen zum Thema Entwicklungspolitik beinhaltet. Die früher hier angesiedelte Stelle für Soforthilfe wird jetzt im Amt für humanitäre Soforthilfe (Kapitel 26) geführt.

Von der an die Direktionen D bis F gekoppelten Abteilung 06 wird die operationelle Koordinierung mit Hilfe der Finanzierungsausschüsse durchgeführt, d.h. es werden Konzepte zum Schuldenerlaß, zur Kofinanzierung von Hilfsmaßnahmen durch externe Organisationen, zur Flüchtlingshilfe usw. erstellt. Die Abteilung 07 ist für die Bereiche der kulturellen Zusammenarbeit und der Ausbildung zuständig und organisiert Ausbildungsförderprogramme, Fortbildungsseminare u.ä.

Die Entwicklungspolitik und der Handel sind die Betätigungsfelder der Direktion A mit 5 Abteilungen. Hier wird in Zusammenarbeit mit nationalen Behörden und der OECD (Organisation für wirtschaftliche Zusammenarbeit und Entwicklung) die wirtschaftliche Entwicklung in den AKP-Staaten beobachtet und analysiert. Eine für sektorale Politiken zuständige Abteilung betreut Projekte zur Förderung der ländlichen Entwicklung, des Umweltschutzes und des Gesundheitsschutzes. In Zusammenarbeit mit der UNCTAD (Handels- und Entwicklungskonferenz der UNO) wird der Rohstoffhandel gefördert, während die generelle Entwicklung des Handels durch die Organisation von Messen, durch Produktmarketing und die Förderung des Dienstleistungssektors unterstützt und auf die Effizienz der Maßnahmen hin bewertet wird. Die Abteilung A-5 ist für die Förderung von Handel und Tourismus in den AKP-Staaten zuständig.

Die Direktion B mit 5 Abteilungen verwaltet die Finanzinstrumente der GD VIII. Der EEF (Europäischer Entwicklungsfonds) umfaßt neben dem Budget für die Projekte der Direktionen D, E und F fünf Spezialfonds, die zum Teil in der Direktion B verwaltet werden. Die Abteilung B-1 für Nahrungsmittelhilfe, in der direkte Hilfen ausschließlich aus den Haushaltmitteln der EG finanziert werden, ist für die verwaltungsmäßige Koordination der Maßnahmen (z.B. durch die Einrichtung eines Frühwarnsystems), für die Informatik und für juristische Fragen zuständig. Als Spezialfonds des EEF gibt es die Systeme zur Stabilisierung der Exporterlöse STABEX (Budget 1990 bis 1995: 1.500 Mio. ECU) und SYSMIN. Im Rahmen von STABEX werden Barmitteltransfers zum Ausgleich von Erlösverlusten bei der Agrarausfuhr als nichtrückzahlbare Zuschüsse dann geleistet, wenn die betroffene Ware mehr als 5% der gesamten Ausfuhrerlöse eines Staates ausmacht. Die Prüfung dieser Voraussetzung wird durch Wirtschaftsstudien in der Abteilung B-3 vorgenommen. SYSMIN beinhaltet nichtrückzahlbare Zuschüsse zugunsten des Bergbaus, die zunächst an die AKP-Staaten ausgezahlt und dann von diesen als Kredite an einzelne Bergbauunternehmen vergeben werden. Die Verwaltung der operationellen Aktionen in diesem Bereich obliegt der Abteilung B-5. Industrielle Zusammenarbeit, private Investitionen und Unternehmensgründungen werden von der Abteilung B-4 gefördert. Schließlich werden in der Abteilung B-2 in Kofinanzierung mit nationalen nicht-staatlichen Organisationen Entwicklungshilfeprojekte und Aktionen zur Sensibilisierung der Öffentlichkeit durchgeführt.

Die Direktion C mit 5 Abteilungen ist für das Finanzwesen zuständig. Die Finanzierung der Projekte im Rahmen des Lomé-Abkommens wird mit der EIB (Europäische Investitionsbank), die mit 1,3 Mrd. ECU beteiligt ist, durch regelmäßige Berichte und die Erstellung von Statistiken koordiniert. Hier werden auch die Bankkonten, Zahlungsmittel und Jahresbilanzierungen verwaltet. Eine weitere Abteilung, der die Mittelanweisung und die Buchführung zugewiesen sind, unterhält die Beziehungen zur GD XX (Finanzkontrolle), während die für Haushaltsfragen zuständige Abteilung C-4 mit der GD XIX (Haushalt) zusammenarbeitet. Die Abteilung C-3 ist für die Vorbereitung und Durchführung der Ausschreibungen für einzelne Projekte zuständig. Hier erhalten Unternehmen, Forschungsgruppen etc., die sich für eine Teilnahme an den kofinanzierten Projekten im Rahmen der Entwicklungshilfe interessieren, Informationen über Voraussetzungen und Bedingungen für die Einreichung von Vorhaben, die anschließend in den Direktionen D bis F geprüft werden und bewilligt werden können. Für juristische Fragen, die insbesondere die Wahrnehmung schiedsgerichtlicher Aufgaben beinhalten, ist die Abteilung C-5 zuständig.

Die Direktionen D, E und F sind für West- und Zentralafrika (D), für das östliche und südliche Afrika (E) und für Karibik, Pazifik und den indischen Ozean (F) zuständig und decken so alle AKP-Staaten ab. Die Direktionen haben je 3 Abteilungen, die bestimmte geographisch untergliederte Staaten betreuen. Daneben gibt es bei den Direktionen D und E jeweils 2 Abteilungen, in denen die technischen Gruppen für Infrastruktur und ländliche Entwicklung angesiedelt sind, während die Direktion F eine Abteilung F-4 mit einer multidisziplinären technischen Gruppe hat. Die Aufgabe dieser 3 Direktionen ist es, die ihnen jeweils zugewiesenen Staaten in den Bereichen der Entwicklungspolitik, die nicht von den anderen Direktionen abgedeckt werden, durch Projekte und sonstige Hilfsmaßnahmen zu fördern. Neben der Festlegung der Kriterien für landwirtschaftliche Regionalprojekte gehören dazu Projekte der Tierzucht, der umweltverträglichen Waldbewirtschaftung, der Fischerei, des Verkehrs, der sozialen Infrastruktur (Ausbildung, Gesundheit etc.), der Telekommunikation usw.. Für diese Projekte stehen aus dem Budget des EEF für die Jahre 1990 bis 1995 6.215 Mio. ECU zur Verfügung.

Außer den Direktionen und sonstigen Dienststellen ist bei der GD VIII auch die EGZ (Europäische Gesellschaft für Zusammenarbeit) angesiedelt, die gemeinsam dem Generaldirektor, dem stellvertretenden Generaldirektor für die Direktionen D, E und F, dem Vorsitzenden des Verwaltungsrates der EGZ und dessen Stellvertreter unterstellt ist.

9. GD IX – Personal und Verwaltung

Unter der Leitung des belgischen Generaldirektors Frans de Koster ist die GD IX für das Personal und die Verwaltung der gesamten Institution „Kommission" zuständig. In dieser personell größten Dienststelle der Kommission sind ca. 3.200 Mitarbeiter beschäftigt, von denen etwa die Hälfte mit Sekretariatsarbeiten betraut und ein Viertel in den Bereichen der Druckerei, Lagerhaltung, Postverteilung etc. tätig ist.

Zusätzlich zu den klassischen Aufgaben der Verwaltung einer internationalen Institution umfaßt die Betreuung des beamteten Personals viele Bereiche, die von der Organisation der Stellenausschreibungen über die Verwaltung der eigenen Sozialversicherung bis zur Einrichtung von Kinderkrippen für die Kinder der Mitarbeiter rangiert.

Die GD IX hat neben den Dienststellen in Brüssel auch eine Dienststelle in Luxemburg unter dem stellvertretenden Generaldirektor Ubaldo Zito, die für die dort beschäftigten Mitarbeiter zuständig ist. Schließlich gibt es eine Abteilung in Ispra (Italien, der Direktion B angegliedert), die für das Personal der gemeinsamen Forschungsstelle der EG zuständig ist.

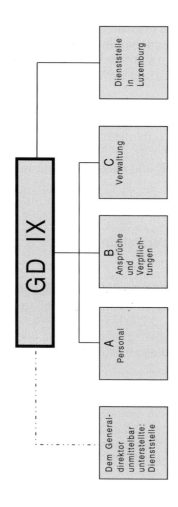

Derzeit besteht die Generaldirektion in Brüssel aus 3 Direktionen, einer dem Generaldirektor unterstellten Dienststelle (Fragen des Beamtenstatuts, des Haushalts, der Verwaltungseffizienz und der Arbeitssicherheit) und einer dem stellvertretenden Generaldirektor unterstellten Einheit für die Personalangelegenheiten in Luxemburg sowie das Programm zur Chancengleichheit innerhalb der Kommission. Zum direkten Bereich des Generaldirektors gehören zudem der Ombudsmann, die Verwaltung der Europäischen Schulen, die Beziehungen zur Personalvertretung und der ärztliche Dienst.

Die Direktion A ist für die Laufbahnen des Personals zuständig. Hierzu zählen der Personaleinsatz, die Aus- und Fortbildung, die Personalstruktur (gesondert nach den Laufbahnen A und LA bzw. B, C, D) und die Personaleinstellung durch interne und externe Concours.

Für (noch) Außenstehende sind die von der GD IX betreuten Stellenausschreibungen und die nachfolgenden Auswahlverfahren von besonderem Interesse. Die bei der Kommission zu besetzenden Beamtenstellen werden aufgrund der Auswahl nach sogenannten „Concours" vergeben, an denen alle Staatsbürger der Mitgliedstaaten, die die für die jeweilige Laufbahn erforderliche Qualifikation haben, teilnehmen können. Die Aufforderung zur Teilnahme an den Concours veröffentlicht die Kommission ca. 2 Monate vor Ablauf der Anmeldefrist im Teil C des Amtsblattes der EG.

In der Direktion B werden die Ansprüche und Verpflichtungen des Personals bearbeitet, wobei es sich um sämtliche Gehaltsregelungen von der Einstellung der Beamten über Abzüge für Kranken- und Unfallversicherungen bis zur Anweisung der Ruhegehälter handelt.

Die Aufgaben der allgemeinen Verwaltung werden von der Direktion C wahrgenommen, die Abteilungen für Immobilien, Beschaffungen, den inneren Dienst und für das interne Management hat.

Die Aufgaben der früheren Direktion I (Informatique) werden jetzt von der eigenständigen Direktion Datenverarbeitung (Kapitel 29) wahrgenommen. Die Direktion DAD (Delegationen) wurde Anfang 1993 der GD I.A zugeordnet mit Ausnahme der Personalverwaltung der Delegationen, die bei der GD IX verblieben ist.

10. GD X – Information, Kommunikation, Kultur und Audiovision

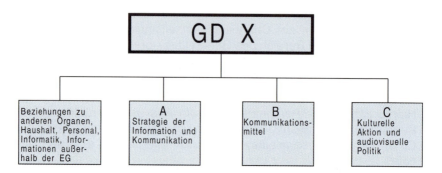

Schillernd und farbig wirkt das Aufgabenfeld der Genraldirektion X. Von der Promotionsförderung, der Besucherbetreuung, dem Europapaß, zur Förderung der europäischen Filmindustrie bis hin zur Teilnahme der Gemeinschaft an Weltausstellungen reicht der bunte Strauß der Zuständigkeiten.

Zwei ehemalige Außenminister bestimmen die Geschicke der Generaldirektion X. Politisch verantwortlich ist der frühere portugiesische Außenminister Joao de Deus Pinheiro, die administrative Führung liegt in den Händen der Generaldirektorin Colette Flesch, einer früheren Bürgermeisterin von Luxemburg und schließlich Außenministerin des Großherzogtums. Sie und die Leiterin des gemeinsamen Dolmetscher-Konferenzdienstes, Renée Van Hoof-Haferkamp, sind die einzigen Frauen, die in der Kommissionsverwaltung den Rang eines Generaldirektors bekleiden.

Mit ca. 380 Mitarbeitern rangiert die Generaldirektion im Hinblick auf ihre Personalstärke im oberen Mittelfeld der Generaldirektionen. In der Laufbahn der A-Beamten dominieren Franzosen, Briten, Italiener und Spanier.

Die Generaldirektion X wurde mit Kommissionsbeschluß vom 17. 11. 1993 reorganisiert. Sie gliedert sich nunmehr in drei Direktionen und vier der Generaldirektorin direkt unterstellte Dienststellen. Diese vier Verwaltungseinheiten befassen sich mit den Beziehungen zu den übrigen Gemeinschaftsinstitutionen, dem kommissionsinternen Arbeitsprogramm, Haushalts- und Finanzfragen, der Verwaltung des Personals und der Sachmittel der Generaldirektion sowie der Informationspolitik für Länder außerhalb der Gemeinschaft.

Eine fundamentale Änderung gegenüber der vorangegangenen Struktur hat die Direktion A (nunmehr: Strategie der Information und Kommunikation) erfahren. Sie soll die Hauptlast der neuen Informationsstrategie tragen, die sowohl die Büros in den Mitgliedstaaten als auch die Arbeit der übrigen EU-Institutionen einbeziehen soll.

Insofern wird die Direktion A in sieben Abteilungen gegliedert. Die erste Einheit widmet sich der Informationsstrategie, der Koordination und der Bewertung, während sich die Abteilung A-2 der Auswertung von Meinungsumfragen und den politischen Berichten aus den Büros der Mitgliedstaaten zuzuwenden hat. Die Beziehungen zu den Außenbüros in der Union bzw. die Zusammenfassung der vorhandenen Informationssysteme sind die Aufgabenstichworte für die Abteilungen A-3 respektive A-4. Die Einheiten A-5 bis A-7 werden auf die Informationsbedürfnisse der Allgemeinheit ausgerichtet, wobei sich eine Abteilung (A-5) speziell mit den Anliegen der Gewerkschaften, eine weitere mit den sonstigen im Wirtschaftsleben agierenden Personenkreisen befassen wird (A-6). Neu geschaffen wird eine Anlaufstelle für den Bürger (A-7), die das Image der Kommission gegenüber der großen Öffentlichkeit heben soll.

Insgesamt stehen der Generaldirektion X für ihre Informationsarbeit 33,7 Mio. ECU im Haushaltsjahr 1993 (1994: 40 Mio. ECU) zur Verfügung: angesichts von fast 350 Millionen Einwohnern und neun Amtssprachen eine im Vergleich zu den nationalen Regierungen eher bescheidene Summe.

Mit „Kommunikationsmittel" überschrieben wird die neu gestaltete Direktion B. Sie faßt in acht Abteilungen die Hilfestellung für die Medienschaffenden (B-1), die eigene audiovisuelle Produktion und die Studios der Kommission (B-3) und die Bibliotheken (B-4). Über die Teilnahme an Messen und Ausstellungen oder Werbeaktionen etwa im Rahmen von Sportveranstaltungen (Segelregatta, Radrennen usw.) soll ein positives Europaimage verbreitet werden. Das ist die Aufgabe der Abteilung B-5. Besuchergruppen, die sich in Brüssel ein Bild von den Aufgaben und der Arbeit der Kommission machen wollen, werden durch die Abteilung B-6 betreut. Es wird dabei unterschieden zwischen Gruppen, die ein- oder gar mehrtägige Fachprogramme erhalten und jenen, die ein Halbtagesprogramm (bestehend aus Film und Diskussion) erwartet. Der siebten Abteilung der Direktion B obliegt es, Meinungsumfragen durchzuführen, während die Abteilung B-8 die interne Unterrichtung der Kommissionsmitarbeiter sicherstellen soll. Hierzu bedient man sich einer Hausmitteilung mit der Bezeichnung „Courrier du Personnel".

Die kulturellen Aktionen und die Politik für den audiovisuellen Sektor sind die operationalen Bestandteile der Direktion C mit ihren fünf Abteilungen. Hervorzuheben sind dabei die kulturellen Aktionen und Programme (C-1 bzw. C-2), die durch den Maastrichter Vertrag (Art. 128 EGV) eine neue Grundlage erhalten haben. Schon bisher war die Gemeinschaft fördernd tätig, wenn es um die Erhaltung des europäischen architektonischen Erbes (ca. 2,7 Mio. ECU pro Jahr) oder die Unterstützung von künstlerischen Veranstaltungen mit europäischer Dimension (Kaleidoskop-Programm) ging. Unter den audiovisuellen Programmen sticht die Förderung von Produktionen für das hochauflösende Fernsehen (HDTV) hervor, das die Zukunftstechnologie in diesem Sektor werden soll. Die Abteilung C-3 koordiniert die Anstrengungen in der Gemeinschaft und mit den vergleichbaren Bemühungen im Rahmen von EUREKA bzw. in Drittstaaten. Seit 1987 wird die europäische Programmindustrie durch das MEDIA-Programm (1991 bis 1995: 250 Mio. ECU) gefördert. Es zielt auf eine größere Verbreitung europäischer Produktionen im Verhältnis zu den amerikanischen Anbietern, die einen Großteil des Marktes beherrschen. Dieser Aufgabe hat sich die Abteilung C-4 zuzuwenden. Abgeschlossen werden die Tätigkeitsfelder der Direktion C mit einer Abteilung für die sogenannte Jean Monnet Aktion und die Bezüge zum Hochschulsektor (C-5). In diesem Rahmen besteht u. a. eine Promotionsförderung und wird die Einrichtung von Europalehrstühlen unterstützt.

Wieweit sich die jüngste Reorganisation der Generaldirektion X tatsächlich positiv auf das Erscheinungsbild der Kommission auswirken wird, läßt sich noch nicht voraussagen. Allerdings hat es schon mehrere derartige organisatorische Versuche gegeben, die allenfalls Teilerfolge erzielt haben. Da eine einheitliche europäische Öffentlichkeit aufgrund der Sprachbarrieren und der kulturellen Vielfalt fehlt und weiterhin im wesentlichen national geprägte Erfahrungshorizonte bestehen, fällt es naturgemäß jeder Organisationsstruktur schwer, Einfluß auf die öffentliche Meinung in Europa zu erreichen. Mittels einer Strategiegruppe unter Vorsitz des für die Generaldirektion X verantwortlichen Kommissionsmitglieds Joao de Deus Pinheiro soll die Informationsarbeit künftig besser gestaltet werden. Die Gruppe tagt alle vier bis sechs Wochen und bezieht das Generalsekretariat, das Kabinett des Präsidenten und die Sprechergruppe ein und soll die notwendigen Impulse geben.

11. GD XI – Umwelt, nukleare Sicherheit und Katastrophenschutz

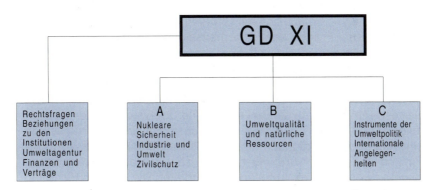

Umweltschutz war zum Zeitpunkt der Errichtung der Europäischen Gemeinschaften noch kein eigenständiges Thema. Erst die Einheitliche Europäische Akte (in Kraft getreten am 1. Juli 1987) brachte den Titel „Umwelt" mit den §§ 130r ff in den EWG-Vertrag, wenngleich sich die EG bereits vorher – allerdings ohne originäre Gemeinschaftskompetenz – der Frage der Erhaltung der natürlichen Umwelt angenommen hatte, indem sie seit 1973 vier Umweltaktionsprogramme durchgeführt hat. Die Generaldirektion XI gehört daher nicht zu den klassischen Generaldirektionen. Ihre Bedeutung ist in den jüngsten Jahren jedoch erheblich gestiegen.

Die Leitung der GD XI unterliegt derzeit dem Niederländer Laurens Jan Brinkhorst. Dem Generaldirektor sind drei Bereiche direkt zugeordnet:

– Rechtsfragen und die Anwendung des Gemeinschaftsrechts. Hierunter fallen insbesondere die Vertragsverletzungsverfahren, die gegen Mitgliedstaaten eingeleitet werden, wenn sie Gemeinschaftsrecht nicht anwenden oder umgesetzt haben;

- Beziehungen zu den Gemeinschaftsinstitutionen, insbesondere Parlament, Rat, Wirtschafts- und Sozialausschuß sowie zur neu zu schaffenden Europäischen Umweltagentur;

- Finanzen und Verträge mit der Verantwortlichkeit für die Planung und Durchführung des Haushalts der Generaldirektion.

Seit der Neuorganisation 1990 gliedert sich die Generaldirektion in 3 Direktionen.

Die Direktion A „Nukleare Sicherheit, Industrie und Umwelt, Zivilschutz" vereinigt in sich 5 Abteilungen. Die erste Abteilung – mit Sitz in Luxemburg – befaßt sich mit Strahlenschutz. Hierzu gehören insbesondere die Fragen der Sicherheitsstandards, die Überwachung der Radioaktivität in Umwelt und Lebensmitteln sowie präventive Maßnahmen in der Medizin und gegen natürliche Strahlung. Die Abteilung 2 hat erhebliche wirtschaftliche und umweltpolitische Bedeutung, da sie für die Klassifizierung von Chemikalien zuständig ist. Die Seweso-Richtlinie und die Bewertung und Überwachung der biotechnologischen Risiken, d.h. die genetisch modifizierten Organismen sind hier stichwortartig zu nennen. Emissionsstandards und -kontrolle für Luft und Wasser und die mit dem sauren Regen verbundenen Aspekte werden in der Abteilung 3 bearbeitet. Die Abfallwirtschaft in allen ihren Variationen (Vermeidung, Recycling, Verwertung und Beseitigung) findet sich in Abteilung 4 dieser Direktion. Die gegenseitige Hilfe bei Naturkatastrophen, die Notfallplanung und vorbeugende Maßnahmen zum Schutze der Öffentlichkeit machen die Aufgaben der 5. Abteilung dieser Direktion (Zivilschutz) aus.

„Umweltqualität und natürliche Ressourcen", damit umschreibt die Generaldirektion die Aufgaben für ihre Direktion B. Dahinter verbergen sich in ihrer Abteilung 1 der klassische Gewässerschutz (mit Ausnahme der von Industrieanlagen ausgehenden Emissionen), die Fragen des Schutzes der Küstenregionen und die Auswirkungen des Tourismus auf die Umwelt. Mit „Natur- und Bodenschutz" werden in der zweiten Abteilung der Schutz bedrohter Tier- und Pflanzenarten, der Biotopschutz und die Beziehungen zwischen Umweltschutz und Landwirtschaft umschrieben. Die Umweltverträglichkeitsprüfung hat in dieser Abteilung ihre administrative Heimat. Die dritte Abteilung der Direktion B nimmt sich der Umwelt der Städte, der Luftverunreinigung durch Kraftfahrzeuge und der Harmonisierung der nationalen Umweltschutzmaßnahmen an. Die Abteilung 4 widmet sich globalen

Umweltproblemen (Schutz der Ozonschicht, tropische Regenwälder, Treibhauseffekt), dem Schutz der Antarktis und den Auswirkungen des Energieverbrauchs.

Die umweltpolitischen Instrumente sowie die internationalen Angelegenheiten sind der Direktion C vorbehalten, die neben der Abteilungsstruktur über die Position eines Beraters verfügt, der sich um die Beziehungen zur Gemeinsamen Forschungsstelle und den Forschungs- und Technologieabteilungen der Kommission kümmert. Zu den „Internationalen Beziehungen" der Abteilung 1 werden die Drittlandsbeziehungen, die Zusammenarbeit mit internationalen Organisationen, die Verhandlungen über internationale Abkommen sowie die Hilfe für Mittel- und Osteuropa (PHARE-Programm) im Umweltsektor gerechnet. Die zweite Abteilung der Direktion C stellt sich hauptsächlich den Ansätzen für mittelfristige Strategien, der Einführung von Finanzinstrumenten in die Umweltpolitik und ihrer Einbeziehung in die regionale Entwicklungspolitik. Die Gemeinschaft hat sich mit dem LIFE-Programm ein Finanzierungsinstrument für ihre Umweltpolitik gegeben und es für den Zeitraum 1991 bis 1995 mit 400 Millionen ECU dotiert. Der Verzahnung von Umweltpolitik und Binnenmarkt widmet sich die Abteilung 3, die die wirtschaftlichen Seiten des Umweltschutzes herausarbeiten soll. Daher gehören auch die Analyse des umweltpolitischen Instrumentariums und die Beziehungen zum Statistischen Amt zur Verantwortung dieser Mitarbeiter. Dem geschärften ökologischen Bewußtsein der Öffentlichkeit will man durch die Arbeit der vierten Abteilung „Information und Kommunikation" gerecht werden. Sie kümmert sich u.a. um Informationszugang und Umwelterziehung. Ihr sind aber auch Beziehungen zu den Nichtregierungsorganisationen und den regionalen Behörden zugewiesen.

Insgesamt verfügt die Generaldirektion XI über etwa 220 Mitarbeiter. Beachtenswert ist die hohe Zahl von nationalen Experten und Mitarbeitern mit zeitlich befristeten Verträgen.

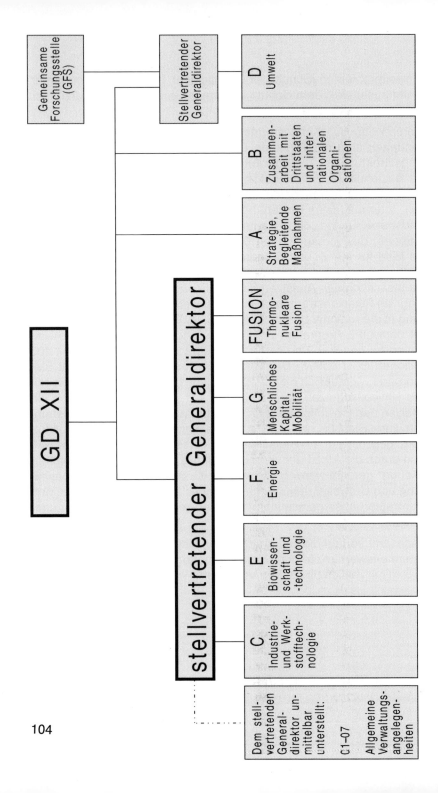

12. GD XII – Wissenschaft, Forschung und Entwicklung; Gemeinsame Forschungsstelle

Die für Wissenschaft, Forschung und Entwicklung zuständige GD XII gehört zu den mit dem größten Budget ausgestatteten Generaldirektionen. In mehrjährigen Rahmenprogrammen, die einander zeitlich überschneiden (1990 – 1994, 1993 – 1997), werden die Forschungs- und Entwicklungsprogramme (FuE) der Gemeinschaft von der Konzipierung bis zur Ausschreibung einzelner Projekte im Amtsblatt der EG, über die Auswahl der Bewerber und die Betreuung der Durchführung bis zur (Ko-) Finanzierung organisiert. Dabei sind die Forschungsvorhaben in 4 Varianten möglich: Der größte Bereich ist die Forschung im Kostenteilungsweg (in der Regel 50% der Kosten), bei der die Vorhaben von einzelnen Unternehmen durchgeführt werden. Weiterhin gibt es die EG-eigene Forschung in der Gemeinsamen Forschungsstelle (GFS, s.u.), sogenannte konzertierte Aktionen, durch die die Koordination multinationaler Forschungsvorhaben finanziert wird, und die Beteiligung an Gemeinsamen Unternehmen (z.B. JET, s.u.).

In der GD XII sind neben etwa 180 Beamten, unter denen überproportional viele Italiener und Deutsche sind, etwa 430 Mitarbeiter für indirekte Aktionen, d.h. für besondere Forschungsvorhaben, beschäftigt. Mit insgesamt etwa 610 Mitarbeitern gehört die GD XII damit zu den großen Generaldirektionen. Unter der Leitung des italienischen Generaldirektors Paolo Fasella, als Naturwissenschaftler eine Ausnahme im Kreise der Generaldirektoren, ist der Führungsstab der GD XII schon seit mehreren Jahren personenidentisch besetzt, was auf gute Zusammenarbeit und eine kontinuierliche Forschungs- und Entwicklungspolitik schließen läßt. Die im Jahr 1993 umstrukturierte GD XII besteht aus 8 Direktionen. Neben dem Generaldirektor befinden sich im Führungsstab 2 stellvertretende Generaldirektoren, die respektive für die Direktion D und für die Direktionen C, E, F, G und Kernfusion zuständig sind. Der für die Direktion D zuständige stellvertretende Generaldirektor, Jean-Pierre Contzen, ist zugleich der Generaldirektor der GFS. Dem zweiten stellvertretenden Generaldirektor Hendrik Tent untersteht zugleich die neu gebildete Dienststelle für allgemeine Verwaltungsangelegenheiten.

In der Dienststelle für allgemeine Verwaltungsangelegenheiten, die verschiedene Abteilungen der ehemaligen Direktion B „Aktionsmittel" aufgenommen hat, wird die Gesamtkonzeption für das Forschungsrahmenprogramm verwaltungstechnisch erarbeitet. Dazu gehören Personal-, Haushalts- und Finanzfragen (O1, O2) ebenso wie eine Abteilung Informationstechnologie (O3), das für die Vorbereitung und Überwachung der Ausführungsentscheidungen zuständige Sekretariat und die zwischen den einzelnen Dienststellen erforderliche Koordination (O4). Rechtliche Aspekte und die Verwaltungskontrolle (O5), Beziehungen zu den anderen Institutionen (O6) und eine Abteilung für Information und Kommunikation (O7), die für die Kontakte innerhalb und außerhalb der Kommission zuständig ist, ergänzen den weiten Aufgabenbereich dieser allgemeinen Dienststelle.

Die Direktion A mit 5 Abteilungen, zuständig für Strategie und begleitende Maßnahmen, nimmt ihre Aufgaben zugleich für die Generaldirektionen XII und XIII wahr. Diese Direktion ergänzt die Dienststelle für allgemeine Verwaltungsangelegenheiten, indem sie das FuE-Rahmenprogramm detailliert festlegt und die politischen Richtlinien auf dem Gebiet der FuE entwirft. Im Zusammenhang mit der Aufstellung des jeweils 4jährigen Rahmenprogramms findet hier die technologische und wirtschaftliche Überwachung, die Koordination der FuE-Politik der einzelnen Mitgliedstaaten sowie die Integration von FuE mit den anderen Zielen der Gemeinschaft statt. Der Ausschuß für Wissenschaft und Forschung CREST ist in diesem Zusammenhang bei der Abteilung A-2 angesiedelt. Für die Weiterentwicklung im FuE-Bereich sind die Abteilungen A-3 bis A-5 zuständig, deren Aufgabenbereiche die Prospektive, die Auswertung der Programme und die Entwicklung von Initiativen im Bereich der generischen Technologie sind.

Die Direktion B deckt den Bereich der Zusammenarbeit mit Drittstaaten und internationalen Organisationen, ebenfalls für die GD XII und die GD XIII zusammen, ab. In 4 Abteilungen, die jeweils für verschiedene Staaten und Gebiete zuständig sind, wird die wissenschaftliche und technische Zusammenarbeit organisiert und verwaltungsmäßig betreut. Die Abteilung B-1 ist für den Europäischen Wirtschaftsraum, EURECA und internationale Organisationen zuständig. Im Rahmen der Zusammenarbeit mit den EFTA-Staaten (Österreich, Schweiz, Schweden, Norwegen, Finnland, Island) sind insbesondere die COST-Aktionen, multinationale Forschungsvorhaben, zu nennen, die zwar auch anderen Drittstaaten offenstehen, bei der EFTA aber einen Schwerpunkt haben. Der EG-Anteil am COST-Budget wird hier verwaltet. EURECA (European Research Coordination Agency) ist eine hier mitverwaltete Agentur für Forschungskoordination in Europa, die ebenfalls nicht auf EG- und EFTA-Staaten begrenzt ist. Die Abteilungen B-2 bis B-4 sind respektive für zentral- und osteuropäische Staaten, für außereuropäische Industriestaaten und für die Zusammenarbeit mit Entwicklungsländern zuständig. In Absprache mit der GD VIII werden gemeinsame Forschungsbereiche festgelegt (z.B. Medizin, tropische Landwirtschaft) und mit den Entwicklungsländern vertraglich geregelt.

Die Direktionen C, D, E und F mit jeweils 5 bis 6 Abteilungen folgen in ihrer Gliederung den Forschungsbereichen, derer sich die Gemeinschaft im Zuge des Forschungsrahmenprogramms annimmt. Sie sind das Herzstück der EG-Forschungsverwaltung. Hier werden die Einzelprogramme formuliert, gegeneinander abgestimmt und administriert. Die Forschungsmittel der EG umfassen ca. 4 % des Gemeinschaftshaushalts.

Die Direktion C ist für Industrie- und Werkstofftechnologie zuständig. Im Rahmen der Programme BRITE/EURAM für industrielle Forschungstechnologie und die Verwendung fortgeschrittener Werkstoffe werden Durchführbarkeitsprämien in der Form von Zuschüssen an die KMU gezahlt, um diese an der Grundlagenforschung und der Durchführung von Versuchsreihen verstärkt zu beteiligen. Programme und Projekte zur gezielten Grundlagenforschung und zur technologischen Stimulation verwalten die Abteilungen C-3 und C-4. Im Rahmen der Stahl-Forschung (C-5) werden Demonstrations- und Pilotvorhaben durchgeführt sowie sog. Stahl-Konferenzen organisiert. Die Vereinheitlichung der gemeinschaftlichen Meß- und Prüfmethoden obliegt der Abteilung C-6.

Um der wachsenden Bedeutung des Umweltsektors gerecht zu werden, ist die Direktion D ausschließlich für diesen Bereich eingesetzt worden. Die einzelnen Vorhaben, Projekte und Programme (z.B. STEP, EPOCH) betreffen die folgenden Forschungsbereiche: Umwelttechnologie, Klimatologie und natürliche Risiken, Meeresforschung und -technologie, Weltraum (D-1 bis D-4). Die letzte Abteilung D-5 ist übergreifend für Forschungsprojekte hinsichtlich der wirtschaftlichen und sozialen Aspekte der Umwelt zuständig.

In der Direktion E werden das Leben im weiteren Sinne betreffende Projekte durchgeführt. Der Abteilung E-1 für Biotechnologie ist die Zentrale von CUBE (Concertation Unit for Biotechnology in Europe), in der Forschungsaktionen multinationaler Teilnehmer koordiniert und vorbereitet werden, angegliedert. Spezielle Forschungsprojekte in der Biotechnologie (z.b. Enzymtechnologie, Versuchsreihen mit Tierzellen) werden im Rahmen des Programms BRIDGE (Budget 1989 bis 1995: 100 Mio. ECU) gefördert, während die Bereiche der Lebensmitteltechnologie und der agroindustriellen Forschung von den Programmen FLAIR (Budget 1989 bis 1993: 25 Mio. ECU) und ECLAIR (Budget 1988 bis 1993: 80 Mio. ECU) erfaßt werden. Die Bereiche Biotechnologie und agroindustrielle Technologie werden im Rahmenprogramm 1990—1994 verstärkt gefördert. Die medizinische Forschung, die durch eigene Forschung in der GFS und in Zusammenarbeit mit Universitäten durchgeführt wird, ist der Aufgabenbereich der Abteilung E-4, während sich die letzte Abteilung E-5 mit den rechtlichen und ethischen Aspekten dieser Forschungsgebiete befaßt.

Die Direktion F ist für den Bereich Energie zuständig, von dem sowohl nicht-nukleare als auch nukleare Energie erfaßt ist. Neben 2 allgemeinen Abteilungen, deren Zielsetzungen Energieeinsparungen in Haushalten, öffentlichen Gebäuden und Industrieanlagen, die Integration erneuerbarer Energien und die Optimierung des Energietransports sowie die aeronautische Technologie sind, gibt es 4 spezialisierte Abteilungen. Hier werden Forschungsprojekte zur fortschrittlichen Brennstofftechnologie (F-3, Stichwort synthetischer Kreislauf) und zu erneuerbaren Energiequellen (F-4) durchgeführt, wobei der Bereich der nicht-nuklearen Energien (Sonne, Wind, Geothermik) zu den Förderzielen des Programms JOULE gehört. Der Brennstoffkreislauf, die Behandlung radioaktiver Abfälle und der Strahlenschutz sind die Aufgabengebiete der Abteilungen F-5 und F-6. Die Analyse der Sicherheitsrisiken wird in Zusammenarbeit mit der ESRA (European Safety and Reliability Association) durchgeführt. Geologische Fragen zur Lagerung radioaktiver Abfälle, Sicherheitsüberprüfungen bezüglich der gelagerten Verschlußbehälter, Strategiestudien zur Lagerung im Meeresgrund und Messungen von Radioaktivität gehören ebenso zu den Aufgaben dieser Abteilungen wie die Koordination von Versuchsreihen zur Wiederaufbereitung von Plutonium oder der Entwurf für harmonisierte Regelungen über die Behandlung radioaktiver Abfälle. Im Bereich des Strahlenschutzes wird in Zusammenarbeit mit einem aus Regierungsvertretern der Mitgliedstaaten bestehenden Koordinierungsausschuß die Sicherheit insbesondere von „Schnellen Brütern" und anderen fortgeschrittenen Reaktoren beobachtet. Die Messung und die medizinische Interpretation von Strahlendosen ermöglichen Studien über die biologischen Auswirkungen radioaktiver Strahlung.

Das Fusionsprogramm zur thermonuklearen Fusion bildet eine eigenständige Direktion, in der vor allem die Arbeiten der GFS und Gemeinsamer Unternehmen koordiniert werden. Neben physikalischer und technologischer Grundlagenforschung schließt diese Direktion Assoziationsverträge, so z.B. mit Einrichtungen aus den USA, Japan und den GUS-Staaten im Rahmen des thermonuklearen Forschungsprogramms ITER (Budget 1988 bis 1996: ca. 750 Mio. ECU). Die Kommission entsendet jeweils einen ihrer Mitarbeiter als Direktor in die Forschungszentrale von ITER (Internationaler Thermonuklearer Experimental-Reaktor) nach San Diego, Kalifornien, und in die Anlage in Naka, Japan. Das Gemeinsame Unternehmen JET, mit einem Jahresbudget von ca. 110 Mio. ECU und etwa 650 Mitarbeitern das größte existierende Fusionsexperiment, wird hier betreut. Bei JET (Joint European Torus) handelt es sich um ein von der EURATOM initiiertes Projekt, bei dem in einer Experimentiergroßanlage in England die Stromerzeugung durch Kernfusion perfektioniert werden soll. Schließlich wird in dieser Direktion das NET-Team (Next European Torus) in Garching betreut, das u.a. Versuchsprojekte für ITER durchführt.

Die letzte Direktion G mit 4 Abteilungen ist für menschliches Kapital, d.h. für den Einsatz und die Vermittlung hochqualifizierter Fachkräfte, und für die Mobilität von Forschern zuständig. Hierunter fallen die Fortbildung für Forscher und Austauschprojekte im Rahmen des Programms SCIENCE (Budget 1991 bis 1994: 493 Mio. ECU) ebenso wie die Förderung interdisziplinärer Zusammenarbeit und die Erleichterung des Zugangs zu Großprojekten. Die Unterstützung von Konferenzen und die Koordination mit anderen Fortbildungsmaßnahmen ergänzen die Tätigkeiten der Direktion G, etwa durch die Einrichtung von „Forscher-Börsen", die die Zusammenarbeit von Forschern verschiedener Fachrichtungen verbessern sollen.

12.1 Gemeinsame Forschungsstelle (GFS)

Die GFS hängt, obwohl sie mit dem Belgier Jean-Pierre Contzen einen eigenen Generaldirektor hat, untrennbar mit der GD XII zusammen. Neben der Durchführung von Forschungsarbeiten für die Kommission werden eigenständige Forschungen vorbereitet und Aufträge Dritter durchgeführt. Insgesamt sind etwa 2.100 Mitarbeiter in den verschiedenen Dienststellen beschäftigt, wobei in Ispra allein etwa 1.500 Mitarbeiter arbeiten. Die Forschungsgebiete sind wie folgt verteilt:

- Brüssel: Generaldirektion, Programmdirektion
- Karlsruhe: Institut für Transurane
- Geel: Zentralbüro für Kernmessungen
- Petten: Institut für fortgeschrittene Werkstoffe (auch in Ispra)
- Ispra: Verwaltungsdirektion der GFS, Institut für Systemtechnik, Institut für Anwendungen der Fernerkundung, Institut für Sicherheitstechnologie, Institut für Umwelt, Institut für technologische Zukunftsforschung (Adressen s. Anhang)

13. GD XIII – Telekommunikation, Informationsmarkt und Nutzung der Forschungsergebnisse

Im Zuge der Umstrukturierung der Kommission im Januar 1993 ist auch die GD XIII, die inzwischen in den Verantwortungsbereich von Martin Bangemann fällt, stark verändert worden und hat insbesondere den Bereich der Informationstechnologie mit dem Programm ESPRIT an die GD III abgegeben. Sie besteht jetzt, weiterhin unter der Leitung des französischen Generaldirektors Michel Carpentier, aus 5 großen Direktionen (z.T. in Luxemburg) und 7 dem Generaldirektor unmittelbar unterstellten Dienststellen. Im Führungsstab der GD XIII befinden sich neben dem Generaldirektor, dem für die Dienststellen in Luxemburg (Direktionen D und E) zuständigen stellvertretenden Generaldirektor und ihren jeweiligen Assistenten ein Sonderberater, ein Hauptberater und ein weiterer Berater, der für die wirtschaftlichen und strategischen Aspekte der Aktivitäten sowie für deren Analyse und Beurteilung zuständig ist.

Die dem Generaldirektor unmittelbar unterstellten Dienststellen nehmen die allgemeinen Aufgaben der Generaldirektion wahr. Hier sind die Personal- und Haushaltsangelegenheiten, die Beziehungen zum Rechnungshof und die Unterstützung im informatischen Sektor angesiedelt. Eine Abteilung für juristische Aspekte, Verträge, die Kontrolle der Verwaltung und die Gesetzgebung wählt u.a. das Personal aus und konzipiert die Zeitverträge, die mit etwa der Hälfte der Mitarbeiter in dieser Generaldirektion geschlossen werden. In der Abteilung 05 erfolgt die Koordination der Aktivitäten in Forschung und Entwicklung in Zusammenarbeit mit den Generaldirektionen III und XII. Hier befindet sich auch die Kontaktstelle zu EURECA (Europäische Organisation für Forschungskoordination). Zwei weitere Dienststellen sind für die Beziehungen zum Parlament und zu anderen Institutionen sowie für die Information von Fachpresse und Öffentlichkeit und für die Kommunikation zuständig.

Die Direktion A „Telekommunikation und Post" mit 7 Abteilungen, denen in den Abteilungen 2–5 ein Sonderberater zugeordnet ist, hat als eines ihrer Hauptziele die Erarbeitung einer gemeinsamen Strategie für die Entwicklung von Netzen und Diensten. Regelungen des Netzzugangs, der mobilen und der Satellitenkommunikation sowie der Frequenzen sind der Aufgabenbereich der Abteilung A-1. Im Rahmen des ONP (Open Network Provision) wird durch die Einfüh-

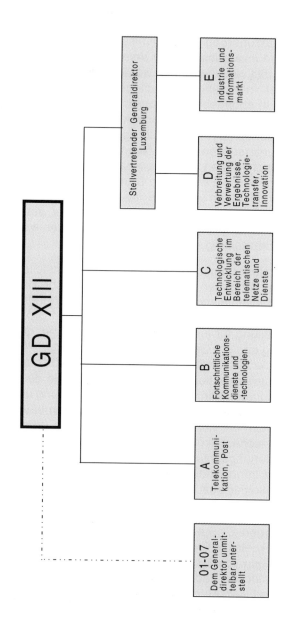

rung des offenen Netzzugangs ein ordnungspolitisches Umfeld für die Netzbetreiber und Diensterbringer geschaffen, so z.B. bei der Anpassung der Telekommunikationstarife und der Angleichung der Kommunikationsendgeräte. Die Abteilung A-2 ist für den Telekommunikationsmarkt zuständig, etwa bei Fernmeldemarkt und Netzausstattung für den Ausbau des ISDN, eines dienstintegrierenden digitalen Fernmeldenetzes. Eine weitere Abteilung bearbeitet den Bereich der transeuropäischen Telekommunikationsnetze, insbesondere der Breitband- und Telematiknetze. Die Beziehungen zwischen dem Fernmeldewesen und dem audiovisuellen Bereich (Abteilung A-4) werden durch die europäische wirtschaftliche Interessenvereinigung „Vision 1250" gefördert, wobei der Schwerpunkt der Forschung und Entwicklung auf dem HDTV (hochauflösendes Fernsehen) liegt. Die neue Abteilung A-5 für die Postdienste ist für Regelungen und spezifische Projekte in diesem Bereich zuständig (s.a. Grünbuch der Kommission zur Entwicklung des Binnenmarktes für Postdienste vom Juni 1992). Die Abteilung A-6 für internationale Aspekte der Technologie und der Post arbeitet Kooperationsverträge mit dritten Industriestaaten und internationalen Organisationen aus. Sie ist z.B. für die GATT-Verhandlungen im Bereich der Telekommunikation verantwortlich und entwickelt Projekte zur technischen Unterstützung der Länder in Mittel- und Osteuropa. Strukturelle Interventionen sind der Arbeitsbereich der letzten Abteilung A-7. Er beinhaltet den Transfer bereits erprobter Technologien in andere Regionen, an deren besondere Bedürfnisse die Systeme angepaßt werden.

Die Direktion B mit 6 Abteilungen ist für die fortschrittlichen Kommunikationsdienste und -technologien zuständig. Während die Abteilung B-1 die Vorbereitung und Durchführung der entsprechenden Programme leitet, ist die Abteilung B-2 mit der Entwicklung der Netze und Dienste im Bereich der integrierten Breitbandkommunikation (IBC) befaßt, wobei im Rahmen einzelner Projekte die Zusammenarbeit von Herstellern, Betreibern und führenden Benutzern gefördert wird. Die Abteilung B-3 für fortschrittliche Kommunikationstechnologie und die Übermittlung numerischer Signale und Abbildungen unterstützt den Benutzeranforderungen entsprechend die Verbesserung der Multimediendienste. In Zusammenarbeit mit den Normenorganisationen wird die Errichtung einer Netzarchitektur angestrebt. Zwei weitere Abteilungen sind für die mobile Kommunikation und den Entwurf neuer Kommunikationssysteme zuständig. Die letzte

Abteilung B-6 arbeitet an Projekten zur Sicherheit von Telekommunikations- und Informationsdiensten.

Technologische Entwicklungen im Bereich der Telematiknetze und -dienste sind der Arbeitsbereich der Direktion C mit 6 Abteilungen. Die Abteilung C-1 für die Vorbereitung und Durchführung der Programme kontrolliert diese intern. Für die Prüfung der Telematiknetze und -dienste im Hinblick auf ihre Verwendbarkeit in Verwaltungen sowie bei Forschungs- und Entwicklungsprogrammen und für ihre territoriale Verteilung ist die Abteilung C-2 zuständig. Die Abteilungen C-3 bis C-6 sind jeweils für Telematikdienste und -netze in verschiedenen Anwendungsbereichen verantwortlich. Im Anschluß an das Programm DELTA wird im Bereich der flexiblen Lernsysteme und des Fernunterrichts (C-3) etwa ein Projekt durchgeführt, mit dem Normen für die Aufbereitung des didaktischen Materials erstellt werden sollen. Im Gesundheitswesen (C-4) und bei Projekten zur Integrierung alter und behinderter Menschen (C-5) wird die Sondierungsaktion AIM fortgesetzt, bei der neben der Entwicklung medizinischer und biologischer Informatiksysteme ein Schwerpunkt auf dem Schutz vertraulicher Daten liegt. Die letzte Abteilung C-6, zuständig für den Transport, führt Projekte im Anschluß an das Programm DRIVE durch. Eines der Ziele dieser Direktion ist der Aufbau eines transeuropäischen Verbundes von Verwaltungen und die Vereinheitlichung der allgemein relevanten Telematiksysteme.

Die Direktion D mit 4 Abteilungen ist für Aktionen in Forschung und Entwicklung zuständig, im einzelnen für die Verbreitung und Nutzung der Ergebnisse, für Technologietransfer und für Innovation. Eines der Ziele dieser Direktion ist die Einrichtung von EU-weiten Verbindungsstellen. Strategische Aspekte der Innovation und der Auswertung der Ergebnisse werden von der Abteilung D-1 vor allem im Hinblick auf juristische Fragen zum Schutz des geistigen Eigentums und zur Absicherung von Patenten bearbeitet. Die Verbreitung von wissenschaftlichen und technischen Kenntnissen durch Computernetze und andere Veröffentlichungsmittel ist die Aufgabe der Abteilung D-2. Hierher gehören der elektronische Informationsdienst CORDIS, eine EABS-Datenbank mit ca. 50.000 aktuellen Eingaben, die über den Service ECHO zugänglich ist, und die über die Abteilung D-2 zu beziehende Monatszeitschrift „Euroabstracts". Etwa 600 wissenschaftliche und technische Veröffentlichungen werden jährlich vom Amt für amtliche Veröffentlichungen und von anerkannten

Fachzeitschriften herausgegeben. Die Nutzung und Auswertung der gemeinschaftlichen Projekte wird mit dem Programm VALUE gefördert. Hier werden Benutzerführungssysteme, terminologische Wörterbücher und Verzeichnisse der Informationsquellen zu bestimmten Fachbereichen erstellt, so z.b. mit der Pilotaktion DOMIS eine Datenbank für werkstoffspezifische Informationen. Der Bereich von Innovation und Technologietransfer fällt in die Zuständigkeit der Abteilung D-4. Hier wird im Rahmen des Programms SPRINT der Ausbau der europäischen Diensteinfrastruktur durch ein Netz von Verbindungsstellen, die Einrichtung von Innovationsbeobachtungsstellen und durch spezifische Projekte gefördert.

Der Direktion E mit 5 Abteilungen sind die Aufgabenbereiche Informationsindustrie und Informationsmarkt sowie Linguistik zugeordnet. Die Politik im Bereich der Informationsdienste wird nach den Kriterien festgelegt, die sich aus der Beobachtung und der Analyse der europaweiten Marktentwicklung ergeben. Zur Marktstudie der Informationsdienste ist das Programm IMPACT eingesetzt worden, das auf den Abbau rechtlicher und wirtschaftlicher Unsicherheitsfaktoren und auf die transnationale Zusammenarbeit bei Pilot- und Demonstrationsvorhaben abzielt. Die Datenbank ECHO (European Commission Host Organisation, P.O.Box 2373, L-1023 Luxemburg) bietet Grundlageninformationen und eröffnet den Zugang zu weiteren Datenbanken. Die Abteilung E-2 für Demonstrationsvorhaben und Pilotprojekte ist schwerpunktmäßig mit der Entwicklung und Integrierung neuer Fachinformationssysteme und -dienste befaßt, wobei Projekte wie die Entwicklung graphischer Datenbanken gefördert werden. Die einzelnen Projekte werden in dieser Abteilung verwaltet. Die Verwendung von Informations- und Kommunikationstechnologie in Bibliotheken (E-3) soll den Zugang zum Wissensbestand erleichtern, indem elektronische Katalogsysteme und neuere Telematiksysteme in Bibliotheken eingesetzt werden. Ein Netzverbund der bibliothekarischen Systeme sowie die Einrichtung neuer elektronischer Dienste werden angestrebt. Im Bereich der modernen Sprachdatenverarbeitung (E-4) wird das automatische Übersetzungssystem Systran weiterentwickelt, mit dem bereits jährlich über 25.000 Seiten übersetzt werden. Die letzte Abteilung E-5 ist für Grundlagenstudien der Linguistik zuständig. Im Bereich der fortgeschrittenen Übersetzungstechnik wird das System EUROTRA für die maschinelle Übersetzung weiterentwickelt, wobei die Abteilung mit der Arbeitsgruppe Eagles (europäische Experten) zusammenarbeitet.

14. GD XIV – Fischerei

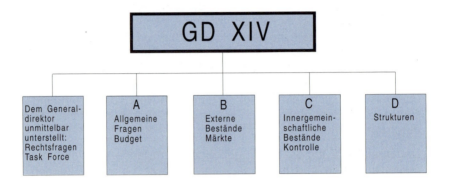

Ähnlich wie bei der Überproduktion in der Landwirtschaft stellt sich im Bereich der Fischerei vor allem das Problem des Marktungleichgewichts. Geringen Beständen stehen große Fangkapazitäten gegenüber.

Mit etwa 140 Mitarbeitern, von denen jeder sechste einen zeitlich befristeten Vertrag hat, ist die GD XIV unter der Leitung des spanischen Generaldirektors José de Almeida Serra eine mittlere Generaldirektion. Nach einer Umstrukturierung im Jahr 1990 hat die Generaldirektion XIV 4 Direktionen und eine dem Generaldirektor unmittelbar unterstellte Dienststelle. Letztere ist für die Gesetzgebung und die Durchsetzung der Gesetze sowie für die Ahndung von Verstößen und die Kontrolle staatlicher Beihilfen verantwortlich. Die Zulässigkeit staatlicher Beihilfen wird in jedem Einzelfall geprüft, wobei die Entscheidungsfindung über Zustimmung oder Verfahrenseröffnung gem. Art. 93 II EGV dem in der Wettbewerbs-Generaldirektion angewandten Verfahren entspricht (s. GD IV – Direktion E). Neben der Rechtsabteilung gehört die Task Force „Bericht 1991" in die dem Generaldirektor direkt unterstellte Dienststelle. Hier wird eine Gesamtanalyse des Fischerei- und Aquakultursektors über den Zeitraum eines Jahres erstellt, in der Probleme der Kapazitätsanpassung, des Zugangs zu Gewässern vor Drittländern, der Kontrolle, der Absatzförderung, des Einsatzes der Strukturinstrumente usw. beschrieben werden. Ein entsprechender Bericht wird jährlich neu ausgearbeitet.

Die Direktion A mit 3 Abteilungen ist für allgemeine Fragen und das Budget zuständig. Hier werden die Beziehungen zum Parlament und zum WSA, aber auch zu den nicht-staatlichen Organisationen und den Handelsverbänden gehalten. Zahlreiche Konsultationen des Beratenden Ausschusses für Fischereiwirtschaft, der mit Vertretern nicht-staatlicher Organisationen besetzt ist, dienen der Förderung praxisnaher Entscheidungen, auf die die von den Maßnahmen Betroffenen so im Vorfeld Einfluß nehmen können. Eine zweite Abteilung ist für das Budget und die Finanzierung einzelner Programme zuständig, während die Abteilung A-3 die allgemeinen Fragen der Fischereiwirtschaft bearbeitet. Neben der Kofinanzierung von Studien und Veröffentlichungen, Konferenzen und Workshops ist eine Einheit „Datenverarbeitung" für die Verwertung der Ergebnisse zuständig.

Die Direktion B hat als Aufgabenbereich die Märkte und die externen Bestände. Für die externen Bestände sind 3 Abteilungen zuständig, denen jeweils 3 geographisch abgegrenzte Gewässer zugeordnet sind. Hier werden Fischerei-Abkommen mit weit abgelegenen Staaten geschlossen (insbesondere AKP-Staaten) und mit den EU-Anrainerstaaten bilaterale Verhandlungen über Fischereirechte und Fangbedingungen geführt. Die Teilnahme an den Arbeiten internationaler Fischereiorganisationen gehört auch zu den Aufgaben dieser Abteilungen, die zur Durchführung von Abkommen zur Erhaltung lebender Meeresschätze Maßnahmen ergreifen müssen. Die Abteilung B-4 ist für die Marktorganisation, die Wirtschafts- und Zollfragen zuständig. Im Rahmen der Marktverwaltung werden finanzielle Ausgleichsregelungen getroffen (z.B. Entschädigungen für die Thunfisch-Konservenindustrie, Preisbindung für gefrorenen Fisch etc.), während im Interesse der gemeinschaftlichen Wettbewerbsfähigkeit für bestimmte Fischereierzeugnisse autonome Zollkontingente eröffnet und jeweils ein Jahr im voraus Orientierungspreise für die Erzeugnisse festgelegt werden.

Die innergemeinschaftlichen Fischbestände und die Politik zur Erhaltung der Bestände sind die Aufgabenbereiche der Direktion C mit 3 Abteilungen, die respektive für die Erhaltung, Forschung und Überwachung zuständig sind. Zur Erhaltung werden zulässige Gesamtfangmengen (TAC = Total Allowable Catch), Fangquoten für die einzelnen Mitgliedstaaten und Bedingungen der Fangtätigkeit festgelegt. Im Rahmen der Kontrolle von TAC und Quoten werden erforderlichenfalls einzelne Fangbereiche gesperrt, Verfahren im Falle der Überfischung durchgeführt und der Schadensausgleich für die von Fangeinstellungen Betroffenen geregelt. Neben der Überprüfung einzelstaatlicher Maßnahmen zur Bestandserhaltung werden entsprechende Maßnahmen auf EG-Ebene durchgeführt. Im Bereich der Forschung und der wissenschaftlichen Analyse hat die Abteilung C-2 z.B. Leitlinien zur Fischereiregelung im Mittelmeer aufgestellt, die die Möglichkeiten der Erhaltung und Bewirtschaftung der Meeresschätze durch selektiven Fang darstellen. Das Programm FAR zur Förderung und Koordination der Forschung in der Fischereiwirtschaft ist ebenfalls hier angesiedelt.

Die Direktion D ist für die Strukturen der Fischerei zuständig. In 3 Abteilungen, die die Flotte, die Verarbeitung und Vermarktung der Fischereiprodukte, Aquakultur und Infrastrukturen als Aufgabenbereiche haben, werden Maßnahmen zur Anpassung der Fischereipolitik an die gemeinschaftliche Strukturpolitik erlassen. Die Bestandserhaltung und die Umstellung der von der Fangreduzierung besonders betroffenen Unternehmen (besonders kleine Küstenfischerei) sind die Ziele von 2 großen Programmen, die die Direktion D koordiniert. Für die Anpassung der Strukturen im Bereich der Fischerei werden Projekte wie die Schaffung von Aquakulturanlagen, vorübergehende Unternehmensvereinigungen oder die Ausrüstung von Fischereihäfen finanziert, während im Rahmen des Programms für die Verarbeitung und Vermarktung der Erzeugnisse Zuschüsse für die Rationalisierung der entsprechenden Anlagen und für Projekte zur Wasserreinigung gewährt werden. Alle Strukturanpassungsmaßnahmen dienen zugleich der Bestandserhaltung und der sozialverträglichen Umstellung der Fischereiwirtschaft.

Dem Direktor der Direktion D sind zusätzlich 2 Abteilungen unmittelbar unterstellt worden, die die Strukturpolitik im Zusammenhang mit der deutschen Vereinigung und die sozialen Fragen bei der Einbeziehung der Fischerei in den Strukturfonds bearbeiten.

15. GD XV – Binnenmarkt und Finanzdienste

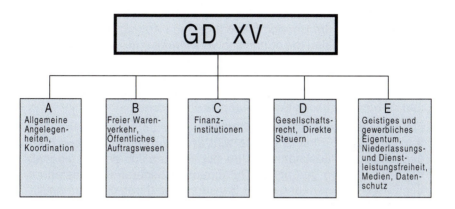

Die GD XV unter neuer Leitung des britischen Generaldirektors John Mogg ist im Jahr 1993 im Zuge der Neubesetzung der Kommission umstrukturiert worden. Sie ist jetzt zusätzlich zum Bereich Finanzen für den Binnenmarkt (vorher GD III) zuständig. Ihre Aufgabengebiete, die zuvor auf drei verschiedene Kommissare verteilt waren, sind jetzt ausschließlich dem italienischen Kommissar Vanni d'Archirafi unterstellt.

Die GD XV ist in 5 Direktionen aufgeteilt, von denen die Direktionen A, B und E für den Binnenmarkt und die Direktion C für die Finanzdienste und die Direktion D für Gesellschaftsrecht und Direktbesteuerung zuständig sind.

Die Direktion A mit 4 Abteilungen hat den Aufgabenbereich „Allgemeine Angelegenheiten und Koordination". In der Abteilung A-1 für das Funktionieren des Binnenmarktes wird die Verwirklichung der angestrebten Ziele in diesem Zusammenhang überprüft. Die Außenwirkungen des Binnenmarktes und der Finanzdienstleistungen werden von der Abteilung A-2 analysiert, für die Gewährleistung und Analyse der Freizügigkeit und der Rechte der EU-Bürger ist die Abteilung A-3 verantwortlich. Der Bereich des Dienstleistungsmarktes und der wirtschaftlichen Aspekte fällt in den Zuständigkeitsbereich der Abteilung A-4.

Die Direktion B für den freien Warenverkehr und das öffentliche Auftragswesen ist mit 4 Abteilungen für horizontale Instrumente des Binnenmarktes zuständig. Die einzelnen Abteilungen dieser Direktion überwachen und ahnden Verstöße gegen den freien Warenverkehr und ergreifen Schutzmaßnahmen hinsichtlich nichttariflicher Handelshemmnisse im Sinne der Art. 30 ff. EGV (Ausfuhr- und Einfuhrbeschränkungen). Im Bereich des öffentlichen Auftragswesens (Abteilungen 3 und 4) sind die öffentliche Verwaltung und einzelne Fachgebieaus dem Dienstleistungsbereich angesiedelt. Neben der Kontrolle der Anwendung des EG-Rechts geht es darum, den Binnenmarkt im Bereich des öffentlichen Auftragswesens auch für KMU zu öffnen und die wirtschaftliche Entwicklung zu überwachen.

Für Finanzinstitutionen ist die Direktion C zuständig. In der Abteilung für Banken und Finanzinstitute wird an einer harmonisierten Form der jährlichen Geschäftsberichte der Banken für deren nationale Kontrollbehörden gearbeitet. Durch eine transparentere Gestaltung der Geschäftsbedingungen der Banken sowie durch die Harmonisierung moderner Finanzierungsformen wie Leasing und Factoring soll die Anpassung des gesamten Bankenrechts ermöglicht werden. Hier befindet sich auch das Sekretariat des Beratenden Bankausschusses, einem aus Regierungsvertretern der Mitgliedstaaten zusammengesetzten Gremium. In der für Versicherungen zuständigen Abteilung wird einerseits die Entwicklung der Gesetzgebung im Versicherungsrecht vorangetrieben, andererseits werden vor Fusionen von Versicherungen in dieser Abteilung die jeweiligen Jahresbilanzen geprüft. Bei der für Börsen und Wertpapiere zuständigen Abteilung gibt es einen Service, der Übersichten über die Angebote und die in der Börse gehandelten Papiere bietet. Weiterhin werden Grundlagenstudien zur Investitionsentwicklung und zur Marktorganisation erstellt. In der 4. Abteilung werden im Rahmen der Überwachung der Anwendung von Gemeinschaftsregelungen insbesondere die Finanzdienstleistungen analysiert und nach juristischen Aspekten bewertet. Schließlich wird die Entwicklung neuer Technologien in der Finanzwelt vorangetrieben (electronic banking usw.).

Die Direktion D mit 3 Abteilungen ist für das Gesellschaftsrecht und die direkte Besteuerung zuständig. Im Bereich der Körperschaftsbesteuerung und anderer direkter Steuern, bei Gesellschaftssteuern und Börsenumsatzsteuern wird eine Harmonisierung angestrebt, um etwa bei transnationalen Fusionen eine gleiche steuerliche Bewertung zu ermöglichen. Zur fiskalischen Harmonisierung werden gemeinsame Abschreibungssätze entwickelt. Schließlich werden Studien erstellt, mit denen wirkungsvolle Maßnahmen zur Betrugsbekämpfung im Steuerbereich entwickelt werden sollen. Die Abteilung D-2 ist für das Gesellschaftsrecht und das damit verbundene Mitbestimmungsrecht der Arbeitnehmer zuständig, wobei insbesondere Gesellschaftsstrukturen für fusionierte Unternehmen entwickelt werden, bei denen das Mitbestimmungsrecht gewahrt bleibt. Außerdem gehören auch die Rechnungslegung und die Richtlinien zu deren Harmonisierung zu den Aufgaben dieser Abteilung. Eine letzte Abteilung widmet sich den multinationalen Unternehmen, Konzernen und der künftigen „Europäischen Gesellschaft". Ein Schwerpunkt der Arbeit dieser Abteilung liegt bei der Entwicklung multinationaler Gesellschaftsformen. Zu nennen sind dabei stichwortartig die Euro-AG und die Gesellschaftsform der „Europäischen Wirtschaftlichen Interessenvereinigung" (EWIV). Sie bietet eine multinationale Gesellschaftsform, deren Ziel die Gewinnausschüttung an die Gesellschafter ohne Einbehaltung eines Gewinns für die EWIV selbst ist, und die insbesondere auf die Interessen der KMU ausgerichtet wurde. Sie ähnelt im weiteren Sinn einer deutschen BGB-Gesellschaft.

Für geistiges und gewerbliches Eigentum, für die Niederlassungs- und Dienstleistungsfreiheit sowie für Medien und Datenschutz ist die Direktion E verantwortlich. In der Abteilung E-1 wird die Rechtsangleichung auf den Gebieten des Zivil- und Verfahrensrechts auf Gemeinschaftsebene angestrebt (z.B. Verbraucherschutz, Produkthaftung). Die Niederlassungsfreiheit und die Dienstleistungsfreiheit (Art. 52 – 66 EGV) soll u.a. durch die Anerkennung nationaler Berufsausbildungen in den einzelnen Mitgliedstaaten verbessert werden. Eine allgemeine Regelung über die Anerkennung beruflicher Befähigungsnachweise, die in einer Ausbildungszeit von weniger als drei Jahren erworben werden, ist im Jahr 1992 getroffen worden. Für Berufe mit qualifikationsabhängiger Zulassungsbeschränkung, die eine längere Ausbildungszeit erfordern, müssen entsprechende Regelungen noch getroffen werden. Im Bereich des gewerblichen Eigentums und des Urheberrechts arbeiten die Abteilungen mit der WIPO (Weltorganisation für geistiges Eigentum) zusammen. Schließlich werden einheitliche Regeln für Medien und den Datenschutz entwickelt, um die Informationssicherheit im privaten und öffentlichen Sektor zu gewährleisten.

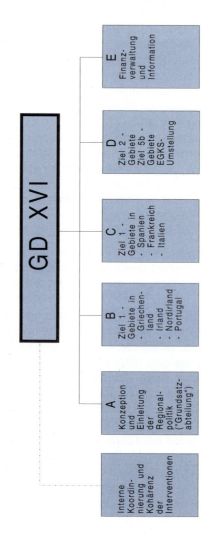

16. GD XVI – Regionalpolitik

Die wirtschaftliche und soziale Lage in den Mitgliedstaaten der Gemeinschaft differiert erheblich. Das Durchschnittseinkommen eines EU-Bürgers in einer der 10 wirtschaftsschwächsten Regionen (hauptsächlich in Griechenland und Portugal gelegen) erreicht weniger als ein Drittel dessen, was ein EU-Bürger in einer der 10 wirtschaftsstärksten Regionen erhält. Das konnte und kann die Gemeinschaft nicht ruhen lassen. Mit den 3 Strukturfonds (EAGFL, Abteilung Ausrichtung – siehe GD VI; Europäischer Sozialfonds, ESF, – siehe GD V und Europäischer Fonds für regionale Entwicklung – EFRE) und dem mit dem Maastrichter Vertrag eingerichteten Kohäsionsfonds bemüht sich die Gemeinschaft, den Abstand zwischen den verschiedenen Regionen und den Rückstand der am wenigsten begünstigten Gebiete zu verringern. Die Einheitliche Europäische Akte hat dieses Ziel nochmals deutlich in den EG-Vertrag geschrieben (Art. 130a ff EGV).

Der GD XVI obliegt die Verwaltung des seit 1975 bestehenden EFRE (größter Fonds mit einem Budget 1989 bis 1993: 60,3 Mrd. ECU). An der Spitze der Generaldirektion steht der Spanier Eneko Landaburu Illaramendi. Ihm wurde der Bereich der internen Koordinierung und Kohärenz der Interventionen direkt unterstellt. Die Strukturfonds (s. Art. 130d EGV) bezwecken die Konzentration der Fondsinterventionen auf eine begrenzte Anzahl vorrangiger Ziele (sogenannte Ziele Nr. 1, 2, 3, 4, 5a, 5b) und beinhalten ein neues Vorgehen bei der Abwicklung und Verwaltung der Programme (Partnerschaft mit den Regionen durch Beteiligung an Vorbereitung und Durchführung). Aus diesem Grund erfolgt in dem dem Generaldirektor direkt unterstellten Bereich die Abstimmung mit den beiden anderen Fonds und mit der Europäischen Investitionsbank, deren Finanzinstrumente konzentriert genutzt werden sollen. Schließlich gilt es, die Konzepte der Förderung, die Interventionsformen, die technische Hilfe und die Studien an dieser Stelle zu koordinieren.

Die Gliederung der 5 Direktionen folgt einem klaren Konzept, indem einer Direktion die Grundsatzfragen übertragen sind (Direktion A), 3 Direktionen nach Zielgebieten ausgerichtet wurden (Direktionen B, C, D) und die Direktion E die Finanzverwaltung, Bewertung der Programme und die Information übertragen erhielt.

Der konzeptionelle Ansatz findet sich in der Direktion A (Konzeption und Einleitung der Regionalpolitik). Ihre erste Abteilung widmet sich der Formulierung der Leitlinien für die Ziele Nr. 1 (Regionen mit Entwicklungsrückstand), Nr. 2 (Industrieregionen mit rückläufiger Entwicklung), Nr. 5b (ländliche Gebiete) sowie der Raumplanung und der grenzüberschreitenden Zusammenarbeit (Entwicklungskonzepte für die Regionen entlang der Binnengrenzen der Gemeinschaft). Die Vorbereitung der Initiativen der Kommission und regionalen Auswirkungen der für alle Regionen formulierten Politiken von EG und Mitgliedstaaten sind die Schwerpunkte der zweiten Abteilung. Die letzte Abteilung der Direktion A fertigt die Analysen der ökonomischen und sozialen Entwicklung der Regionen. Sie prüft auch die Förderungswürdigkeit der Regionen und Gebiete in regelmäßigen Zeitabständen. Die Ergebnisse dieser Untersuchungen werden im „Periodischen Bericht über die sozioökonomische Lage und Entwicklung der Regionen in der Gemeinschaft" dokumentiert. Die Direktion A betreut darüber hinaus den Beirat der lokalen und regionalen Gebietskörperschaften, dem gewählte Vertreter europäischer Regionen und Städte bzw. Landkreise (o.ä. Einheiten) angehören. Er wurde durch die Kommission als beratendes Gremium ins Leben gerufen und wird nach Inkrafttreten des Maastrichter Vertrages durch den dann vertraglich verankerten Ausschuß der Regionen abgelöst werden.

Die Direktionen B und C bearbeiten die Interventionen des EFRE in den Regionen mit Entwicklungsrückstand (Ziel-1-Gebiete). In der Direktion B sind in 3 Abteilungen die 3 Mitgliedstaaten zusammengefaßt, deren gesamtes Territorium als Ziel-1-Gebiet ausgewiesen wurde: Griechenland (Abteilung 1), die irische Insel mit der Republik Irland und Nordirland (Abteilung 2) und Portugal (Abteilung 3).

Teilbereiche der Mitgliedstaaten Spanien, Frankreich und Italien wurden zu Ziel-1-Gebieten erklärt. Die Gliederung der Direktion C folgt auch hier einer geographischen Zuordnung. Ziel-1-Interventionen gibt es in einem Großteil Spaniens mit Ausnahme von Madrid und Umgebung sowie dem Nordosten des Landes. Die Abteilung 1 der Direktion C betreut daher im einzelnen folgende Regionen: Andalucia, Asturias, Castilla y Leon, Castilla-La Mancha, Ceuta y Melilla, Comunidad Valenciana, Extremadura, Galicia, Canarias, Murcia. Die Abteilung 2 ist für die französischen Überseegebiete, Korsika und die sonstigen französischen Regionen im Integrierten Mittelmeerprogramm zuständig, während sich die dritte Abteilung der Regionen im südlichen Italien annimmt (Abruzzi, Basilicata, Calabria, Campania, Molise, Puglie, Sardegna, Sicilia und sonstige Regionen im Integrierten Mittelmeerprogramm). Insgesamt kann darauf hingewiesen werden, daß 80% der EFRE-Mittel für die Ziel-1-Gebiete bestimmt sind. Im Haushaltsjahr 1993 stehen für den EFRE 7,97 Mrd. ECU zur Verfügung.

Einer regionalen Gliederung folgt auch die Direktion D, die Interventionen in Gebieten mit rückläufiger industrieller Entwicklung (Ziel Nr. 2) bearbeitet. In ihrer ersten Abteilung sind die entsprechenden Gebiete Dänemarks, Frankreichs, Italiens, des Vereinigten Königreichs, in der zweiten Abteilung die Belgiens, der Bundesrepublik Deutschland, Spaniens, Luxemburgs, der Niederlande angesiedelt. Beispielhaft seien für die Ziel-2-Gebiete der nordfranzösische Grenzraum zu Belgien, Saarbrücken oder Teile Nordschottlands genannt. Bei den Zielen 2 und 5b bestehen die Fördergebiete aus kleinen geographischen Einheiten, um die Gemeinschaftsmaßnahmen auf die am stärksten benachteiligten Gebiete zu konzentrieren. In der zweiten Abteilung kommen als Aufgabe noch die EGKS-Umstellungsmaßnahmen hinzu. Dabei handelt es sich um Darlehen, die im Bestreben gewährt werden, die Strukturanpassung im Kohle- und Stahlsektor durch die Schaffung von Ersatzarbeitsplätzen verträglicher zu gestalten. Eine dritte Abteilung widmet sich den ländlichen Gebieten (Ziel-5b-Gebiete). Beispiele hierfür sind etwa das Grenzland zwischen Frankreich und Spanien, der Bayerische Wald entlang der Grenze zur Tschechischen Republik oder Teile Schleswig-Holsteins oder der Eifel. Diese Abteilung ist in besonderer Weise auf die Abstimmung mit der Generaldirektion VI angewiesen.

Die Finanzverwaltung und die Überprüfung der Wirksamkeit der Maßnahmen des EFRE ressortieren in der ersten der 3 Abteilungen der Direktion E (Finanzverwaltung und Information). Die Abteilung 2 ist damit betraut, den Kontakt zum Europäischen Parlament und den übrigen Organen der Gemeinschaft zu pflegen. Schließlich besteht eine dritte Abteilung für Arbeitsmethoden und Verfahren, Datenverarbeitung und Ausbildung.

Mit knapp 250 Mitarbeitern gehört die GD XVI zu den mittelgroßen Generaldirektionen. Im Bereich der A-Beamten fällt eine starke Präsenz der Beamten französischer, italienischer, britischer und spanischer Nationalität auf.

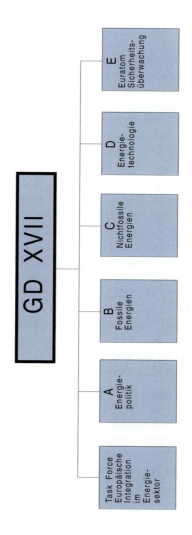

17. GD XVII – Energie

Die Generaldirektion XVII – Energie gehört mit über 430 Mitarbeitern zu den größten Generaldirektionen. Entsprechend vielgliedrig bietet sich das Bild der Organisation dar, zumal die Generaldirektion angesichts der Materie ihre Verankerung in allen 3 Gründungsverträgen der Gemeinschaft hat (EGKS, EURATOM, EWG). Die Generaldirektion untersteht dem Verantwortungsbereich des spanischen Kommissars Marcelino Oreju und wird durch Generaldirektor Constantinos S. Maniatopoulos (Griechenland) geführt. Es bestehen 5 Direktionen (A: Energiepolitik, B: Industrien und Märkte I: Fossile Energien, C: Industrien und Märkte II: Nicht-Fossile Energien, D: Energietechnologie, E: Sicherheitskontrolle von EURATOM) und eine Task Force. Dem stellvertretenden Generaldirektor Clive Jones (Großbritannien) obliegen besondere Verantwortlichkeiten für die Direktionen B und D sowie für die Abteilung „Zusammenarbeit mit Drittländern im Energiebereich", die zur Direktion A gehört.

Mit Blick auf den Europäischen Binnenmarkt wurde eine Task Force geschaffen, welche die Anstrengungen auf dem Gebiet gemeinsamer Energiepolitik vergrößern soll. In 2 Einheiten (Vollendung des Binnenmarktes und Begleitende Maßnahmen) werden in diesem Zusammenhang beispielsweise Fragen des Commom carrier Systems bearbeitet.

Energiepolitische Grundsatzfragen sind die Domäne der Direktion A. In dieser Direktion, die aus 3 Abteilungen besteht, werden die energiepolitischen Leitlinien entworfen. In diesen Bereich gehört unter anderem auch eine Task Force für Mittel- und Osteuropa, welche sich der Maßnahmen im Zuge des PHARE-Programms annimmt (Abteilung A-1). In den Abteilungen 2 und 3 dieser Direktion ressortieren die Umweltfragen beziehungsweise die Energieplanung.

Die Unterscheidung zwischen fossilen und nicht-fossilen Energieträgern prägt das Verhältnis der Direktionen B und C zueinander. Innerhalb der Direktion B (Fossile Brennstoffe) wird nochmals unterschieden zwischen den festen Brennstoffen (insbesondere Kohle) und den Kohlenwasserstoffen.

Eine herausgehobene Position kommt dem Leiter der Direktion C zu. Er trägt nicht nur die Verantwortung für den Sektor der nicht-fossilen Brennstoffe, sondern hat darüberhinaus die Nuklearangelegenheiten zu koordinieren. Innerhalb seiner Direktion bestehen 4 Abteilungen, von denen sich 2 mit Nuklearfragen auseinandersetzen. Abteilung C-3 betrifft die Kernenergie, Abteilung C-4 die Nuklearen Übereinkommen. In diese Direktion C gehören weiterhin eine Abteilung für Elektrizität und für neue und erneuerbare Energien sowie die rationelle Nutzung der Energie (SAVE-Programm).

Die Direktion D befasst sich mit der Energietechnologie, d.h. namentlich mit der Förderung neuer Energietechnologien durch das Thermie-Programm (174 Mio. ECU für 1993) und die Technische Forschung Kohle, in dessen Rahmen sowohl Maßnahmen im Bergbau als auch bei der Kohleverarbeitung bezuschußt werden. Die erste der 3 Abteilungen der Direktion widmet sich Fragen der Strategie, der Verbreitung und der Bewertung der Energietechnologien, während die beiden übrigen Abteilungen die Programme verwalten.

Ihren Sitz in Luxemburg hat die Direktion E, die für die Sicherheitsüberwachung von EURATOM zuständig ist. Etwa 70 Mitarbeiter arbeiten in diesem Bereich, den man auch als „Kernkraftwerks-TÜV" bezeichnen könnte, werden doch durch 3 Inspektionen im Rahmen des EURATOM-Vertrages die Nuklearanlagen in Europa inspiziert. Jeder Inspektion sind dabei mehrere Nuklearanlagen örtlich zugewiesen. Ergänzend zu den Inspektionen bestehen Abteilungen für Grundsatzfragen, Informatik sowie für das Gebiet Buchführung und -prüfung.

18. GD XVIII – Kredit und Investitionen

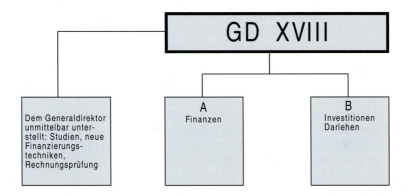

Die GD XVIII mit Sitz in Luxemburg ist für die Kredite und Investitionen zuständig, die im Rahmen der EGKS, der EG und der EURATOM getätigt werden. Zusammen mit der Weltbank und der Europäischen Investitionsbank (EIB) gehört sie zu den großen öffentlichen Geldverleihern mit einem Darlehensvolumen von ca. 1,9 Mrd. ECU pro Jahr. Eines der Hauptziele der GD XVIII ist die Förderung von Privatinitiativen durch finanzielle Anreize, um möglichst viele Bereiche in die private Finanzierung zu überführen.

Die GD XVIII unter der Leitung des Generaldirektors Enrico Cioffi (Italien) ist mit etwa 100 Mitarbeitern eine kleinere Generaldirektion, die aus 2 Direktionen und einer dem Generaldirektor unmittelbar unterstellten Dienststelle besteht. Letztere ist für Informationsquellen und -verarbeitung sowie für die interne Rechnungsprüfung zuständig.

Die Direktion A mit 4 Abteilungen hat den Aufgabenbereich „Finanzen". Ein Schwerpunkt im Bereich der Anleihen und der Marktbeobachtung liegt bei der Grundlagenforschung über den Kapitalmarkt, mit der Finanzierungswege gesucht werden, die den Marktstrukturen und den individuellen Bedürfnissen der Investoren entsprechen. Die Abteilung A-2 ist für Umlagenerhebungen, Bußgelder und Kautionen zuständig, wobei zu den einzufordernden Geldern die der Kohle- und Stahlproduktion auferlegte Steuer (als direkte EG-Steuer) gehört. Die Abteilung A-3 hat die Aufgabe der Vermögensverwaltung und der

Überwachung des Zahlungsverkehrs. Insbesondere im Kohle- und Stahlsektor beinhaltet dies die Abwicklung von Liquidationen u.ä. Die neue Abteilung A-4 ist für Studien und neue Finanzierungstechniken zuständig. In Zusammenarbeit mit der GD II wird die Bereitstellung von Risikokapital geprüft. Verschiedene Joint-Venture-Programme, z.B. JOPP/PHARE, werden hier verwaltet.

Die Investitionen und Darlehen gehören in die Zuständigkeit der Direktion B mit 4 Abteilungen. Alle Investitionsvorhaben werden zunächst dahingehend geprüft, ob sie mit den förderungswürdigen Zielen übereinstimmen. Für die Kohle- und Stahlunternehmen werden darüberhinaus jährlich Untersuchungen zur Bewertung ihrer Produktionskapazität und Rentabilität durchgeführt. Die Abteilungen 2 und 3 sind einerseits für die rechtlichen Aspekte der Darlehen, andererseits für Vorplanungen und Verhandlungen über ihre Vergabe zuständig. Neben Darlehen für die Nuklearindustrie werden hauptsächlich „Umstellungsdarlehen" gewährt. So werden etwa Darlehen für Maßnahmen der Arbeitsplatzbeschaffung in vom Rückgang der Kohle- und Stahlproduktion besonders betroffenen Regionen, für Unternehmensgründungen in solchen Regionen oder für den Bau von Sozialwohnungen für die Arbeitnehmer vergeben. Die Darlehen werden in Form von Globaldarlehen an die Hausbanken der betroffenen Unternehmen ausgezahlt, in einigen Fällen auch an die Unternehmen direkt. Die Konditionen sind attraktiv. So sind die Darlehen für Betriebe, die Sozialwohnungen errichten, auf eine Laufzeit von 20 Jahren und einen Zinssatz von 1% (!) ausgelegt. Eine vierte Abteilung überwacht die vertragsgemäße Verwendung der Darlehen, analysiert die finanzielle Situation der Darlehensnehmer und erstellt Studien über Finanzierungsmodalitäten und mögliche Vertragsformen (Art der Sicherheiten etc.). Dieser Abteilung obliegt die Koordinierung der Vertragsabwicklung für gewährte Darlehen.

19. GD XIX – Haushalt

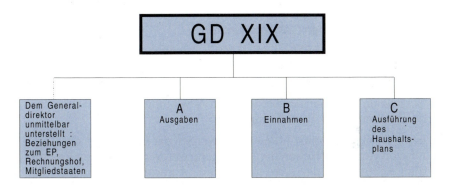

Die GD XIX ist für den Haushalt der gesamten Kommission (ca. 120 Mrd. DM) und den EGKS-Haushalt zuständig. Sie bearbeitet den Haushalt von der Vorausschätzung, Planung und Durchführung bis zur Entlastung durch das Europäische Parlament und den Rechnungshof. Insoweit haben die Aufgaben einen wiederkehrenden Charakter.

Unter der Leitung des französischen Generaldirektors Jean-Paul Mingasson sind in der GD XIX ca 250 Mitarbeiter in 3 Direktionen und einer dem Generaldirektor unmittelbar unterstellten Dienststelle beschäftigt. Bei der nationalen Verteilung der Stellen in den Gehaltsgruppen A und B fällt auf, daß hier überproportional viele Belgier, Franzosen und Italiener beschäftigt sind (etwa die Hälfte aller A- und B-Stellen) und an der Spitze der Haushaltsgeneraldirektion bisher immer ein Franzose stand.

Die dem Generaldirektor direkt unterstellte Dienststelle 01 ist für die Beziehungen zum Parlament, zum Rechnungshof und zu den einzelnen Mitgliedstaaten zuständig. Bei den Beziehungen zum Parlament steht der Kontakt zum Haushalts- und Haushaltskontrollausschuß im Vordergrund. Die Beziehungen zum Rechnungshof beinhalten einerseits die Reaktion auf spezielle Berichte des Rechnungshofs sowie auf dessen Jahresbericht und andererseits die Organisation und Durchführung der Entlastung. Eine dem stellvertretenden Generaldirektor unterstellte Dienststelle 02 bearbeitet speziell die EGKS betreffende Fragen.

Die Direktion A mit 7 Abteilungen ist für die Ausgaben der Kommission zuständig. Hier werden die Haushaltsansätze wirtschaftlich und finanziell durch Kosten-Nutzen-Rechnungen bewertet und der Haushaltsplan aufgestellt. Die weiteren Abteilungen folgen einer Gliederung nach sektoralen Gesichtspunkten:

- Strukturfonds (EFRE, ESF, EAGFL-Ausrichtung)
- EAGFL, Abteilung Garantie
- Forschungsmittel

Schließlich bestehen Abteilungen für Verwaltungsaufgaben sowie für die Zusammenarbeit mit Drittstaaten.

In der Direktion B mit 4 Abteilungen werden die Einnahmen der Kommission verwaltet. Neben der Verwaltung werden die eigenen Einnahmen kontrolliert, die sich aus Zöllen, Agrarabschöpfungen, dem Mehrwertsteueranteil und der sogenannten 4. Einnahmequelle (ausgerichtet am Bruttosozialprodukt) zusammensetzen. Aufgrund wirtschaftlicher Vorausberechnungen der Einnahmen und der Darlehenspolitik werden die Perspektiven der künftigen EG-Finanzierung geprüft. Eine Abteilung befaßt sich in Zusammenarbeit mit der Dienststelle 01 mit rechtlichen Vorgehensweisen zur Betrugsbekämpfung für den Bereich der eigenen Einnahmen.

Der Direktion C mit 4 Abteilungen obliegt die Ausführung des Haushaltsplans. Der Direktor dieser Direktion ist zugleich der Rechnungsführer der Kommission. Eine Abteilung arbeitet an der Rationalisierung der Budgetabwicklung und ist für die Einziehung von Forderungen zuständig. Die Buchhaltung der Kommission wird in dieser Direktion durchgeführt, wobei ein Schwerpunkt auf der Weiterentwicklung des Projektes SINCOM liegt, einer elektronischen Datenverarbeitung für das Rechnungswesen, mit dem u.a. die Dezentralisierung der Buchhaltung erreicht werden soll. Die Rechnungsführung für die in Ispra, Geel, Karlsruhe und Petten angesiedelten Forschungszentren der EG sowie für Forschungsprojekte im Rahmen indirekter Aktionen fällt ebenso in die Zuständigkeit wie die Kasse und die Verwaltung der Zahlungsmittel.

20. GD XX – Finanzkontrolle

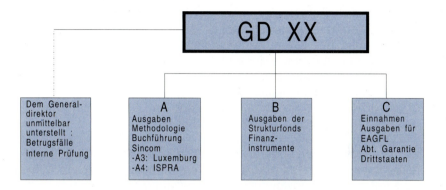

Als Gegenpol zur GD XIX, die für die Aufstellung und Ausführung des Haushaltsplans zuständig ist, hat die GD XX die Aufgabe, den Haushaltsvollzug zu kontrollieren. Der niederländische Generaldirektor Lucien de Moor ist damit der Finanzkontrolleur der Kommission für die kommissionsinterne Kontrolle, die der externen Kontrolle durch den Rechnungshof vorgeschaltet ist. Dem französischen Vorbild folgend ist die interne Revision von der Haushaltsverwaltung getrennt.

Mit etwa 170 Mitarbeitern, die auf 3 Direktionen mit Abteilungen in Brüssel, Luxemburg und Ispra verteilt sind, ist die GD XX eine kleinere Generaldirektion. Eine dem Generaldirektor unmittelbar unterstellte Dienststelle hat eine für Betrugsfälle und Unregelmäßigkeiten zuständige Abteilung 01, deren Aufgaben die Betrugsvorbeugung durch Vereinfachung der Rechtsvorschriften und die Betrugsverfolgung sind. Um die Kontrolle effizienter zu gestalten, ist ein von allen Mitgliedstaaten akzeptierter Verhaltenskodex für auftretende Unregelmäßigkeiten aufgestellt worden. Die interne Koordination der Ergebnisse der finanziellen Kontrollen findet in der Abteilung 02 statt, während die Abteilung 03 Angelegenheiten des Personals, der Informationstechnologie und der Fortbildung bearbeitet.

Die Direktion A mit 6 Abteilungen ist für bestimmte Ausgabenbereiche, für die Methodologie, die Kontrolle der Buchführung und die Informatisierung der Finanzkontrolle zuständig. Die Ausgaben für Personal und Verwaltung, für Studienaufträge, Subventionen und für die Verwaltung der Delegationen und externen Büros kontrolliert die Abteilung A-1, wobei neben der eigentlichen Finanzkontrolle auch juristische und Status-Fragen eine Rolle spielen. Eine weitere Abteilung prüft die Ausgaben in den Bereichen von Industrie und Energie, Umwelt, Forschung und Verkehr sowie die Ausgaben der Task Force HR und des Dienstes „Verbraucherpolitik" auf ihre effiziente Verwendung hin. Die Ausgaben des in Luxemburg ansässigen Amtes für amtliche Veröffentlichungen sowie der anderen dort verwalteten Stellen kontrolliert die Abteilung A-3 mit Sitz in Luxemburg, während die für die Gemeinsame Forschungsstelle zuständige Abteilung A-4 nach Ispra abgeordnet ist. Die Buchführungsprüfung und allgemeinere Aufgaben wie das Aufstellen methodologischer Grundsätze und finanzieller Regelungen, die Planung der Kontrollen und das Unterhalten von Beziehungen zu den anderen Kontrollorganen (Rechnungshof) werden von einer weiteren Abteilung wahrgenommen. Die letzte Abteilung A-6 ist für die Anwendung und Verwaltung des noch in der Weiterentwicklung befindlichen Systems SINCOM zuständig, das im Wege der Datenverarbeitung die Kontrollen und die Buchführung vereinfachen soll.

In den 5 Abteilungen der Direktion B werden die strukturpolitischen Instrumente, die Darlehen und Anleihen sowie die Finanzierungsmöglichkeiten und die Kapitalbewegungen geprüft. Für die Ausgaben des EAGFL, Abteilung Ausrichtung (Strukturpolitik im Agrarbereich), und der Fischerei, für den Europäischen Sozialfonds (ESF) und für die integrierten Mittelmeerprogramme (IMP) gibt es jeweils eine Abteilung. Die für Darlehen, Anleihen, Finanzierungen und Kapitalbewegungen zuständige Abteilung B-4 erstellt u.a. Studien über Finanzierungsmöglichkeiten und koordiniert die Kontrolle der Strukturfonds. Studien zum Kosten-Nutzen-Verhältnis führt die Abteilung B-5 durch.

Der Direktion C obliegt einerseits die Kontrolle sämtlicher Einnahmen, andererseits die Kontrolle der Ausgaben für den EAGFL, Abteilung Garantie (Markt- und Preispolitik im Agrarbereich), sowie drittens die Ausgabenkontrolle im Bereich der wirtschaftlichen Zusammenarbeit mit Drittstaaten und der Nahrungsmittelhilfe. Für jeden dieser 3 Bereiche gibt es 1 Abteilung, wobei die für die Einnahmen zuständige Abteilung auch Fragen im Zusammenhang mit Steuern und Zöllen zu bearbeiten hat.

21. GD XXI – Zollunion und indirekte Steuern

Die Herstellung des freien Warenverkehrs im Rahmen der Zollunion durch die bereits in den 60er Jahren erfolgte Beseitigung der innergemeinschaftlichen Zölle und die Einigung auf einen gemeinsamen Zolltarif nach außen ist ein großer Erfolg bei der Herstellung des geeinten Europa gewesen. Durch die enge Handelsverflechtung der Mitgliedstaaten untereinander wurde – nicht zuletzt wegen der gewachsenen Abhängigkeit voneinander – eine wirtschaftliche Interessengemeinschaft als Voraussetzung für gemeinsame Vorgehensweisen geschaffen.

Unter der Leitung des britischen Generaldirektors Peter Graham Wilmott ist die GD XXI mit etwa 230 Mitarbeitern eine der größeren Generaldirektionen. Neben 3 Direktionen gibt es eine der Kommissarin Scrivener unmittelbar unterstellte Task Force für obligatorische Abschöpfungen und eine dem Generaldirektor unmittelbar unterstellte Dienststelle. Letztere ist für die Überwachung der Anwendung von Gemeinschaftsrecht im Bereich der nationalen Zoll- und Steuergesetzgebung zuständig.

Die Direktion A, Allgemeine Angelegenheiten, hat die Aufgaben, im Bereich der Informatik den Einsatz der Datenverarbeitung zu fördern und Betrugsfälle zu verhindern bzw. zu verfolgen. Zur Verhütung von Betrugsfällen wurden, insbesondere im Agrarrecht, Vereinfachungen im Bereich einer einheitlichen Nomenklatur vorgenommen sowie Seminare und Austauschprojekte nationaler Bediensteter organisiert. Die Beziehungen mit Drittstaaten und Organisationen (z.B. Vertretung der Kommission bei GATT-Verhandlungen) sowie die Fortbildungspolitik, die den nationalen Austausch von Bediensteten innerhalb der Gemeinschaft und mit Drittstaaten beinhaltet, gehören ebenfalls in den Aufgabenbereich der Direktion A. Mit der Abschaffung der Grenzkontrollen benötigte die Gemeinschaft ein Informationsnetz zur Erhebung der Umsatzsteuer bei grenzüberschreitenden Lieferungen. Die erforderlichen DV-Arbeiten entstanden unter der Schirmherrschaft der Direktion A.

Die größte Direktion B mit 7 Abteilungen ist für den Zoll zuständig. In den Bereichen Warenursprung und Warenverkehr werden z.B. vereinfachte Zollverfahren entwickelt und Handelserleichterungen geprüft, im Transportsektor vor allem durch Transitregelungen mit den EFTA-Staaten. Die für allgemeines Zollrecht zuständige Abteilung

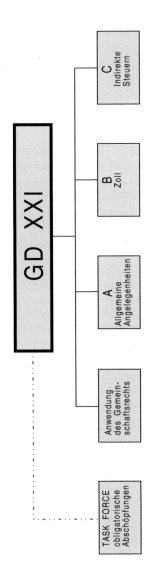

B-3 erarbeitet Gemeinschaftsregelungen, handelt internationale Tarife aus und macht in Verstoßfällen Rückzahlungsansprüche geltend. Der gemeinsame und der integrierte Zolltarif sind weitere Bereiche der Direktion, in denen u.a. Beschlüsse der Gemeinschaft in Zollfragen gegenüber Drittstaaten in Krisengebieten festgesetzt werden (Stichwort Irak, Serbien). Wirtschaftliche Tariffragen, z.B. bei Zollagern und zollfreien Zonen (duty-free-Verkäufe), sowie die generelle Zollpolitik mit dem weiteren Abbau interner Zollkontrollen gehören ebenfalls in die Direktion B.

Für indirekte Steuern ist die Direktion C mit 4 Abteilungen verantwortlich. Hier bemüht man sich, die Mehrwertsteuer und sonstige Umsatzsteuern innerhalb der Gemeinschaft und im Verhältnis zu Drittstaaten anzugleichen. Sonstige indirekte Steuern, z.B. die Tabak- und Mineralölsteuer, sollen harmonisiert werden. Zu diesem Zweck wird die Steuerpolitik der einzelnen Mitgliedstaaten entsprechend kontrolliert. Die Abteilungen für die Beseitigung der Steuergrenzen und für steuerpolitische Fragen sind für die Harmonisierung der nationalen Gesetze und die Stabilisierung des Gemeinschaftsrechts verantwortlich. Sie erarbeiten mittels Analysen und statistischer Studien neue Richtlinien.

22. GD XXII – Koordinierung der Strukturpolitik

Im Zuge der Reorganisation der Kommission am 6. 1. 1993 ist die GD XXII aufgelöst worden. Ihr Aufgabenbereich wurde der GD XVI zugeordnet. Der ehemalige Generaldirektor der GD XXII Thomas O'Dwyer leitet jetzt die Task Force Humanressourcen (Kapitel V.24.).

23. GD XXIII – Unternehmenspolitik, Handel, Tourismus und Sozialwirtschaft

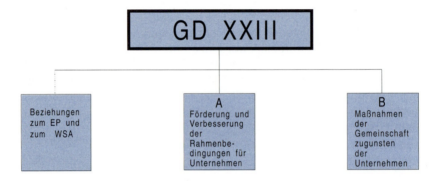

Die GD XXIII, die bis 1989 als Task Force „Kleine und mittlere Unternehmen" (KMU) zur GD III gehörte, ist mit etwa 65 Mitarbeitern eine kleine Generaldirektion. Unter der Leitung des deutschen Generaldirektors Heinrich von Moltke sind hier besonders viele deutsche Mitarbeiter beschäftigt. Die veränderten Marktstrukturen des Binnenmarktes eröffnen auch den KMU enorme Möglichkeiten, wenn sie ihre Planung rechtzeitig auf den neuen Markt einstellen. Wenn auch die GD XXIII nicht ausschließlich für KMU zuständig ist, liegt doch in diesem Bereich der Schwerpunkt ihrer Aufgabenstellung (Informationen zu KMU im Handwerk veröffentlicht die GD XXIII im „EURO-Info", das kostenlos bezogen werden kann bei: Kommission der Europäischen Gemeinschaft GD XXIII, Rue d'Arlon 80, 1040 Brüssel).

Die GD XXIII ist nach einer Umstrukturierung im Sommer 1990 in 2 Direktionen und eine dem Generaldirektor unmittelbar unterstellte Dienststelle für die Beziehungen zum Europäischen Parlament und zum WSA aufgeteilt.

Die Direktion A ist für die Förderung und Verbesserung der Rahmenbedingungen für Unternehmen zuständig (Budget 1990 bis 1993: 110 Mio. ECU). In 4 Abteilungen werden die Bereiche allgemeine Unternehmenspolitik, Handel und Vertrieb, Sozialwirtschaft und Tourismus bearbeitet. Ziel der allgemeinen Unternehmenspolitik ist u.a. die gemeinschaftsweite Erleichterung von Unternehmensgründungen, die Förderung der Teilnahme von KMU am öffentlichen Auftragswesen (entsprechende Kostensenkung) und die Einbeziehung der KMU in die Programme zur Forschung und technologischen Entwicklung durch bessere Information und vereinfachte Antragsverfahren. Im Handelssektor wird in Zusammenarbeit mit den Mitgliedstaaten ein Aktionsprogramm entwickelt, das Handelspraktiken analysiert und das Verbraucherverhalten im Binnenmarkt einschätzt. Im Bereich der Sozialwirtschaft (die EG versteht darunter das Genossenschaftswesen) wird ein europäisches Statut erarbeitet, das Unternehmenszusammenschlüsse und die Gründung von Gemeinschaftsunternehmen erleichtern soll.

Der Sektor Tourismus, in dem EG-weit ca. 6% aller Arbeitnehmer beschäftigt sind, ist noch immer eine aufstrebende Branche (ca. 8% des privaten Verbrauchs). Die zuständige Abteilung A-3 verfolgt vor allem 3 Ziele: Die Vermittlung von Kenntnissen über die Kultur der Mitgliedstaaten, die Erleichterung des Reiseverkehrs in und nach Europa und die Suche nach Alternativen zum Massentourismus.

Die Direktion B mit 3 Abteilungen ist für die Maßnahmen der Gemeinschaft zugunsten der Unternehmen zuständig. Die Abteilung B-1 dient der Information der KMU und hält die Beziehungen zu den KMU und ihren Berufsverbänden (Handels- und Handwerkskammern etc.). Hier sind auch die EURO-Infozentren (EIC) angesiedelt, EG-weit verteilte Beratungsdienststellen, die über nationale und EG-Beihilfen, über die Forschungsprogramme der EG und die Auswirkung der EG-Gesetze auf die Wirtschaft informieren (siehe Kapitel „Informationsquellen in der Bundesrepublik Deutschland" und Adressenteil). Durch Informationen über öffentliche Ausschreibungen, neue technische Normen usw. bieten diese Stellen einen besonders praxisnahen Service. Auch eine Pilotaktion zur Aus- und Weiterbildung im strategischen Management für KMU-Führungskräfte mit einem jährlichen Budget von ca. 2 Mio. ECU wird unter der Leitung dieser Abteilung durchgeführt, indem zusammen mit nationalen Berufsverbänden, Banken und Großunternehmen entsprechende Schulungen organisiert und teilfinanziert werden. Für den Zeitraum 1994 – 1997 ist diesbezüglich ein neues Aktionsprogramm verabschiedet worden.

In der Abteilung B-2, die für die Zusammenarbeit mit den KMU und für das Büro für Unternehmenskontakte (BUK) zuständig ist, liegt der Schwerpunkt auf der Arbeit des BUK. Da mit der Errichtung des Binnenmarktes davon auszugehen ist, daß viele KMU Kooperationsstrategien entwickeln, wird das „Business Cooperation Network" (BC-Net) eingesetzt, um bei der Suche nach potentiellen Geschäftspartnern aus anderen Mitgliedstaaten zu helfen und die anschließende Zusammenarbeit zu unterstützen. Neben dem BC-Net gibt es Initiativen zur Schaffung günstiger Rahmenbedingungen für die transnationale Zulieferindustrie (z.b. durch einheitliche Zahlungsfristen), da die Unternehmen in ihrer Wettbewerbsfähigkeit zunehmend von den Zulieferern abhängig werden. Eine Informationskampagne für die Kooperation von KMU in weniger fortgeschrittenen Regionen wird im Rahmen des Programms EUROPARTENARIAT jährlich in einer anderen europäischen Region durchgeführt.

Die 3. Abteilung der Direktion B arbeitet an der Verbesserung des Marktzugangs für KMU, indem sie u.a. eine Pilotaktion zur Stimulierung von Gründungskapitalmärkten (Budget 1989 bis 1994: 11,6 Mio. ECU) ermöglicht. Durch Zuschüsse zum Startkapital sollen neu gegründete KMU Produktprototypen und Unternehmensstrategien so weit entwickeln, daß sie Zugang zu Risikofinanzierungen und anderen traditionellen Finanzquellen erhalten können.

Da mit dem Binnenmarkt gerade auf die KMU besondere finanzielle und strukturelle Veränderungen zukommen, ist mit einem Ausbau der GD XXIII in der Zukunft zu rechnen.

24. Task Force „Humanressourcen, allgemeine und berufliche Bildung, Jugend" (Task Force HR)

Die Task Force HR, die bis 1988 Bestandteil der GD V war, hat ähnlich wie die GD V kein eindeutig zu definierendes Arbeitsfeld, da sich die Förderung von Humanressourcen, der Jugend und der Bildung in viele Bereiche erstreckt. Als Verwaltungseinheit entspricht die Task Force HR den einzelnen Direktionen einer Generaldirektion. Ihre Umwandlung in eine Generaldirektion wird in der Kommission diskutiert. Unter der Leitung des neuen Generaldirektors Thomas O'Dwyer (Irland) ist die Task Force mit ca. 70 Mitarbeitern im Verhältnis zu den Generaldirektionen zwar eine relativ kleine Dienststelle. Bedenkt man aber, daß sie vom Aufbau eher einer Direktion entspricht, so ist sie den größeren Direktionen der Generaldirektionen vergleichbar. Die Task Force ist in 6 Abteilungen gegliedert, in denen für die unterschiedlichen Bereiche die entsprechenden Förderprogramme der EG initiiert, koordiniert und durchgeführt werden. 2 Schwerpunkte der Bildungspolitik, nämlich einerseits die Grundausbildung und Weiterbildung und andererseits die Ausweitung der Unterstützung auf Mittel- und Osteuropa spiegeln sich in den Programmen und der damit verbundenen Tätigkeit der Task Force wider.

Die Abteilung 1 ist für die Zusammenarbeit im Bildungsbereich, das ERASMUS-Programm (Mobilität von Hochschulstudenten) und für das Programm LINGUA (Fremdsprachenkenntnisse) zuständig.

In der Abteilung 2 werden Projekte im Rahmen des Programms COMETT für die Zusammenarbeit von Universitäten und Wirtschaft auf dem Gebiet der Technologie ausgearbeitet und koordiniert. Das Budget für die Jahre 1990 bis 1994 hierfür beträgt 200 Mio. ECU.

Die Abteilung 3 für die Aus- und Weiterbildung in den neuen Technologien bearbeitet die Projekte der verschiedenen Programme, die speziell auf diesen Sektor neuer Technologien ausgerichtet sind. Mit dem Programm TEMPUS werden Austauschprogramme mit mittel- und osteuropäischen Staaten unterstützt.

In der Abteilung 4 werden Maßnahmen zur Berufsausbildung und Fortbildung sowie zur beruflichen Qualifikation ausgearbeitet. Hier ist das Programm PETRA (Vorbereitung Jugendlicher auf das Erwerbsleben) angesiedelt.

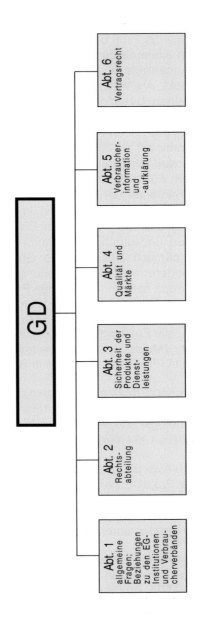

Die mit der Weiterbildung betraute Abteilung 5 leitet die Programme FORCE und EUROTECNET (neue Technologien) sowie ein besonders auf die Weiterbildung in KMU ausgerichtetes Projekt.

Eine neu eingerichtete Abteilung 6 ist für Jugendfragen, die Beziehungen zum Jugendforum (soziale Aspekte, Jugendpolitik), das Austauschprogramm „Jugend für Europa" und für entsprechende Informationsstrategien zuständig.

Die Task Force HR arbeitet mit anderen EG-Einrichtungen wie der seit Mai 1990 bestehenden Europäischen Stiftung für Berufsbildung und dem Berufsbildungszentrum Cedefop sowie mit der GD V eng zusammen. Für die Bildungs- und Jugendförderprogramme sind im Haushalt 1993 etwa 270 Mio. ECU vorgesehen.

25. Dienst „Verbraucherpolitik"

Einst ein Bestandteil der Generaldirektion X hat sich im Zuge der Bildung der Delors-II-Kommission im Februar 1989 der Dienst „Verbraucherpolitik" etabliert. Der Verbraucherschutz und die Vertretung der Verbraucherinteressen wurden dem einzigen weiblichen Mitglied der Kommission Christiane Scrivener (Frankreich) als Zuständigkeitsbereich übertragen. Geführt von Generaldirektor Kay Barlebo-Larsen (DK) arbeiten 45 Mitarbeiter in einer der kleinen Einheiten der Kommissionsdienststellen.

Angesichts der Anstrengungen zur Herstellung eines einheitlichen Marktes ist die Notwendigkeit zum Schutze der Verbraucher evident. Der Dienst hat sich folgende Arbeitsschwerpunkte gesetzt:
– Die Interessen der Verbraucher sollen besser artikuliert werden durch die Förderung von Verbraucherverbänden und die Stärkung der Rolle des Beratenden Ausschusses;
– Verbesserung der Verbraucherinformationen durch entsprechende Warenkennzeichnung und die Veröffentlichung vergleichender Tests durch Verbraucherverbände;
– Verbrauchersicherheit im Rahmen der Produktsicherheit und -haftung;
– Verbrauchertransaktionen, wobei darunter hauptsächlich der Schutz vor unlauteren Vertragsbestimmungen und Verbesserungen des Klage- und Schadenersatzrechts verstanden werden, da-

mit der Kauf im europäischen Binnenmarkt nicht unliebsame Überraschungen mit sich bringt.

Die erste Abteilung fungiert als Grundsatzabteilung, die sowohl koordinierende Aufgaben übernimmt als auch den Kontakt zu den übrigen Gemeinschaftsinstitutionen und den Verbraucherorganisationen auf europäischer und nationaler Ebene pflegt. Des weiteren befindet sich hier das Sekretariat des Beratenden Ausschusses für Verbraucherfragen. Die primär juristischen Fragen (Vertragsverletzungen, Umsetzung des EG-Rechts) ressortieren in der zweiten Abteilung. Produktsicherheit und Normung stehen im Vordergrund der dritten Abteilung, welche für den schnellen Informationsaustausch unter den Mitgliedstaaten das Projekt EHLASS betreibt.

Im Hinblick auf den freien Warenverkehr kommt der Warenkennzeichnung und der Qualitätssicherung für den Verbraucher ein hoher Stellenwert zu. Sektoriell orientiert befaßt sich die vierte Abteilung insbesondere mit Lebensmitteln, chemischen und pharmazeutischen Produkten, Textilien, Spielwaren usw. Eine fünfte Abteilung für Information und Aufklärung der Verbraucher schließt sich an. In der letzten Einheit geht es im wesentlichen um den rechtlichen Schutz des Verbrauchers etwa bei den neuartigen Zahlungssystemen, bei Verbraucherkrediten oder im Versicherungssektor.

26. Amt für humanitäre Soforthilfe (ECHO)

Das Europäische Amt für humanitäre Soforthilfe (im April 1992 gegründet) ist für die Vorbereitung, Verwaltung und Umsetzung der Beschlüsse der Gemeinschaft über humanitäre Soforthilfe zugunsten von Katastrophenopfern in allen Drittstaaten zuständig. Dabei soll den von Naturkatastrophen (z.B. Dürre) und sonstigen Extremsituationen (z.B. Bürgerkrieg) Betroffenen mit Lebensmitteln, Medikamenten und Unterkünften Hilfe geleistet werden. Die Mittel werden vom UN-Flüchtlingskommissariat, von UNICEF, dem Roten Kreuz etc. verteilt sowie im Fall des ehemaligen Jugoslawien auch von der Kommission selbst, die in Zagreb eine logistische Basis eingerichtet hat. Im Haushaltsjahr 1992 wurden für die Soforthilfe Mittel in Höhe von 353 Mio. ECU bereitgestellt, davon 55 Mio. ECU aus Mitteln des EEF.

Unter der Leitung des Direktors Santiago Gómez-Reino Lecoq ist ECHO in 3 Abteilungen gegliedert. Sie sind respektive für humanitäre Soforthilfe, für sofortige Nahrungsmittelhilfe sowie für allgemeine Fragen, vorbeugende Maßnahmen, die Mobilisierung der Hilfsaktionen und für Information zuständig.

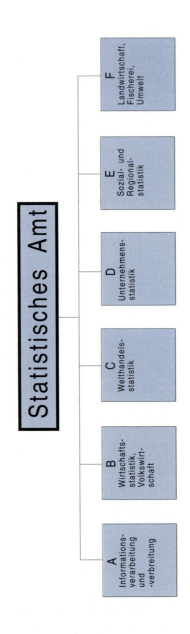

27. Statistisches Amt

Das Statistische Amt der Kommission ist eine gemeinsame Einrichtung der EWG, der EGKS und der EURATOM, das neben den eigenen Institutionen auch die nationalen Verwaltungen der Mitgliedstaaten und die Öffentlichkeit mit statistischen Informationen über die EG versorgt. Seit 1968 hat es seinen Sitz in Luxemburg und unterhält ein Verbindungsbüro in Brüssel. Mit etwa 360 Mitarbeitern, unter denen besonders viele Franzosen sind, gehört es zu den größeren Dienststellen der Kommission.

Unter der Leitung des Generaldirektors Yves Franchet (Frankreich) ist das Statistische Amt in 6 Direktionen und eine dem Generaldirektor unmittelbar unterstellte Dienststelle unterteilt. Letztere ist für das interne Management sowie die internen Personal- und Verwaltungsangelegenheiten zuständig.

Die Direktion A mit 5 Abteilungen hat die Aufgabe der Informationsverarbeitung und -verbreitung. Zum Zweck der Informationsverarbeitung werden Großprojekte (z.B. GATT) mit einer informatischen Infrastruktur versehen, die durch statistische und logistische Systeme geordnet ist. Im Rahmen des Programms DOSES werden statistische Expertensysteme entwickelt, mit denen die Kapazitäten zur Herstellung und Nutzung statistischer Informationen erhöht werden sollen. In der Öffentlichkeitsarbeit stellt die für die Verwaltung zuständige Abteilung Kataloge, Videos, Dias und anderes Informationsmaterial her und vertreibt dieses. Zur Information aller EG-Bürger wird regelmäßig die Broschüre „Europa in Zahlen" in den Informationsbüros der EG kostenlos verteilt. Die Information der Presse, der politischen Organisationen und der Verbände, aber auch der Endverbraucher (Unternehmen, Universitäten, Bibliotheken etc.) erfolgt durch das Verbindungsbüro des Statistischen Amts in Brüssel. Hier befindet sich auch der „Data-Shop", die Informationsstelle für interne Benutzer aus der Kommission. Eine neue Abteilung A-5 unterhält Beziehungen zu den AKP-Staaten und anderen Entwicklungsländern.

Die Direktion B mit 6 Abteilungen ist für Wirtschaftsstatistiken, die volkswirtschaftliche Gesamtrechnung, Preise und die Koordinierung der Arbeiten im Hinblick auf den Binnenmarkt zuständig. Im Bereich der Volkswirtschaft werden Informationen über die Mitgliedstaaten so gesammelt und nach einzelnen Sektoren analysiert, daß eine methodische Gesamtschau möglich wird. Im Hinblick auf den Binnenmarkt wird in enger Zusammenarbeit auch mit den EFTA-Staaten ein integriertes statistisches System für den europäischen Wirtschaftsraum entwickelt. Die Maßnahmen der Europa-Politik, z.B. zur Abschaffung der Steuergrenzen, werden so durch Statistiken (etwa über den Warenverkehr) vorbereitet. Statistische Erhebungen über Preise, Kaufparitäten und Berichtigungskoeffizienten bereiten Maßnahmen zur Anpassung des Verhältnisses zwischen Herstellungs- und Verkaufspreis oder zwischen Bruttosozialprodukt und Marktpreisen vor. Die Finanz- und Währungsstatistik, die eine der Grundlagen für die Errichtung der Währungsunion ist, erfaßt neben kurzzeitigen Finanzindikatoren auch internationale Kapitalbewegungen und bilanziert die Ausgaben im geographischen Vergleich. Die Überarbeitung der gemeinsamen Produktnomenklatur als Grundlage von Harmonisierungen ist die Aufgabe der Abteilung B-6.

Die Direktion C ist für die Welthandelsstatistik sowie für die statistische Erfassung der Beziehungen zu Drittländern zuständig. In 5 Abteilungen werden die Bereiche des Binnen- und Außenhandels methodologisch festgelegt und klassifiziert, um eine Welthandelsstatistik mit den Rubriken des internationalen und des gemeinschaftlichen Handels zu erstellen. Darauf aufbauend und durch spezifische Studien ergänzt wird die Zahlungsbilanz und die Analyse des Welthandels erarbeitet. Die Beziehungen zu den AKP-Staaten sind in dem Programm „Technische Zusammenarbeit mit Entwicklungsländern" erfaßt, während bei den europäischen Drittstaaten der Schwerpunkt auf mittel- und osteuropäischen Ländern liegt, die für den Übergang von der Plan- zur Marktwirtschaft statistische Daten benötigen.

Die Unternehmensstatistiken werden in der Direktion D mit 4 Abteilungen erstellt. Im Energie-Bereich betreffen die Statistiken Daten zum Verbrauch und zu den Kosten der verschiedenen Energieformen (Kohle, elektrische, nukleare und erneuerbare Energie). Bei den Unternehmen werden Daten über Struktur, konjunkturelle Werte, Produktionskosten und Angebot erfaßt, wobei die KMU nochmals gesondert klassifiziert werden. Für die Eisen- und Stahlindustrie ist die Stahldatenbank inzwischen betriebsbereit. In diesem Sektor gehen Angaben über die Konjunktur, die Ressourcen, den Außenhandel und den Bedarf in die Statistiken ein. Schließlich werden für die Dienstleistungen und den Verkehr u.a. detaillierte Verkaufsstatistiken des Handels und eine gemeinschaftliche Fremdenverkehrsstatistik erstellt.

Sozial- und Regionalstatistiken sowie Strukturpläne sind das Betätigungsfeld der Direktion E. In 4 Abteilungen werden die geographische Verteilung der EU-Bevölkerung, der Bildungsstand, die medizinische Versorgung, die Anzahl von Unfällen und die Armut in der EU ebenso statistisch erfaßt wie Daten über Arbeitslosigkeit, Einkommen, Versicherungsbeiträge und Renten. Aufgrund der nach Bereichen und Regionen aufgeschlüsselten Ergebnisse können in den jeweils zuständigen Generaldirektionen praxisbezogene Maßnahmen ergriffen werden.

Die letzte Direktion F ist für die Bereiche Landwirtschaft, Fischerei und Umwelt zuständig. Hier werden Statistiken über Agrarstrukturen und Agrarpreise im Rahmen der landwirtschaftlichen Gesamtrechnung sowie über die einzelnen tierischen und pflanzlichen Produkte, über Bodennutzung, Ernten und Fischfangerträge erstellt. Der Bereich der Umwelt ist, da sich die Erhebung und Bekanntgabe von Daten zur Umweltverschmutzung und -belastung bisher nicht EU-weit durchsetzen konnte, noch nicht so weit fortgeschritten wie andere Bereiche. Für die Jahre 1993 – 1997 ist ein neues statistisches Rahmenprogramm beschlossen worden.

28. Übersetzungsdienst

Der Übersetzungsdienst, der 1989 als eigenständiger Dienst aus der GD IX gelöst wurde, hat seit März 1990 eine neue operationelle Struktur, bei der die Übersetzungsdienststellen verkleinert und nach Themen geordnet sind. Mit 7 solcher Übersetzungsdienststellen, einer für allgemeine Angelegenheiten zuständigen Direktion und 3 dem Generaldirektor unmittelbar unterstellten Dienststellen, in denen insgesamt etwa 1.600 Mitarbeiter beschäftigt sind, ist der Übersetzungsdienst der größte Dienst der Welt dieser Art. Jährlich werden von den in Brüssel und Luxemburg befindlichen Dienststellen ca. 850.000 Seiten übersetzt. Die akademisch ausgebildeten Übersetzer unterliegen einer eigenen Laufbahn, der Sonderlaufbahn LA.

Die dem Generaldirektor Eduard Brackeniers unmittelbar unterstellten Dienststellen bearbeiten die Gebiete Planung und Ressourcen sowie (in Luxemburg) Information und Modernisierung der Arbeitsmethoden.

Die für allgemeine Angelegenheiten zuständige Direktion besteht aus 5 Abteilungen, die für die Koordination der Übersetzungen, die Auswahlverfahren für Neueinstellungen, die Aus- und Weiterbildung, für auswärtige Übersetzungen, für Mehrsprachigkeit sowie für die Terminologie zuständig sind. In der Terminologie werden Glossare, d.h. Bücher mit der offiziellen Übersetzung der Fachtermini, herausgegeben und die Datenbank Eurodicautom geführt. Diese kommissionsintern über Bildschirmgeräte zugängliche Datenbank enthält rund 495.000 terminologische Einheiten mit sprachlichen Entsprechungen und etwa 141.000 Abkürzungen, die den Übersetzern zur Verfügung stehen.

Die eigentlichen Übersetzungsdienststellen in Brüssel und Luxemburg sind nach folgenden Themen gegliedert:

A. Allgemeine und Verwaltungsangelegenheiten, Budget und Finanzkontrolle
B. Wirtschaft und Finanzen, Binnenmarkt und Industrie, Wettbewerb
C. Landwirtschaft, Fischerei, Regional- und Strukturpolitik
D. Auswärtige Beziehungen, Verkehr, Zollunion und Entwicklung
E. Technologie, Energie, Umwelt
F. Soziale Angelegenheiten, Verbraucherpolitik

G. Information und Innovation, Kredit und Investitionen, Statistisches Amt, EGKS

29. Direktion Datenverarbeitung

Die Direktion Datenverarbeitung unter der Leitung des Generaldirektors Eduard Brackeniers, dem auch der Übersetzungsdienst untersteht, wurde im Jahr 1992 mit Sitz in Luxemburg eingerichtet. Die Datenverarbeitung erfolgt in der Kommission dezentral und in Eigenverantwortung der Generaldirektionen und Dienste. Die (zentrale) Direktion Datenverarbeitung hat die Aufgabe, Technologien und Ressourcen zu gewährleisten. Daneben bietet sie operationelle Dienste wie logistische und technische Unterstützung und ein funktionierendes Rechenzentrum an.

30. Gemeinsamer Dolmetscher-Konferenzdienst

Der gemeinsame Dolmetscher-Konferenzdienst gewährleistet die Durchführung der Dolmetscheraufgaben für die von der Kommission, vom Rat, vom WSA und der EIB abgehaltenen Tagungen, wobei die Tagungen der Kommission und des Rats zusammen etwa 92% aller Einsätze ausmachen. Zugleich werden die Konferenzen auch organisatorisch vorbereitet. Unter der Leitung der Generaldirektorin Renée van Hoof-Haferkamp sind etwa 390 feste und 1500 freie Mitarbeiter beschäftigt, die für ca. 10.500 Sitzungen im Jahr eingesetzt werden.

Der Dienst ist in 2 Direktionen, nämlich den Dolmetscherdienst (Direktion A) und den Konferenzdienst (Direktion B), unterteilt. Der Dolmetscherdienst ist für allgemeine Angelegenheiten wie die Koordination der Aufgaben, die soziale Absicherung der freien Mitarbeiter u.a. zuständig. Die Aus- und Weiterbildung (Spezialisierung) der Konferenzdolmetscher findet hier ebenso statt wie die Auswahlverfahren, die von etwa 30% der Bewerber bestanden werden. Schließlich werden die Finanz- und Rechnungsführungsfragen bearbeitet (Kosten pro Übersetzungstag ca. 450 ECU). Angesichts von allein 72 möglichen Sprachkombinationen unter den 9 EG-Amtssprachen wird deutlich, welche zentrale Bedeutung diesem Dienst zukommt.

Der Konferenzdienst ist für die Programmgestaltung, die Organisation der Konferenztechnik durch den Einsatz neuer Technologien und für die Organisation der Dienstreisen zu Sitzungen außerhalb Brüssels (ca. 2.000 im Jahr) zuständig. Für jede der 9 Gemeinschaftssprachen gibt es eine Abteilung in der Direktion B, die die Dolmetscher-Teams betreut.

31. Amt für amtliche Veröffentlichungen der Europäischen Gemeinschaften

Das 1969 eingerichtete Amt für amtliche Veröffentlichungen mit Sitz in Luxemburg ist ein interinstitutionelles Organ, das nur in Haushalts- und Verwaltungsangelegenheiten der Kommission unterstellt ist. Unter der Leitung des Direktors Lucien Emringer sind hier etwa 460 Mitarbeiter in 6 Abteilungen beschäftigt.

Die administrative und rechtliche Vorbereitung der externen Druckaufträge, die Verwaltung der kostenlos abgegebenen Informationsbroschüren etc. ist die Aufgabe der Abteilung für Verwaltungs- und technische Dienste. Das Amtsblatt mit den 3 verschiedenen Teilen L (rechtliche Regelungen), C (Mitteilungen) und S (Ausschreibungen), das täglich in den 9 Gemeinschaftssprachen erscheint, wird in einer anderen Abteilung verlegt. Eine für Veröffentlichungen zuständige Abteilung hat die Aufgabe, alle zu veröffentlichenden Informationen redaktionell zu bearbeiten und in druckreifen Zustand zu versetzen. Neben Büchern und anderen Druckerzeugnissen werden auch Videokassetten, Dias u.ä. veröffentlicht. Im Bereich der computergestützten Veröffentlichungen ist ein interinstitutionelles Verwaltungsverzeichnis erstellt worden, das ab 1993 über ein Datenbanksystem konsultierbar sein soll. Das von den EU-Organen gemeinsam betriebene Dokumentationssystem für das Gemeinschaftsrecht (CELEX), das in allen Gemeinschaftssprachen existiert, wurde dem Amt Ende 1992 angegliedert. Weiterhin gibt es noch Abteilungen für den Vertrieb, in denen der Versand an die Dienststellen und an externe Abonnenten erfolgt, für Veröffentlichungen mit Partnerverlagen und für den Druck. Da die eigene Druckerei des Amtes nicht groß genug für alle anfallenden Arbeiten ist, werden Großaufträge wie z.B. das Amtsblatt nach offizieller Ausschreibung in allen Mitgliedstaaten zusammen mit Partnerdruckereien ausgeführt. Eine Namensänderung in Amt für amtliche Veröffentlichungen der Europäischen Union steht zu erwarten.

32. EURATOM-Versorgungsagentur

Die EURATOM-Versorgungsagentur, die 1960 ihre Tätigkeit aufgenommen hat, untersteht gem. Art. 53 EURATOM-Vertrag der Aufsicht der Kommission und ist an ihre Richtlinien gebunden. Mit dem Ziel, den Mitgliedstaaten gleichen Zugang zu den Quellen zu gewährleisten, sind der Agentur alle Bezugsrechte für Erze, Ausgangsstoffe und besondere spaltbare Stoffe zugewiesen worden, so daß sie de facto ein Handelsunternehmen mit Monopolstellung ist. Sie hat die ausschließliche Befugnis, Lieferverträge über die genannten Stoffe innerhalb und außerhalb der Gemeinschaft abzuschließen. Die Kommission ernennt gemäß Art. 53 EAGV den Generaldirektor sowie dessen Stellvertreter und hat ein Einspruchsrecht gegen alle Entscheidungen der Agentur.

Unter der Leitung des deutschen Generaldirektors Michael Goppel sind etwa 25 Mitarbeiter in 2 Abteilungen mit den oben genannten Aufgaben beschäftigt. Die Abteilung 1 ist für Verträge und Studien über die Versorgung mit Kernbrennstoffen zuständig. Bei den Lieferverträgen, die nur bei Abschluß durch die Agentur rechtsverbindlich sind (d.h. nicht bei Abschluß durch einzelne Unternehmen), stehen die Verträge über Natururan im Vordergrund. Die Gemeinschaft muß ca. 70% ihres Bedarfs an Natururan importieren, wobei die Hauptbezugsländer die mittel- und osteuropäischen Länder mit großem Uranvorkommen sind. Daneben spielen Verträge über Dienstleistungen für den Brennstoffkreislauf eine wichtige Rolle. Weiterhin nimmt diese Abteilung die Prüfung von Verträgen gem. Art. 75 EAGV vor, der bestimmt, daß Verträge zur Aufbereitung, Umwandlung und Formung von Erzen, Ausgangsstoffen oder besonderen spaltbaren Stoffen von den Unternehmen selbst geschlossen werden können, der Agentur aber unverzüglich angezeigt werden müssen.

Die Abteilung 2 ist für allgemeine Angelegenheiten zuständig, zu denen internationale Beziehungen und Vereinbarungen, die Koordination mit den Kommissionsdienststellen, parlamentarische Anfragen, das Budget und die Haushaltskontrolle gehören. Diese Abteilung arbeitet auch eng mit dem EURATOM-Sicherheitsbüro zusammen, das über etwa 170 Inspektoren verfügt, die zu Sicherheitskontrollen in die einzelnen Unternehmen entsandt werden. Das Sekretariat des Beirats der EURATOM-Versorgungsagentur befindet sich ebenfalls in dieser Abteilung.

33. Europäische Stiftung zur Verbesserung der Lebens- und Arbeitsbedingungen/Dublin

Fundierte wissenschaftliche Untersuchungen sollen die Grundlage für Entscheidungen der Gemeinschaft in der Arbeitswelt und in der Lebensumwelt bilden. Aus diesem Grund wurde die Europäische Stiftung zur Verbesserung der Lebens- und Arbeitsbedingungen mit Sitz in Dublin, Irland gegründet. Die Europäische Gemeinschaft bezuschußt die Stiftung mit 11,2 Mio. ECU im Haushaltsjahr 1993.

Im Rahmen von 4jährigen Aktionsprogrammen werden Studien, Feldforschungsarbeiten, Befragungen usw. durchgeführt oder in Auftrag gegeben.

Das Vierjahresprogramm für den Zeitraum 1993 bis 1996 enthält sechs Hauptthemenbereiche:

- Sozialer Zusammenhalt,
- Zugang zur Beschäftigung, Innovation und Organisation der Arbeit,
- Personelle Beziehungen in Unternehmen, sozialer Dialog und Arbeitsbeziehungen,
- Gesundheit und Sicherheit,
- Sozioökonomische Aspekte der Umweltpolitik,
- Chancengleichheit für Frauen und Männer,
- Entwicklung des sozialen Dialogs und der Beziehungen zwischen den Sozialpartnern,
- Umstrukturierung des Arbeitslebens,
- Förderung von Gesundheit und Sicherheit,
- Schutz der Umwelt, des Arbeiters und der Öffentlichkeit,
- Verbesserung des Lebensstandards und der Lebensqualität für alle,
- Auswertung von Technologien der Zukunft.

Die Ergebnisse der Forschungsarbeiten werden den Organen der Gemeinschaft und dem Wirtschafts- und Sozialausschuß für seine Beratungen zur Verfügung gestellt.

Die Stiftung organisiert zudem Konferenzen und Seminare. Eine Reihe von projektbezogenen Veröffentlichungen komplettiert den Bereich der öffentlichkeitswirksamen Tätigkeit. Zu den regelmäßigen Publikationen gehören das jährliche Arbeitsprogramm, der Jahresbericht und das 5 mal pro Jahr erscheinende Informationsblatt „ES

NEWS". Es kann direkt von der Stiftung kostenlos bezogen werden und gibt Auskunft über aktuelle Themen.

Ein 39-köpfiger Verwaltungsrat, dessen Mitglieder vom Ministerrat ernannt werden, legt die Richtlinien für die Arbeit der Stiftung fest. Er setzt sich aus 4 Gruppen zusammen: den nationalen Regierungen, den Arbeitgeberverbänden, den Gewerkschaften und der Kommission. Die Regierungen und die Sozialpartner entsenden jeweils 12 Mitglieder (1 Person pro Mitgliedstaat), die Kommission 3 hohe Beamte (der Generaldirektor der GD V und je ein Vertreter der Generaldirektionen XI und XII) in den Verwaltungsrat. Als Direktor der Stiftung wirkt zur Zeit der Brite Clive J. Purkiss. Er und sein Stellvertreter – zur Zeit Eric Verborgh (Belgien) – werden auf Vorschlag des Verwaltungsrats von der Kommission ernannt.

Die innere Organisation der Stiftung mit nahezu 70 Mitarbeitern gliedert sich neben der Direktion in die 4 Bereiche: Forschungsplanung; Information, Dokumentation und Verbreitung; Übersetzung; Verwaltung und technischer Dienst.

Ein Sachverständigenausschuß aus Fachleuten verschiedener Disziplinen, deren Ernennung ebenfalls vom Ministerrat ausgesprochen wird, berät die Stiftung hinsichtlich der Gestaltung ihrer Arbeit.

Die Adresse:
Europäische Stiftung zur Verbesserung der Lebens- und Arbeitsbedingungen
Loughlinstown House
Shankill
Co. Dublin / Irland

Tel. (0 03 53) 1 28 26 88
Fax (0 03 53) 1 28 26 45 6

34. Europäisches Zentrum für die Förderung der Berufsbildung (CEDEFOP)

Das im Jahre 1975 errichtete Europäische Zentrum für die Förderung der Berufsbildung (CEDEFOP) ist eine von der Kommission mitbestimmte Dienststelle. Es hat seinen Sitz bisher in Berlin. Der Europäische Rat am 29. Oktober 1993 hat jedoch im Zuge der Beratungen über den Sitz mehrerer EG-Einrichtungen entschieden, daß CEDE-FOP nach Griechenland umziehen muß. Die Verlagerung ist ein Preis für die Entscheidung, die Europäische Zentralbank und ihren Vorläufer, das Europäische Währungsinstitut ab 1. Januar 1994 in Frankfurt am Main anzusiedeln. In enger Zusammenarbeit mit anderen Dienststellen, insbesondere der GD V, der Task Force HR und der Europäischen Stiftung zur Verbesserung der Lebens- und Arbeitsbedingungen, arbeitet CEDEFOP unter der Leitung des deutschen Direktors Ernst Piehl an Maßnahmen zur Berufsbildung in der EG mit (76 Dauerplanstellen).

CEDEFOP erfüllt dabei 3 Funktionen, deren Inhalt jeweils in Vierjahresplänen definiert wird. Eine Funktion ist die Unterstützung der spezifischen EG-Programme zur Berufsbildung durch die Erstellung von Studien. Hier sind insbesondere die Studien zur Entsprechung der Befähigungsnachweise, mit denen bestimmte Berufsprofile auf Gemeinschaftsebene definiert werden sollen, sowie die Forschungsarbeiten zur Bekämpfung von Langzeitarbeitslosigkeit und zur Eingliederung benachteiligter Personengruppen in das Berufsleben zu nennen.

Eine zweite Funktion von CEDEFOP ist die Durchführung eigenständiger Forschungsarbeiten, etwa zur Ausbildung der Ausbilder oder zur Ausbildung der Führungskräfte von KMU, um auf diese Weise Innovation im Bildungsbereich anzuregen.

Schließlich gibt es den Bereich der Information und der Kommunikation. Durch die Organisation von Kongressen und Seminaren wird der Informations- und Erfahrungsaustausch zwischen Mitarbeitern nationaler und internationaler Einrichtungen für Berufsbildung ebenso gefördert wie der Austausch zwischen den Sozialpartnern.

In Zusammenarbeit mit nationalen Informationszentren wird eine Datenbank über die jährlich in der EU erscheinenden Publikationen auf dem laufenden gehalten. Der Bestand an Fachliteratur zur Berufsbildung wird im Dokumentationsdienst von CEDEFOP ständig erweitert. Seit dem Jahr 1990 besteht die Möglichkeit des ON-LINE-Zugangs zu der bibliographischen Datenbank des CEDEFOP.

Für die Information der Öffentlichkeit hat CEDEFOP einen Informationsdienst, bei dem Veröffentlichungen über alle Teilbereiche der Berufsbildung erhältlich sind. Eine Liste der Veröffentlichungen wird auf Anfrage versandt von: CEDEFOP, Jean Monnet Haus, Bundesallee 22, D-10717 Berlin, Tel.: 0 30/88 41 20.

Das Budget von CEDEFOP, das aus dem Haushalt der Kommission finanziert wird (Jahresetat ca. 16 Mio. DM), verteilt sich zu etwa 40% auf Studien, zu 25% auf Information und Veröffentlichungen, zu 20% auf Übersetzungen und zu 15% auf Verwaltungskosten.

35. Sicherheitsbüro

Das dem Präsidenten der Kommission unterstellte Sicherheitsbüro unter der Leitung des Direktors Pieter de Haan dient dem Schutz der Gebäude, der Personen und der Informationen. Mit etwa 50 Mitarbeitern und einem privaten Sicherheitsdienst werden neben der Polizeiarbeit zur Sicherheit von Personal, Besuchern und dem Besitz der Kommission insbesondere Systeme zur Sicherung geheimer Verschlußsachen entwickelt und angewandt.

Um die Dienststelle der EG-Beamten betreten zu können, bedarf es eines Laissez-Passer, der an der Pforte gegen Abgabe des Ausweises und nach Rückruf bei der betreffenden Person in der Kommission ausgestellt wird. Die etwas umständlichen Formalitäten (mehrere Durchschläge beim Besucherformular!) führen gelegentlich zu unterhaltsamen Staus vor dem Eingangsportal. Privilegierter sind da schon die EG-Beamten selber, die einen Badge erhalten, der ihnen wie beim Sesam-Öffne-dich das elektronisch gesicherte Portal öffnet.

VI. Lobbying in Brüssel

1. Die „Brüsseler Gepflogenheiten"

Das Heer derjenigen, die in Brüssel Informationen suchen und geben, Einfluß erstreben und ausüben, die an der Meinungs- und Nachrichtenbörse arbeiten, wächst beständig. Brüssel gleicht einem Basar der Nachrichten, Meinungen und Informationen, ein vielsprachiges Geschehen auf engstem Raum – und ohne Ladenschlußzeiten. Schätzungen gehen von ungefähr 4.000 Interessenvertretungen in Brüssel aus, mehr als das Dreifache der Repräsentanzen, die sich in Bonn angesiedelt haben. Ein deutsches Nachrichtenmagazin berichtet gar von „rund 7.000 Lobbyisten".

Genau gezählt hat die Lobbyisten noch keiner, aber jede Woche – so scheint es – eröffnet ein weiterer Verband, eine weitere Berufsgruppe oder regionale Einheit ein eigenes „Verbindungsbüro" in Belgiens Hauptstadt. Inzwischen gehört es zum guten Ton der Firmen- und Verbandsarbeit, „unsere(n) Frau/Mann in Brüssel" aufweisen zu können. Auch die deutschen Anwälte – dem Vorbild ihrer amerikanischen Kollegen folgend – zieren inzwischen ihre Briefköpfe gerne mit der zusätzlichen Adresse in Brüssel. Nicht immer sind bei Verbänden, Firmen und Anwälten die angemieteten Büros auch mit Personal besetzt, manche „gute Adresse" besteht aus einem blankpolierten Türschild, einem repräsentativen Schreibtisch und Konferenztisch. Dafür hat sich eine ganze Servicebranche in Brüssel inzwischen darauf spezialisiert, Sekretariatsdienste für temporäre Lobbyisten anzubieten.

Gemeinsames Ziel aller Interessenvertreter ist es, ein Stück vom Nachrichtenkuchen zu erhaschen oder aber selbst die Zutaten für die „Brüsseler Entscheidungen" zu liefern. Und es besteht Grund für derart aktives Unternehmens- und Verbandsagieren. Kommissionspräsident Jaques Delors prognostizierte für die nahe Zukunft, daß künftig 80% aller Entscheidungen der Politik in Brüssel im Rahmen der Europäischen Union gefällt würden. Die Zahl scheint nicht zu hoch gegriffen, wirft man einen Blick auf die heutigen Zuständigkeitsbereiche der EU. Allein die Zahl der Entscheidungen reicht zur Einschätzung nicht aus. Die Qualität der Entscheidungen und damit die materiellen Auswirkungen auf die Volkswirtschaften Europas muß in gleicher Weise ins Blickfeld gerückt werden.

Um ein Entscheidungszentrum gruppieren sich jene, die ein Interesse an eben diesen Entscheidungen hegen. Brüssel unterscheidet sich hierin prinzipiell nicht von anderen Hauptstädten – nur ist die Basis internationaler. Nach einer Statistik der Wallonischen Region haben von 12.846 internationalen Vereinigungen 841 ihren Sitz in Brüssel. Eine andere Zusammenstellung der Flämischen Regierung kommt auf 1.335 ausländische Firmen und nicht belgische Organisationen mit Brüsseler Filiale, wobei die Datenbasis allerdings auf das Jahr 1987 zurückgeht. 10 US-Staaten, zahlreiche europäische Städte unterhalten hier ihre Büros. In erster Linie sind aber die offiziellen Vertretungen bei der EG, der NATO und beim Königreich Belgien zu nennen.

Der Trend zeigt seither ungebrochen nach oben, so daß Schätzungen der Regierung Brüssel-Hauptstadt (die dritte Region im föderalisierten Belgien) von ca. 1.700 ausländischen Firmen realistisch sein dürfte.

Für Brüssel hat der Sitz der Kommission und damit die Ansiedlung des entsprechenden Umfelds enorme ökonomische Konsequenzen. Es wird davon ausgegangen, daß die etwa 14.200 Beamten der Europäischen Union (Kommission, Ministerrat, Wirtschafts- und Sozialausschuß, Parlament), die in Brüssel beheimatet sind, ein jährliches Einkommen von rund 1,2 Mrd. DM zur Verfügung haben, das sie zum Großteil in der belgischen Hauptstadt ausgeben für Mieten, Lebenshaltungskosten und Freizeitvergnügen.

In der Folge des „Drangs nach Brüssel" haben sich die Immobilienpreise – zum Leidwesen der Belgier, die auf Mietwohnungen angewiesen sind – in der letzten Hälfte der 80er Jahre beträchtlich gesteigert. Zwischen 10.000 und 15.000 belgischen Francs (DM 500,- bis 750,-) werden in der Nähe der Kommission, inzwischen für den Quadratmeter Bürofläche bezahlt. Und der Hunger nach Bürofläche scheint unstillbar. Eine Million Quadratmeter Bürofläche, das entspricht nahezu 9% des verfügbaren Büroraums, werden zur Zeit von EU-Einrichtungen beansprucht. Weitere Gebäude streben ihrer Fertigstellung entgegen: der Tagungs- und Bürokomplex für den Ministerrat (Fertigstellung voraussichtlich Mitte 1994) gegenüber dem Berlaymont und das Kongreßzentrum im Quartier Leopold. Letzteres beherbergt einen Sitzungssaal, der ausreichend Platz für Plenarsitzungen des Europäischen Parlaments bietet. Im Wettlauf zwischen den Städten Straßburg und Brüssel setzt letztere auf ein ausreichendes Platzangebot, internationale Verkehrsverbindungen und den Standard entsprechender Übernachtungsangebote. 8.000 Hotelbetten stehen bereits zur Verfügung, ohne daß die Bauabsichten nachgelassen hätten.

So bietet Brüssel die Voraussetzungen für ein Zusammentreffen von Politik und Wirtschaft: ein geeigneter Ort der Begegnung. Es treffen sich allerdings nicht völlig voneinander geschiedene Welten. Die Kommission ist nicht nur das Zielobjekt eines einseitigen Wirtschafts- oder Verbändelobbyismus, sondern sie selbst trägt dazu bei, den Kontakt zwischen ihr und der Wirtschaft herzustellen. Trotz der Größe des Personalbestandes zeigt sich bei genauer Betrachtung nämlich, wie wenige Mitarbeiter tatsächlich ein Dossier bearbeiten, daß letztlich sich nur eine Handvoll Beamte beispielsweise mit der Rundfunk- und Fernsehrichtlinie auseinandersetzt. Und welche wirtschaftlichen Konsequenzen stehen hinter diesen Vorschlägen! Bricht man die politischen Aufgabenfelder herunter auf die Ebene der Ausarbeitung der Richtlinien, Verordnungen und Programme, zeigt sich nämlich sehr schnell, daß es für jede Organisation ein schwieriges Unterfangen ist, die Lebenssachverhalte von rund 348 Millionen Einwohnern und die Spezifika jedes Wirtschaftszweiges zu erkennen. Die Kommission bedarf daher des von außen kommenden zusätzlichen Sachverstandes, der Information durch die nationalen Regierungen, die Wirtschaft, die Unternehmen, Gewerkschaften und Verbände. Entgegen landläufiger Meinung entstehen Programm- und Richlinienentwürfe eben gerade nicht am grünen Tisch und im stillen Kämmerlein. Sie sind vielmehr das Ergebnis vielfältiger Konsultationen und Abstimmungen. Die Kommission weiß nur zu gut um den Entscheidungsprozeß, an dessen Ende der Ministerrat steht, in dem spätestens die nationalen Interessen aufeinandertreffen. Trotz der Möglichkeit von Mehrheitsentscheidungen im Rahmen des Binnenmarktprogramms bemüht sich die Kommission bereits im Vorfeld um bestmögliche Analysen, Gewichtung der Interessenlagen und Berücksichtigung von Besonderheiten. Die Kommission beruft aus diesem Grund sehr häufig Expertengremien ein oder beauftragt Consultants mit Studien, die bei der Aufbereitung der Problemfelder behilflich sind, und gibt ihre Vorschläge in die Anhörung bei den Verbänden des betroffenen Wirtschaftskreises.

Für Unternehmen bedeutet dies, daß sich ein guter Kontakt zum eigenen nationalen Branchenverband und gegebenenfalls direkt zur Vereinigung auf europäischer Ebene auszahlen kann. Das gilt vor allem für mittlere und kleinere Unternehmen, die ihre Interessenvertretung auf dem politisch-administrativen Parkett nicht selbst wahrnehmen können. Den Verbänden wird durch die Kommissionsdienststellen zudem ihre Filterfunktion zugutegehalten, die extreme Partikularinteressen mit Rücksicht auf die Mehrheit der Verbandsmitglieder auszuscheiden versteht.

Die Mitwirkung in Expertengremien ist eine Form, seinen Sachverstand und damit auch seine ökonomischen Interessen in den Entscheidungsprozeß miteinzubringen, das gezielte Gespräch mit den Kommissionsmitgliedern auf der politischen Ebene oder mit den das Dossier bearbeitenden Beamten eine andere. Der Außenstehende trifft auf eine Verwaltungsstruktur und Mitarbeiter, die aufnahmebereit und auskunftsfreudig zugleich sind. Der Mangel eines organisierten und im Vorhinein festgelegten Anhörungsverfahrens läßt die Kommission zudem zu einem „offenen Haus" werden, in dem jeder seinen Informationsweg finden kann (und muß). Die Interessenvielfalt, um die alle Beteiligten in der Kommission wissen, bewirkt ein Bemühen um größtmögliche Transparenz. Für eine internationale Verwaltung gibt es bei ihrem Selbstverständnis keinen schlimmeren Vorwurf als den der ungerechten Bevorzugung eines einzelnen nationalen Interesses, weshalb eine ausgeprägte Bereitschaft zumindestens zum Zuhören besteht. Und das ist für einen Interessenvertreter die Eingangsvoraussetzung. Das Weitere müssen die Argumente und die wirtschaftlichen Gegebenheiten weisen.

Lobbying in Brüssel heißt, die Mittagszeit nutzen. Politiker und höhere Beamte „takten" ihren Tag danach, Sitzungstermine werden entsprechend ausgerichtet. Es ist üblich, Mittagessen um 13.00 Uhr beginnen zu lassen und die Büroarbeit oder die Sitzung um 15.00 Uhr wiederaufzunehmen. Arbeits- und Mittagspausenzeiten sind für deutsche Verhältnisse unorthodox. Die Zeiten sind „nach hinten verschoben". Der Büroalltag in der Kommission beginnt zwischen 8.30 Uhr und 9.00 Uhr und endet bei den Führungskräften nie vor 19.00 oder 20.00 Uhr. Mit großer Selbstverständlichkeit werden in den Kabinetten und den Führungsetagen der Generaldirektionen Besprechungen für 20.00 Uhr festgesetzt!

Die Mittagszeit gibt die Möglichkeit, Angenehmes mit dem Nützlichen zu verbinden. Rund um das Breydel-Gebäude haben sich Restaurants angesiedelt, die sich auf das „business lunch à la Bruxelles" mit wenigstens 3 Gängen verstehen. Aber auch im Stadtzentrum der Oberstadt (Avenue Louise) und den Randgemeinden verbergen sich viele „Geheimtips" unter den schätzungsweise 1.600 Restaurants der Stadt. Exotische Küchen sind dabei keine Ausnahme in einer Stadt, in der über 1/4 der Bevölkerung (27,2%) keine belgische Staatsangehörigkeit besitzt. In den Restaurants der Rue Archimède oder der Rue Franklin verkehren die Mitglieder der Kommission ebenso wie ihre Kabinettchefs oder die hohen Beamten der Generaldirektionen. Einen Kommissionsmitarbeiter dorthin auszuführen wird von beiden Seiten nicht als verwerflich angesehen – und verpflichtet nach allgemeinem Brüsseler Verständnis auch nicht. Es handelt sich um die ortsübliche entspannte Form des Gesprächs, ungestört von dringenden Telephonaten und Termindruck. So unüblich dieses für den Umgang mit deutschen Verwaltungen und der „preußischen" Art der Begegnung zwischen Wirtschaft und öffentlichem Dienst sein mag, so selbstverständlich gehört das Arbeitsessen zum Brüsseler Umgangston. Erklärungsversuche gab und gibt es viele, vom „französischen Einschlag" im Savoir vivre der Belgier bis hin zur Erkenntnis, daß ein schmackhaftes Essen allemal ausgezeichnete Grundlage für ein gutes Gespräch bietet. Diese Brüsseler Mittagstisch-Gepflogenheiten kritisch zu hinterfragen, gelingt übrigens fast nur den Deutschen, weshalb die schnelle Kantinenverpflegung der deutschen Verwaltung von nicht-deutschen Kommissionsbeamten als eine der Auffälligkeiten zitiert wird, wenn sie nach den Unterschieden im Arbeitsstil der Verwaltungen gefragt werden. Sie verbinden damit regelmäßig keine Wertung, weil sie gelernt haben, die Andersartigkeit als gegebene Größe zu akzeptieren.

Erfolgreiches Lobbying in Brüssel setzt regelmäßig gute Sprachkenntnisse voraus. 9 Amtssprachen und 12 Nationalitäten zwingen die Mitarbeiter der Kommission zur Mehrsprachigkeit über die beim Einstellungsconcours geforderte Beherrschung einer zweiten Gemeinschaftssprache hinaus. Allgemeine Verwaltungsumgangssprache ist Französisch, in den technologisch orientierten Generaldirektionen Englisch. Die Arbeitssprache wird regelmäßig durch den Leiter einer Direktion und seine Sprachbeherrschung vorgegeben. Die Mitarbeiter werden dadurch veranlaßt, ihre Arbeitspapiere in einer anderen als der Muttersprache zu präparieren. Ein noch so großer

Übersetzungsdienst könnte nicht die Übertragung aller Papiere in alle Amtssprachen bewerkstelligen. Gleiches gilt für die Vielzahl interner Besprechungen. Der Zwang zur Verständigung bewirkt, daß in Besprechungen nicht nur eine Konferenzsprache verwendet wird, sondern daß die Teilnehmer in einer der 5 am meisten verbreiteten Sprachen (Französisch, Englisch, Deutsch, Spanisch, Italienisch) sprechen und sich um eine passive Kenntnis der übrigen Sprachen bemühen, allerdings dominiert Französisch noch immer sehr stark den Arbeitsalltag.

Lobbying in Brüssel bedeutet, sich der wirtschaftlichen Interessenvielfalt in der EU bewußt zu sein. Umso „europäischer" das Anliegen vorgetragen werden kann, desto erfolgversprechender sind die Bemühungen zu bewerten. Den europaweiten Branchenzusammenschlüssen kommt daher eine wachsende Bedeutung zu. Ein einheitlicher Markt und eine ausschließlich oder primär national orientierte Interessenvertretung müssen sich auf lange Sicht ausschließen.

Die möglichen Ansatzpunkte für erfolgversprechende Kontaktnahme mit Kommissionsdienststellen sind so vielfältig wie die unternehmerischen Interessenlagen selbst. Es gibt kein Patentrezept, aus dem sich ablesen läßt, wem zu welchem Zeitpunkt was am besten vorgetragen wird, um in den Entscheidungsprozeß einfließen zu können. Da die Interessen häufig sehr branchenspezifisch sind, empfiehlt sich am ehesten, den Kontakt zur sachbearbeitenden Ebene der Generaldirektion zu suchen. Diese Stelle als Außenstehender zu finden, fällt angesichts der häufigen Reorganisation der Kommission nicht leicht. Allerdings bieten sich eine Reihe von Hilfen an, die dem Unternehmen den „Weg nach Brüssel" erleichtern, weshalb in den nachfolgenden Abschnitten darauf eingegangen wird.

2. Die Europäischen Fachverbände

Nicht erst seit der Verkündung des ehrgeizigen Ziels eines einheitlichen Marktes ohne Grenzen zum 31. 12. 1992 haben die Wirtschaftszweige in den europäischen Ländern die Notwendigkeit erkannt, ihre Interessen gemeinsam zu formulieren und vorzutragen. Europäische Dachverbände der nationalen Zusammenschlüsse entstanden.

So vielgestaltig sich das Wirtschaftsleben in der Gemeinschaft darstellt, so ein buntes Bild bietet die Verbändelandschaft in der EG. Es läßt sich jedoch festhalten: kein Industriezweig ohne entsprechende Repräsentanz auf europäischer Ebene.

Die Kommission sucht den Kontakt zu den Verbänden. Sie bieten Sachverstand, verfügen über einen europaweiten Überblick und haben häufig am Ort des Geschehens, in Brüssel, eine Dependance, wenn nicht gar ihren Sitz. Der Schlagkraft europäischer Fachverbände steht aber noch vielfach ihre innere Struktur und das Selbstverständnis der nationalen Verbände entgegen. Europäische Verbände bestehen regelmäßig aus Zusammenschlüssen nationaler Verbände und nicht von europäischen Unternehmen. Die Mitgliedschaft beschränkt sich in vielen Fällen nicht auf die EU-Länder und der überwiegende Teil kennt in ihren Entscheidungsgremien das Einstimmigkeitsprinzip. In der Folge nutzen die nationalen Verbände die europäische Verbandsebene als eine Serviceplattform, die die Handreichungen für eigene Aktivitäten gewährleisten soll. Die Interessenlagen in den einzelnen Mitgliedstaaten der Gemeinschaft lassen gemeinsame Strategien in den Anfängen stecken bleiben. In umgekehrter Richtung allerdings, der Abfrage von Informationen bei der Kommission und Lieferung an die nationalen Verbände, treten derartige Schwierigkeiten naturgemäß weniger auf. In mittlerer Sicht werden die europäischen Verbände angesichts eines einheitlichen Marktes ihre Durchschlagskraft erhöhen und Strukturreformen durchführen müssen. Umso stärker im Zuge der europäischen Integration beispielsweise dem Europäischen Parlament neue Machtbefugnisse zuwachsen, die Entscheidungen „europäisiert", weil nicht mehr allein von den Vertretern der 12 nationalen Regierungen gefällt werden, desto notwendiger wird die Entwicklung gemeinsamer Strategien auf Verbandsebene werden.

Für Unternehmen, die über branchenspezifische Fragen und Entwicklungen auf dem Laufenden sein müssen, lohnt der Kontakt zu den Europäischen Fachverbänden. Dort kennt man nicht nur die EU-relevanten Sachverhalte und den Stand der Beratungen in den EU-Gremien, sondern kennt auch die agierenden und entscheidenden Personen. Ihre Kenntnisse der Organisationsstruktur und der personellen Seite sind wertvolle Hilfen für jeden Betroffenen.

Die Adressen einer Auswahl von Branchenverbänden, die in Brüssel ihren Sitz haben oder ein Büro unterhalten, findet sich im Adressenteil. Bei Branchen, die aus Platzgründen nicht berücksichtigt werden konnten, geben die nationalen Fachverbände Auskunft.

Neben den europäischen Fachverbänden haben sich auch zahlreiche deutsche Verbände mit eigenen Büros in Brüssel etabliert. Eine Auswahl der Büroanschriften wurde ebenfalls im Adressenteil abgedruckt.

3. Die Verbindungsbüros von Unternehmen

Eine Reihe von deutschen Unternehmen sah sich veranlaßt, eigene Verbindungsbüros zur EG zu gründen wie sie in weit größerem Maße in Bonn im Verhältnis zur Bundesverwaltung seit langem bestehen. Die Entstehungsgeschichten variieren von der Fortentwicklung einer Belgien-Niederlassung bis hin zur bewußten Gründung im Blick auf den Binnenmarkt. Daß es sich dabei um Büros der großen deutschen Unternehmen handelt, braucht angesichts der Kosten einer Dauerrepräsentanz, die für ein mittelständisches Unternehmen nicht tragbar sind, nicht zu verwundern. Die Aufgabenbeschreibungen für die Büros gleichen denen der Fachverbände. Hinzu tritt aber die Verfolgung von Unternehmensinteressen im Zuge von Ausschreibungen von Aufträgen (insbesondere bei der Entwicklungshilfe) und bei der Teilnahme an F & E-Programmen. Zahlreiche Unternehmensbüros richten ihr Augenmerk über die EG hinaus auf Aufträge, die durch die NATO in Brüssel vergeben werden.

Eine Aufstellung einiger Adressen deutscher Unternehmensbüros befindet sich im Anhang.

4. Die Informationsbüros der Länder

Beginnend mit dem Hanse-Office im Jahr 1985 haben die deutschen Bundesländer nach und nach Informations- oder Verbindungsbüros in Brüssel eingerichtet. Es handelt sich dabei nicht um diplomatische Vertretungen, sondern um Einrichtungen, die den Informationsfluß und die Kommunikation zwischen EU-Verwaltung und den Ländern verbessern sollen.

Anfangs argwöhnisch als Instrument einer „Nebenaußenpolitik der Länder" durch das Auswärtige Amt beobachtet, haben sie heute einen festen Platz im Brüsseler EU-Geschehen.

Ihre Aufgaben lassen sich in etwa wie folgt beschreiben:
- Unterrichtung der jeweiligen Landesregierung über Entwicklungen im Bereich der EU, insbesondere in der Tätigkeit der Kommission;
- Hilfestellung für Hochschul- und Forschungseinrichtungen sowie für Unternehmen bei Kontakten zu den Europäischen Gemeinschaften;
- Vorbereitung von Informationsbesuchen von Mitgliedern der Landesregierungen, der Landtage, von Verbänden und Organisationen der Wirtschaft und sonstigen an Europafragen interessierten Gruppen;
- Werbung für die spezifischen Belange des jeweiligen Landes gegenüber der Kommission (z.B. bei der Notifizierung von Landesprogrammen, die als staatliche Beihilfe genehmigt werden müssen);
- „Schaufenster" des Landes durch Standortwerbung (Wirtschaftspräsentationen) und Darstellung der kulturellen Vielfalt (Kunstaustellungen, Konzerte usw.).

Die Länderbüros stehen mit diesem Aufgabenprofil nicht in Konkurrenz zur Ständigen Vertretung der Bundesrepublik Deutschland, die die deutschen Interessen in den Beratungen des Ministerrats und den zugehörigen Gremien vertritt. Vielmehr können sie als eine Ergänzung verstanden werden. Während sich die Ständige Vertretung in ihrer Arbeit auf den Ministerrat und damit auf die Verhandlung von Vorschlägen der Kommission orientiert, haben die Länderbüros ihren Fokus auf die Tätigkeit der Kommission gerichtet.

Die Beziehungen der Länderbüros zur Kommission beruhen allerdings nicht auf einem rechtlichen Status. Es bestehen ausschließlich informelle Kontakte, denn die Verträge der Europäischen Union kennen im Verhältnis der Beteiligten zueinander nur Mitgliedstaaten. Der regionalen Ebene fehlte es bislang an einer geeigneten Mitsprachemöglichkeit und mithin an einem offiziellen direkten Zugang zu den Organen der Gemeinschaft. Die Länderbüros bemühen sich, durch vielfältige Kontakte auf der Arbeitsebene über das Hindernis hinwegzukommen, daß sie keinen Auskunftsanspruch erheben können.

Die personelle Ausstattung der Länderbüros variiert von Bundesland zu Bundesland. Sie reicht von sehr kleinen Einheiten von 2 oder 3 Mitarbeitern (z.B. Bremen, Berlin) bis zu großen Büros von ca. 20 Mitarbeitern, die teilweise einzelne Ministerien vertreten (z.B. Bayern).

Für Unternehmen bietet sich der Kontakt zu den Länderbüros insoweit an, als diese aufgrund ihrer Aufgabenstellung regelmäßig über gute Kontakte in die Kommissionsverwaltung verfügen. Dies kann vor allem hilfreich sein, wenn es darum geht, eine erste Verbindung zur Kommission herzustellen. Je nach Größe des Mitarbeiterstabes können die Informationsbüros Anliegen von Unternehmen aufgreifen oder – und das ist die Regel – den zuständigen Ansprechpartner vermitteln, bei dem ein Gespräch angezeigt erscheint.

Da die Informationsbüros ihre Hauptaufgabe im Bereich der politischen Unterrichtung ihrer jeweiligen Landesregierungen sehen und auch nur einen Ausschnitt des EU-Geschehens angehen können, empfiehlt sich bei Fragen, die über ein bestimmtes Projekt hinausgehen, der Kontakt zur Wirtschaftsverwaltung (Wirtschaftsministerien) oder den Selbstverwaltungsorganen der Wirtschaft.

Mit Inkrafttreten des Maastrichter Vertrages wird der Ausschuß der Regionen geschaffen, in dem 189 Regionenvertreter die Anliegen der Regionen zu Gehör bringen können. Inwieweit die Büros der deutschen Länder dann als unterstützende Arbeitseinheiten für die 24 deutschen Mitglieder ausgerichtet werden und sich daraus an ihrem Rechtsstatus etwas ändern wird, muß abgewartet werden.

Die Anschriften der Büros der deutschen Länder sind im Adressenteil abgedruckt.

VII. Informationsquellen in der Bundesrepublik Deutschland

Informationen zur Arbeit der Kommission und zu den Entscheidungsprozessen im Rahmen der Europäischen Union lassen sich nicht nur in Brüssel abfragen. Vielmehr gibt es in der Bundesrepublik Deutschland eine Vielzahl von Informationsquellen, auf die hingewiesen werden soll, weil sie in jedem Fall den Einstieg in die Materie gewährleisten können.

Die EG-Kommission unterhält eine eigene Vertretung in Bonn mit weiteren Büros in München und Berlin. Sie stehen am unmittelbarsten mit den Dienststellen der Kommission in Kontakt.

Die Euro-Info-Centres bieten inzwischen ein flächendeckendes Netz von Anlaufpunkten für Unternehmensanfragen, einschließlich des Anschlusses an die EG-Datenbanken. Industrie- und Handelskammern und die Wirtschaftsverwaltungen von Bund und Ländern haben beachtliche Anstrengungen unternommen, um Informationsdefizite abzubauen und Hilfestellungen zu geben. Sämtliche Veröffentlichungen der EU können zudem in der Bundesrepublik Deutschland bezogen werden über den:
Bundesanzeiger Verlag
Breite Straße
Postfach 10 80 06
50667 Köln 1
Telefon (0221) 20 29-0
Telefax (0221) 202 92 78

1. Vertretung der Europäischen Kommission

Die EG-Kommission unterhält in allen Mitgliedstaaten der Gemeinschaft Informationsbüros, die für die Sache der europäischen Integration werben. Sie sollen Bürger, Wirtschaft und Verwaltung besser mit den Zielen der EU vertraut machen. Einst als „Presse- und Informationsbüro" gegründet, haben sich Bezeichnung und Aufgaben gewandelt. Heute versteht sich die „Vertretung der Europäischen Kommission in der Bundesrepublik Deutschland" nicht nur als ein einseitiges Instrument zur Unterrichtung der deutschen Öffentlichkeit. Sie ist seit dem Beschluß der Kommission vom 26. April 1989 zusätzlich „Antenne" der Brüsseler Zentrale, die regelmäßig über die politische Entwicklung in Deutschland berichtet.

Die in Bonn angesiedelte Vertretung unter Leitung von Axel R. Bunz gliedert sich in 3 Abteilungen. Die Abteilung I Information/Dokumentation kann als das Herzstück der Vertretung bezeichnet werden. Ihr kommt die Aufgabe der Unterrichtung der Öffentlichkeit über die Positionen der EU zu. Folglich erledigt sie eingehende Anfragen, bearbeitet und verbreitet Informationsmaterial und betreut Informationkampagnen. Schließlich wurde in dieser Abteilung die Einrichtung des Bürgerberaters angesiedelt, der Auskünfte zu EG-Rechtsfragen insbesondere im Sektor Freizügigkeit erteilt sowie Hilfe bei Problemen von EU-Bürgern mit nationalen Behörden anderer Mitgliedstaaten gewährt.

Durch Vortrags- und Diskussionsveranstaltungen in Deutschland bemüht man sich um eine möglichst breite Darstellung der Kommissionspolitik. Ein entsprechender Rednerdienst steht bereit.

Zur Bewältigung der ungefähr 50.000 jährlichen Anfragen für Informationsmaterial und Dokumente wurde eine „Hot-line" eingerichtet (0228/530 09-11).

Die Vertretung gibt zudem eine Reihe von Veröffentlichungen heraus wie z.B. die „EG-Nachrichten". Diese werden in der Abteilung II – Presse zusammengestellt, die neben der Information der deutschen Öffentlichkeit in umgekehrter Richtung täglich der EG-Kommission in Brüssel einen Pressespiegel der deutschen Medien liefert.

Zur Unterrichtung von Multiplikatoren über die Arbeitsweise der Kommission und über die von ihr formulierten Politiken werden Besucherprogramme in Brüssel organisiert. Der Abteilung III – Politik fällt dabei der entscheidende Auftrag zu, unter den vielen Interessenten die geeigneten Gruppen herauszusuchen. Das Programm kann, je nach Empfehlung, variieren zwischen einem mehrtägigen Informationsbesuch mit Fachreferaten und einem Halbtagesprogramm, bestehend aus einem Film und anschließender Diskussion. Ungefähr 60 Gruppenplätze stehen für die gesamte Bundesrepublik Deutschland jährlich zur Verfügung. Interessenten für eine derartige Brüssel-Reise müssen sich an die Vertretung in Bonn wenden. Anfragen in Brüssel sind zwecklos.

Um die Information in der Bundesrepublik Deutschland an möglichst viele Ansprechpartner verbreiten zu können, sind Außenstellen in Berlin und München eingerichtet. Die gesamte Vertretung der Kommission in der Bundesrepublik Deutschland umfaßt ungefähr 30 Mitarbeiter, wobei der weit überwiegende Teil in Bonn angesiedelt ist. Die Anschriften der Vertretung sind im Adressenteil abgedruckt.

2. Euro-Info-Centre (EIC)

In der Erkenntnis, daß bei den Unternehmen im Blick auf den Europäischen Binnenmarkt erheblicher Beratungsbedarf besteht, entschied sich die Kommission für ein System flächendeckender Informationsstellen. Als „EG-Beratungsstellen für Unternehmen" oder „Euro-guichets" (= Euro-Schalter) entstanden seit 1987 in allen Mitgliedstaaten der Gemeinschaft die heute als Euro-Info-Centre (EIC) bezeichneten Einrichtungen, zunächst als Pilotprojekte, später als Dauereinrichtung, nachdem eine Evaluierung der Pilotphase 1988 vom Ministerrat positiv beurteilt worden war. Die Kommission gab finanzielle Starthilfe zur Grundausstattung und für die anfänglichen Betriebskosten. Nach Ablauf von 3 Jahren müssen sich die EIC aus anderen Quellen finanzieren. Der Service der EIC umfaßt die Information und Beratung über:

- Gesetzgebung der Gemeinschaft,
- juristische, soziale und technische Aspekte des innergemeinschaftlichen Handels,
- außergemeinschaftliche Handelsbeziehungen,
- Technische Normen und Standards,
- Vergabemodalitäten öffentlicher Aufträge in den Mitgliedstaaten,
- EG-Hilfen an Entwicklungsländer,
- EG-Finanzhilfen für Unternehmen.

Die EIC verfügen für diese Zwecke über eine entsprechend ausgestattete Bibliothek und einen direkten Zugriff auf die EG-relevanten Datenbanken. Die Mitarbeiter werden regelmäßig durch die Kommission (federführend: Generaldirektion XXIII) über neueste Entwicklungen unterrichtet und geschult.

In der Bundesrepublik Deutschland gibt es gegenwärtig 35 Euro-Info-Centre bzw. „EIC-Antennen".

Ihre vollständigen Anschriften sind im Adressenteil abgedruckt.

3. Industrie- und Handelskammern/Handwerkskammern

Über die Euro-Info-Centre hinaus bieten die Industrie- und Handelskammern inzwischen einen guten EG-Service an. Einzelne IHKs wurden durch die EU-Kommission als EIC ausgewählt und stehen auf diese Weise in direktem Kontakt mit den Dienststellen in Brüssel und Luxemburg (z.B. die IHK Regensburg, die bereits in der EIC-Pilotphase beteiligt war). Darüber hinaus wurde der Deutsche Industrie- und Handelstag (DIHT) in Bonn zum EIC berufen – ebenfalls bereits in der Pilotphase –, so das alle Industrie- und Handelskammern ihre Anfragen mit der Bonner Zentrale abwickeln können, nachdem der DIHT erhebliche Anstrengungen zur Vernetzung unternommen hat.

Ähnlich verhält es sich mit den Handwerkskammern. Der Deutsche Handwerkskammertag (DHKT) dient mit seinem Haus des deutschen Handwerks in Bonn als Euro-Info-Centre, das seine Informationen an die örtlichen Handwerkskammern weiterleitet.

4. Wirtschaftsverwaltung

Das Bundeswirtschaftsministerium hat zum 1. September 1989 ein „Euro-Telefon '92" eingerichtet, das jedermann zum Ortstarif zur Verfügung steht. Der Service versteht sich als Einstiegshilfe, um an die richtigen Informationsquellen heranzukommen.

Die Telefonnummer in Bonn: 0130 85-1992
Die Telefonnummer in Berlin: 234-1992

Das Euro-Telefon '92 richtet sich primär an mittelständische Unternehmen und an die Freien Berufe. Auf Wunsch wird Anrufern Informationsmaterial zu Einzelfragen des Europäischen Binnenmarktes zugesandt.

Die Länderwirtschaftsministerien zogen unterschiedliche organisatorische und personelle Konsequenzen aus den Herausforderungen des Binnenmarktes. In der Regel wurden EG-Referate gebildet, die informierende und koordinierende Aufgaben übernommen haben. Sie bereiten Stellungnahmen der Wirtschaftsministerien zu aktuellen wirtschaftspolitischen Entscheidungen der Gemeinschaft vor, insbesondere im Rahmen der Beteiligung der Länder in EU-Angelegenheiten durch den Bundesrat.

VIII. Abkürzungen

AA	Auswärtiges Amt
AIM	Advanced Informatics in Medicine
AKP	Afrika, Karibik, Pazifik (69 Staaten in diesen Regionen)
ARION	Aktionsprogramm Bildungsreisen für Ausbilder
AStV	Ausschuß der Ständigen Vertreter (der Mitgliedstaaten)
BC-Net	Business Cooperation Network
BCR	Bureau Communautaire de Référence
BDA	Bundesverband der Deutschen Arbeitgeberverbände
BDI	Bundesverband der Deutschen Industrie
BMWI	Bundesministerium für Wirtschaft
BRIDGE	Biotechnological Research for Innovation, Development and Growth in Europe
BRITE	Basic Research in Industrial Technologies for Europe
BUK	Büro für Unternehmenskontakte
CADDIA	Cooperation in Automation of Data and Documentation for Imports/Exports and Agriculture
CEDEFOP	Europäisches Zentrum für die Förderung der Berufsbildung
CELEX	Interinstitutionelle automatisierte Dokumentation des Gemeinschaftsrechts
CEN	Europäisches Komitee für Normung
CENELEC	Europäisches Komitee für elektronische Normung
COMETT	Community action programme in Education and Training for Technology
CORDIS	Community Research and Development Information System
COST	European Cooperation on Scientific and Technical Research
CUBE	Concertation Unit for Biotechnology in Europe
DEBELUX	Deutsch-Belgisch-Luxemburgische Handelskammer
DELTA	Developing European Learning through Technical Advance
DHKT	Deutscher Handwerkskammertag
DIHT	Deutscher Industrie- und Handelstag
DOMIS	Directory of Materials Data Information Sources
DOSES	Developing of Statistical Expert Systems

DRIVE	Dedicated Road Infrastructure for Vehicle Safety in Europe
DZT	Deutsche Zentrale für Tourismus
EAGFL	Europäischer Ausrichtungs- und Garantiefonds für Landwirtschaft
EAGLES	European Expert Group on Language Engeneering Standards
EAGV	Europäischer Atomgemeinschaftsvertrag
EBWE	Europäische Bank für Wiederaufbau und Entwicklung
ECHO	European Commission Host Organisation
ECHO	Europäisches Amt für Humanitäre Soforthilfe
ECLAIR	European Collaborative Linkage of Agriculture and Industry trough Research
ECOFIN-Rat	Rat der Wirtschafts- und Finanzminister
ECU	European Currency Unit
EEF	Europäischer Entwicklungsfonds
EFRE	Europäischer Fonds für Regionale Entwicklung
EFTA	European Free Trade Association (Finnland, Island, Norwegen, Österreich, Schweden, Schweiz, Liechtenstein)
EG	Europäische Gemeinschaften
EGKS	Europäische Gemeinschaft für Kohle und Stahl
EGZ	Europäische Gesellschaft für Zusammenarbeit
EIB	Europäische Investitionsbank
EIC	Euro-Info-Center
EOZP	Europäische Organisation für Zertifizierung und Prüfung
EP	Europäisches Parlament
EPOCH	European Programme on Climatology and natural Hazards
EPZ	Europäische Politische Zusammenarbeit
ERASMUS	European Action Scheme for the Mobility of University Students
ERMES	Europaweites terrestrisches öffentliches Funkrufsystem
ESF	Europäischer Sozialfonds
ESPRIT	European Strategic Programme for Research and development in Information Technology
ESRA	European Safety and Reliability Association

ETSI	Europäisches Institut für Telekommunikationsnormen
EU	Europäische Union
EuGH	Europäischer Greichtshof
EURAM	European Research on Advanced Materials
EURATOM	Europäische Atomgemeinschaft
ERECA	European Research Coordination Agency
EURET	European Research in Transport
EUROTECNET	European Technical Network
EUROTRA	European Research and Development Programme for a machine Translation system of Advanced design
EWG	Europäische Wirtschaftsgemeinschaft
EWGV	EWG-Vertrag
EWIV	Europäische Wirtschaftliche Interessenvertretung
EWS	Europäisches Währungssystem
FAR	Fisheries and Aquaculture Research
FAST	Forecasting and Assessment in the field of Science and Technology
FLAIR	Food Linked Agro-Industrial Research
FORCE	Formation Continué en Europe
FuE	Forschung und Entwicklung
GAP	Gemeinsame Agrarpolitik
GATT	General Agreement on Tariffs and Trade
GD	Generaldirektion
GFK	Gemeinschaftliche Förderkonzepte
GFS	Gemeinsame Forschungsstelle
HDTV	High Definition Television
HGB	Handelsgesetzbuch
HORIZON	Gemeinschaftsinitiative zugunsten Behinderter und anderer benachteiligter Gruppen
IBC	Integrierte Breitbandkommunikation
IHK	Industrie- und Handelskammer
IMP	Integriertes Mittelmeerprogramm
IMPACT	Information Market Policy Actions
INRO	International Natural Rubber Organisation
INSIS	Interinstitutional integrated Services Information System
IRDAC	Industrial Research and Development Advisory Commitee

ISDN	Diensteintegriendes Digitales Fernmeldenetz
ITER	International Thermonuclear Experimental Reactor
JET	Joint European Torus
JOPP	Joint Venture PHARE Programme
JOULE	Joint Opportunities for Unconventional or Longterm Energy-Supply
KMU	Kleine und Mittlere Unternehmen (bis 500 Beschäftigte, 75 Mio. ECU Anlagevermögen und weniger als 1/3 der Anteile im Besitz größerer Unternehmen)
KSZE	Konferenz für Sicherheit und Zusammenarbeit in Europa
LINGUA	Programm zur Förderung fremdsprachlicher Ausbildung in der EG
MEDIA	Mesures pour Encourager le Développement de L'Industrie de production Audiovisuelle
MONITOR	Strategic Analysis, Forecasting and Evaluation in matters of Research and Technology
NACE	Systematik der Wirtschaftszweige in der EG (Statistik)
NATO	North Atlantic Treaty Organization
NET	Next European Torus
NETT	Network für Technologietransfer im Umweltbereich
NGI	Neues Gemeinschaftsinstrument (Finanzen)
NOW	Gemeinschaftsinitiative zur Förderung von Frauen in Beschäftigung und Berufsausbildung
OECD	Organisation für wirtschaftliche Zusammenarbeit und Entwicklung
ONP	Open Network Provision
PEDIP	Programme Européen pour le Développement de l'Industrie Portugaise
PETRA	Programme for European Youth Training
PHARE	Pologne-Hongarie: Assistance pour la Restructuration économique
PIP	Prioritäre Informationsprogramme
RACE	Research and development in Advanced Communication technologies for Europe
REGEN	Gemeinschaftsinitiative für Energieverbundnetze
RGW	Rat für gegenseitige Wirtschaftshilfe
SAST	Strategic Analysis in the field of Science and Technology

SCIENCE	Stimulation des Coopérations Internationales et des Echanges nécessaires aux Chercheurs Européens
SINCOM	Système d'Information financier et comptable
SPEAR	Support Programme for an European Assessment of Research
SPRINT	Strategic Programme for Innovation and Technology Transfer in Europe
STABEX	Stabilisierung der Exporterlöse
STEP	Science and Technology for Environment Protection
SYSLING	System zur Informatisierung des Übersetzungsdienstes
SYSMIN	Finanzierungssystem für den Bergbausektor
Systran	Automatisches Übersetzungssystem
TAC	Zulässige Gesamtfangmenge (Fischerei)
TARIC	Integrierter Zolltarif der EG
Task Force HR	Task Force „Humanressourcen, allgemeine und berufliche Bildung, Jugend"
TEDIS	Trade Electronic Data Interchange System
TEMPUS	Trans-European Mobility Scheme for University Studies
THERMIE	Technologie Européen pour la Maitrise de l'Energie
THTP	Transnationales Hochtechnologieprojekt
UCLAF	Unité de Coordination de la Lutte Anti-Fraude
Unctad	Handel- und Entwicklungskonferenz der Vereinten Nationen
UNO	United Nations Organization
VALUE	Valorisation et Utilisation pour l'Europe
VDMA	Verband Deutscher Maschinen- und Anlagenbau e. V.
VLSI	Höchstintegrierte Schaltkreise
WIPO	Weltorganisation für geistiges Eigentum
WSA	Wirtschafts- und Sozialausschuß
WWU	Wirtschafts- und Währungsunion
ZDH	Zentralverband des Deutschen Handwerks

IX. Adressen

1. Die Mitglieder der Europäischen Kommission, ihre Zuständigkeitsbereiche und die jeweiligen Kabinettchefs

Funktion	Name/Tel.	Zuständigkeit
Präsident	**Jaques Delors** (F) (0032-2) 295 08 71	Generalsekretariat, Gruppe für prospektive Analysen, Generalinspektion der Dienststellen, Juristischer Dienst, Währungsangelegenheiten, Dienst des Sprechers, Gemeinsamer Dolmetscher-Konferenzdienst, Sicherheitsbüro
Kabinettchef	**Pasqual Lamy** (0032-2) 295 22 55	
Vizepräsident	**Henning Christophersen** (DK) (0032-2) 295 37 31	Wirtschaft und Finanzen, Währungsangelegenheiten (in Abstimmung mit Delors), Kredit und Investitionen, Statistisches Amt
Kabinettchef	**Bjarne Bladbjerg** (0032-2) 295 08 80	
Vizepräsident	**Manuel Marin** (E) (0032-2) 295 37 16	Zusammenarbeit und Entwicklung, Wirtschaftliche Zusammenarbeit mit den Ländern des südlichen Mittelmeerraumes, des mittleren Ostens, des Nahen Ostens, Lateinamerikas und Asiens, Lomé-Abkommen, Amt für humanitäre Soforthilfe
Kabinettchef	**Ignacio García-Valdecasas** (0032-2) 295 70 02	
Mitglied der Kommission	**Martin Bangemann** (D) (0032-2) 295 19 15	Industrieangelegenheiten (gewerbliche Wirtschaft), Informations- und Telekommunikationstechnologie
Kabinettchef	**Jörg Wenzel** (0032-2) 296 33 20	
Mitglied der Kommission	**Sir Leon Brittan** (UK) (0032-2) 295 25 14	Außenwirtschaftspolitik für Nordamerika, Japan, China, GUS, Europa (einschließlich Zentral- und Osteuropa)
Kabinettchef	**Colin Budd** (0032-2) 296 01 25	

Funktion	Name/Tel.	Zuständigkeit
Mitglied der Kommission	Karel van Miert (B) (0032-2) 295 25 29	Wettbewerbspolitik, Personal und Verwaltung, Übersetzung und Datenverarbeitung
Kabinettchef	Claude Chéne (0032-2) 295 24 37	
Mitglied der Kommission	Antonio Ruberti (I) (0032-2) 295 25 18	Wissenschaft, Forschung und Entwicklung, Gemeinsame Forschungsstelle, Humanressourcen, allgemeine und berufliche Bildung und Jugend
Kabinettchef	Marco Santopinto (0032-2) 295 24 95	
Mitglied der Kommission	Marcelino Oreja (E) (0032-2) 295 53 40	Energie Euratom-Versorgungsagentur Verkehr
Kabinettchef	Ramón de Miguel (0032-2) 295 49 83	
Mitglied der Kommission	Peter Schmidhuber (D) (0032-2) 296 21 91	Haushalt, Finanzkontrolle, Betrugsbekämpfung, Kohäsionsfonds: Koordinierung und Management
Kabinettchef	Marcell von Donat (0032-2) 295 34 23	
Mitglied der Kommission	Christiane Scrivener (F) (0032-2) 296 33 29	Zollunion und indirekte Steuern, Direkte Besteuerung, Verbraucherpolitik
Kabinettchef	Emmanuel Constans (0032-2) 296 33 30	
Mitglied der Kommission	Bruce Millan (UK) (0032-2) 296 32 20	Regionalpolitik, Beziehungen zum Ausschuß der Regionen
Kabinettchef	Susan Binns (0032-2) 296 32 85	
Mitglied der Kommission	Hans van den Broek (NL) (0032-2) 295 38 92	Auswärtige Beziehungen, Gemeinsame Außen- und Sicherheitspolitik (GASP), Task Force Erweiterungsverhandlungen
Kabinettchef	Sipke Brouwer (0032-2) 295 13 64	

Funktion	Name/Tel.	Zuständigkeit
Mitglied der Kommission	**Joao de Deus Pinheiro** (P) (0032-2) 295 45 15	Beziehungen zum Europäischen Parlament, Beziehungen zu den Mitgliedstaaten hinsichtlich Transparenz, Kommunikation und Information, Audiovisuelle und kulturelle Angelegenheiten, Amt für amtliche Veröffentlichungen
Kabinettchef	**Carlos Costa** (0032-2) 295 52 47	
Mitglied der Kommission	**Padraig Flynn** (IRL) (0032-2) 295 85 37	Beschäftigung und soziale Angelegenheiten, Beziehungen zum Wirtschafts- und Sozialausschuß, Immigrationsfragen, Zusammenarbeit im Bereich Inneres und Justiz
Kabinettchef	**Joseph Brosnan** (0032-2) 296 09 25	
Mitglied der Kommission Kabinettchef	**René Steichen** (LUX) (0032-2) 295 98 43 **Jim Cloos** (0032-2) 295 98 49	Landwirtschaft und ländliche Entwicklung
Mitglied der Kommission	**Yoannis Paleokrassas** (GR) (0032-2) 295 85 24	Umwelt, nukleare Sicherheit, Katastrophenschutz, Fischereipolitik
Kabinettchef	**Leonidas Evangelides** (0032-2) 296 33 46	
Mitglied der Kommission	**Raniero Vanni d'Archirafi** (I) (0032-2) 296 01 03	Institutionelle Fragen, Binnenmarkt, Finanzinstitutionen, Unternehmenspolitik: Kleine und mittlere Unternehmen, Handel und Handwerk
Kabinettchef	**Giovanni Battista Verderame** (0032-2) 296 00 96	

2. Die Vertretung der Europäischen Kommission in der Bundesrepublik Deutschland

Europäische Kommission
Vertretung in der Bundesrepublik Deutschland
Zitelmannstraße 22
53113 Bonn
Tel. (0228) 5 30 09-0
Fax: (0228) 5 30 09-50

Leiter der Vertretung:
Axel R. Bunz

Europäische Kommission
Vertretung in der Bundesrepublik Deutschland
Vertretung in Berlin
Kurfürstendamm 102
10711 Berlin
Tel. (030) 89 60 93-0
Fax: (030) 8 92 20 59

Leiter der Außenstelle:
Eckhard Jaedtke

Europäische Kommission
Vertretung in der Bundesrepublik Deutschland
Vertretung in München
Erhardstraße 27
80331 München
Tel.: (089) 202 10 11
Fax: (089) 202 10 15

Leiter der Vertretung:
Otto Hieber

3. Informationsbüros der deutschen Länder in Brüssel

Informationsbüro des Landes Baden-Württemberg
Square Vergote 9
B-1200 Brüssel
Tel.: (0032-2) 741 77 11
Fax: (0032-2) 741 77 99

Leiter: Wolfgang A. Dietz

Informationsbüro des Freistaates Bayern
Rue Montoyer 17
B-1040 Brüssel
Tel.: (0032-2) 513 79 49
Fax: (0032-2) 514 32 77
und
Boulevard Clovis 8
B-1040 Brüssel
Tel.: (0032-2) 732 26 14
Fax: (0032-2) 732 32 25

Leiter: Dr. Hubert Hierl

EG-Büro Berlin
Avenue Michel-Ange 71
B-1040 Brüssel
Tel.: (0032-2) 738 00 70
Fax: (0032-2) 732 47 46

Leiterin:
Maria-Luise Löper

Informationsbüro Bremen
Boulevard Clovis 41
B-1040 Brüssel
Tel.: (0032-2) 230 27 65
Fax: (0032-2) 230 36 58

Leiterin: Karin Jöns

Hanse-Office (Büro für Hamburg und Schleswig-Holstein)
Avenue Palmerston 20
B-1040 Brüssel
Tel.: (0032-2) 230 28 78
Fax: (0032-2) 230 05 90

Leiter:
Wilhelm Haferkamp

Informationsbüro Hessen
Avenue de l'Yser 19
B-1040 Brüssel
Tel.: (0032-2) 732 42 20
Fax: (0032-2) 732 48 13

Leiter:
Dr. Hanns-Martin Bachmann

Informationsbüro Mecklenburg-Vorpommern
Boulevard St. Michel 80
B-1040 Brüssel
Tel.: (0032-2) 741 09 51
Fax: (0032-2) 741 09 59

Leiterin: Ulla Ihnen

Verbindungsbüro Niedersachsen
Avenue Palmerston 24
B-1040 Brüssel
Tel.: (0032-2) 230 00 17
Fax: (0032-2) 230 13 20

Leiter: Michael Bertram

Verbindungsbüro Nordrhein-Westfalen
Avenue Michel-Ange 10
B-1040 Brüssel
Tel.: (0032-2) 739 17 75
Fax: (0032-2) 739 17 07

Leiter: Folker Schreiber

Verbindungsbüro Rheinland-Pfalz
Avenue de Tervuren 60
B-1040 Brüssel
Tel.: (0032-2) 736 97 29
Fax: (0032-2) 733 08 72

Leiter: Hans-Joachim Günther

Verbindungsbüro des Saarlandes
Rue de la Renaissance 46
B-1040 Brüssel
Tel.: (0032-2) 732 50 54
Fax: (0032-2) 732 73 70

Leiterin: Karin Bohr

Informationsbüro Sachsen
Boulevard St. Michel 80
B-1040 Brüssel
Tel.: (0032-2) 741 09 21
Fax: (0032-2) 741 09 29

Leiter: Hans Werner Dahl

Informationsbüro Sachsen-Anhalt
Boulevard St. Michel 80
B-1040 Brüssel
Tel.: (0032-2) 741 09 31
Fax: (0032-2) 741 09 39

Leiter: Hermann Kinzy

Informationsbüro Thüringen
Rue Pelletier 11
B-1040 Brüssel
Tel.: (0032-2) 736 20 60
Fax: (0032-2) 736 53 79

Leiter: Dr. Paul Brockhausen

4. Die Euro-Info-Centres

Euro-Info-Centre/EG-Beratungsstelle für Unternehmen, Zenit GmbH
Dohne 54
45468 Mülheim (Ruhr)
Tel.: (0208) 300 04 54
Fax: (0208) 300 04 29

Euro-Info-Centre/EG-Beratungsstelle, Rationalisierungs-Kuratorium der deutschen Wirtschaft (RKW)
Heilwigstr. 33
20249 Hamburg
Tel.: (040) 460 20 87
Fax: (040) 48 20 32

Deutscher Industrie- und Handelstag (DIHT)
IHK-EG-Beratungsstelle
Euro Info Centre im DIHT
Adenauerallee 148
53004 Bonn
Postfach 1446
53113 Bonn
Tel.: (0228) 10 46 21, -23
Fax: (0228) 10 41 58

EG-Beratungsselle für Unternehmen, Industrie- und Handelskammer Regensburg
D.-Martin-Luther-Straße 12
93016 Postfach 11 03 55
93047 Regensburg
Tel.: (0941) 5 69 42 35
Fax: (0941) 569 42 79

EG-Beratungsstelle für Unternehmen beim Deutschen Handwerkskammertag (DHKT)
Haus des Deutschen Handwerks
Johanniterstr. 1
53113 Bonn
Tel.: (0228) 545 211
Fax: (0228) 545 205

EG-Beratungsstelle für Unternehmen, Handwerkskammer Stuttgart
Heilbronner Straße 43
70017 Postfach 10 21 55
70191 Stuttgart
Tel.: (0711) 16 57-2 80, -227
Fax: (0711) 16 57-2 22

Industrie- und Handelskammer zu Aachen
Euro Info Centre
Theaterstr. 6-8
52007 Postfach 650
52062 Aachen
Tel.: (0241) 43 82 23
Fax: (0241) 43 82 59

ERIC Berlin
Berliner Absatz-Organisation (BAO) – Marketing Service GmbH bei der IHK
Hardenbergstr. 16 – 18
10623 Berlin
Tel.: (030) 31 51 02 40
Fax: (030) 31 51 03 16

Deutsches Institut für Normung e.V./Deutsches Informationszentrum für technische Regeln (DITR)
Burggrafenstr. 6
10772 Postfach 11 07
10787 Berlin
Tel.: (030) 26 01-26 05, -28 36
Fax: (030) 262 81 25

Genossenschaftliche EG-Beratungs- und Informationsgesellschaft GEBI mbH
Rheinweg 67
53129 Bonn
Tel.: (0228) 23 75-44, -46
Fax: (0228) 23 75 48

EG-Beratungsstelle für Unternehmen beim Deutschen Sparkassen- und Giroverband
Simrockstraße 4
53113 Bonn
Tel.: (0228) 20 43 19
Fax: (0228) 20 47 25

EG-Beratungsstelle für Unternehmen, Axon-Technologie Consult GmbH
Hanseatenhof 8
28195 Bremen
Tel.: (0421) 17 55 55
Fax: (0421) 17 16 86

Gesellschaft für Wirtschaftsförderung Nordrhein-Westfalen mbH
Euro-Info-Centre
Kavalleriestr. 8 – 10
40101 Postfach 20 03 09
40213 Düsseldorf
Tel.: (0211) 13 00 0-62, -69
Fax: (0211) 13 00 082

EG-Beratungsstelle für Unternehmen, Industrie- und Handelskammer für München und Oberbayern
Max-Joseph-Straße 2
80333 München
Tel.: (089) 5 11 62 09
Fax: (069) 5 11 64 65

Niedersächsische Agentur für Technologietransfer und Innovation (NATI) GmbH
Vahrenwalder Straße 7
30165 Hannover
Tel.: (0511) 9 35 71 21
Fax: (0511) 9 35 74 39

EG-Beratungsstelle Landesbank Schleswig-Holstein, Arbeitsgemeinschaft Investitionsbank S-H/ RKW, Schleswig-Holstein
Fleethörn 29 – 31
24103 Kiel
Tel.: (0431) 9 00 34-97, -99
Fax: (0431) 9 00 32 07

Bundesstelle für Außenhandelsinformation (BFAI)
Euro-Info-Centre
Agrippastraße 87 – 93
50676 Köln
Tel.: (0221) 2 05 72 70
Fax: (0221) 205 72 12

Bundesverband der Deutschen Industrie
Bundesvereinigung der Deutschen Arbeitgeberverbände
Europäisches Beratungs-Zentrum der deutschen Wirtschaft
Gustav-Heinemann-Ufer 84 – 88
50968 Köln
Tel.: (0221) 3 70 86 21
Fax: (0221) 370 88 40

Industrie- und Handelskammer Südlicher Oberrhein
Hauptgeschäftsstelle Lahr
Lotzbeckstr. 31
Postfach 15 47
77933 Lahr
Tel.: (07821) 2 70 30
Fax: (07821) 27 03 22

Landesgewerbeanstalt Bayern (LGA)
Karolinenstr. 45
90402 Nürnberg
Tel.: (0911) 2 32 05 17
Fax: (0911) 2 32 05 11

Zentrale für Produktivität und Technologie Saar e.V. (ZPT)
Franz-Josef-Röder-Straße 9
66119 Saarbrücken
Tel.: (0681) 9 52 04 55
Fax: (0681) 5 84 61 25

Handwerkskammer Trier
Industrie- und Handelskammer Trier
Euro Info Centre
– Offizielle Beratungsstelle –
Gottbillstraße 34 A
54294 Trier
Tel.: (0651) 19 92
Fax: (0651) 8 10 09 19

**Hessische Landesentwicklungs-
und Treuhandgesellschaft mbH
(HLT)**
Abraham-Lincoln-Straße 38-42
65021 Postfach 31 07
65189 Wiesbaden
Tel.: (0611) 77 42 87
Fax: (0611) 77 42 65

**Landkreis Osnabrück
Euro-Info-Centre
Amt für Wirtschaftsförderung und
Fremdenverkehr**
Am Schölerberg 1
49082 Osnabrück
Tel.: (0541) 5 01 31 04
Fax: (0541) 5 01 31 30

**Kreis Steinfurt
Amt für Wirtschaft und Verkehr
(Satellite Euro-Info-Centre
Enschede)**
Tecklenburger-Straße 10
48565 Steinfurt
Tel.: (02551) 69 20 18
Fax: (02551) 69 24 00

**OMNIBERA Wirtschaftsberatungs-
gesellschaft mbH**
Coburger Straße 1 c
53113 Bonn
Tel.: (0228) 23 80 78
Fax: (0228) 23 39 22

**Landesbank Hessen-Thüringen
Girozentrale
EG-Beratungsstelle**
Bahnhofstraße 4 A
99004 Postfach 167
99084 Erfurt
Tel.: (0361) 56 24 798
Fax: (0361) 6 65 72 33

**Industrie- und Handelskammer
in Zusammenarbeit mit der
Handwerkskammer Leipzig**
Goerderlerring 5
04109 Leipzig
Tel.: (0341) 7 15 31 41
Fax: (0341) 7 15 34 21

**Industrie- und Handelskammer
Rostock**
Ernst-Barlach-Straße 7
18055 Rostock
Tel.: (0381) 4 66 98 26
Fax: 60381) 4 59 11 56

Handwerkskammer Magdeburg
Bahnhofstraße 49 a
39104 Magdeburg
Tel.: (0391) 5 61 91 61
Fax: (0391) 5 61 91 62

**Industrie- und Handelskammer
Frankfurt/Oder**
Humboldtstr. 3
15230 Frankfurt/Oder
Tel.: (0335) 2 38 63
Fax: (0335) 32 22 71

**Wirtschaftsförderung
Brandenburg GmbH**
Am Lehnitzsee 7
14476 Neufahrland-Potsdam
Tel.: (031) 96 75-0
Fax: (031) 96 75 222

5. Ausgewählte europäische Wirtschaftsverbände mit Büro in Brüssel nach Branchen

Aerosole

Georges Proumes
Délégué auprès des Instances Européenes
c/o L'ORAL Belgilux
Rue du Peuplier 12
B-1000 Brüssel
Tel.: (0032-2) 2 10 05 11
Fax: (0032-2) 2 10 05 70

Farben

C.E.P.E.
Generalsekretär:
Hanns-Adolf Lentze
Avenue Van Nieuwenhyse 4
B-1160 Brüssel
Tel.: (0032-2) 6 76 74 80
Fax: (0032-2) 6 76 74 90

Automobil

Association des constructeurs Europééns d'automobiles (ACEA)
Generalsekretär: Rudolf Berger
Rue du Noyer 211
B-1040 Brüssel
Tel.: (0032-2) 7 32 55 50
Fax: (032-2) 7 32 60 01

Fernsehen

Association des Télévisions Commerciales Européennes
Generalsekretärin: Souné Wade
Square Ambiorix 7
B-1040 Brüssel
Tel.: (0032-2) 7 33 38 17
Fax: (0032-2) 7 35 41 72

Bekleidung

Association Européenne des Industries de l'Habillement (AEIH)
Directeur Général:
Jean-François Limateur
Rue Montoyer 47
B-1040 Brüssel
Tel.: (0032-2) 5 11 87 31
Fax: (0032-2) 5 14 17 81

Freie Berufe

SEPLIS
Präsidentin: Dr. Susanne Tiemann
Coudenberg 70
B-1000 Brüssel
Tel.: (0032-2) 5 11 44 39
Fax: (0032-2) 5 11 01 24

Chemie

Conseil Européen des Fédérations de l'Industrie Chemique (CEFIC)
Directeur Général: Hugo H. Lever
Avenue Van Niewenhuyse 4, Boîte 4
B-1160 Brüssel
Tel.: (0032-2) 6 76 72 11
Fax: (0032-2) 6 76 73 00

Glas

Comité Permanent des Industrie du Verre de la CEE (CPIV)
Generalsekretär: Gilbert Maeyaert
Avenue Louise 89, Boîte 5
B-1050 Brüssel
Tel.: (0032-2) 5 38 44 46
Fax: (0032-2) 5 37 84 69

Häfen

Comité Permanent Association d'Entrepeneurs de Manutention des Ports Européens c/o FPPB
Präsident: Walter Bagne
Brouwersvliet 33, Bus 2000
B-2000 Antwerpen
Tel.: (0032-3) 2 21 97 11
Fax: (0032-3) 2 32 38 00

Kohle

Comitée d'Etude de Producteurs de Charbon d'Europe Occidentale (CEPCEO)
Generalsekretär:
J. Van der Stichelen Rogier
Avenue de Tervuren 168, Boîte 11
B-1150 Brüssel
Tel.: (0032-2) 7 71 99 74
Fax: (0032-2) 7 71 41 04

Holz

C E I – Bois
Délégué Général:
Guy van Sterrtegem
c/o FEBELBOIS
Rue Royal 109/111
B-1000 Brüssel
Tel.: (0032-2) 2 17 63 65
Fax: (0032-2) 2 17 59 04

Kosmetik

COLIPA
Generalsekretär: M. Van Hofe
Rue de la Loi 223, Boîte 2
B-1040 Brüssel
Tel.: (0032-2) 2 30 91 79
Fax: (0032-2) 2 31 15 87

Kautschuk

Bureau de Liaison des Industrie Caoutchouc de la CEE (BLIC)
Generalsekretär: Alain Van der Vaet
Avenue des Arts 89, Boîte 12
B-1040 Brüssel
Tel.: (0032-2) 2 18 49 40
Fax: (0032-2) 2 18 61 62

Metall

Organisme de Liaison des Industries Métalliques Européennes (ORGALIME)
Generalsekretär: T. F. Gay
Rue de Strassart 99
B-1050 Brüssel
Tel.: (0032-2) 5 11 34 84
Fax: (0032-2) 5 12 99 70

Keramik

Bureau de Liaison des Industrie Céramiques du Marché Common CERAMIE – UNIE
Generalsekretär: Rogier Chorus
Rue de Colonies 18-24, Boîte 17
B-1000 Brüssel
Tel.: (0032-2) 5 11 30 12
Fax: (0032-2) 5 11 51 74

Möbel

Union Européenne de l'Ameublement (UEA)
Generalsekretär: Bart de Turck
Rue Royal 109
B-1000 Brüssel
Tel.: (0032-2) 2 18 18 89
Fax: (0032-2) 2 19 27 01

Plastik

Association of Plastic Manufactures in Europe (APME)
Direktorin: Nancy Russotto
Avenue E. Van Nieuwenhuyse 4
B-1160 Brüssel
Tel.: (0032-2) 6 75 32 97
Fax: (0032-2) 6 75 39 35

Reinigungsmittel

Association internationale de savonnerie et détergent (A.I.S.) und Fédération internationale de l'Association de Frabicants de produit d'entretien (F.I.F.E.)
Generalsekretär: P. V. Costa
Square Marie-Louise 49
B-1040 Brüssel
Tel.: (0032-2) 2 30 83 71
Fax: (0032-2) 2 30 82 88

Schuhe

Confédération Européenne de l'Industrie de la Chaussure
Generalsekretär: Roeland Smets
Rue François Bossaerts 53
B-1030 Brüssel
Tel.: (0032-2) 7 36 58 10
Fax: (0032-2) 7 36 12 76

Tabak

Fédération Belgo-Luxembourgoise des Industrie du Tabac (FEDETAB)
Generalsekretär: Daniel Vuylsteke
Avenue Louise 480, Boîte 14
B-1050 Brüssel
Tel.: (0032-2) 6 46 04 20
Fax: (0032-2) 6 46 22 13

Textilien

Comité de Coordination des Industrie Textiles de la CEE (COMITEXTIL)
Directeur Général: Camille Blum
Rue Montoyer 24
B-1040 Brüssel
Tel.: (0032-2) 2 30 95 80
Fax: (0032-2) 2 30 60 54

Zementindustrie

Association Européenne du Ciment (CEMBUREAU)
Generalsekretär: Etienne Plettinckx
Rue d'Arlon 55
B-1040 Brüssel
Tel.: (0032-2) 2 34 10 11
Fax: (0032-2) 2 30 47 20

6. EG-Verbindungsbüros deutscher Verbände in Brüssel

Bundesverband der Deutschen Industrie (BDI) Europa-Büro
Leiter: Dr. Eberhard Meller
Rue de Trève 92-96
B-1040 Brüssel
Tel.: (0032-2) 2 30 64 42
Fax: (0032-2) 2 30 42 75

Deutscher Industrie und Handelstag (DIHT)
Leiter: Peter Korn
Boulevard Clovis 49 A
B-1040 Brüssel
Tel.: (0032-2) 2 86 16 11
Fax: (0032-2) 2 86 16 05

Verband Deutscher Maschinen- und Anlagenbau (VdMA)
Leiter: Burkhart von Rauch
Rue de Trève 92-98
B-1040 Brüssel
Tel.: (0032-2) 2 30 32 89
Fax: (0032-2) 2 30 62 23

Zentralverband des deutschen Handwerks (ZdH)
Leiterin: Karin Rögge-Nöcker
Rue Jacques de Lalaing 4
B-1040 Brüssel
Tel.: (0032-2) 2 30 85 39
Fax: (0032-2) 2 30 21 66

Hauptverband der Deutschen Bauindustrie, Geschäftsstelle Brüssel
Leiter: Helmut von Fisenne
Rue de Trève 92 – 98
B-1040 Brüssel
Tel.: (0032 – 2) 2 30 05 47
Fax: (0032-2) 2 30 38 94

Arbeitsgemeinschaft Bau und Ausbaugewerbe
Leiter: Axel Klaus Jung
Rue Jacques de Lalaing 4
B-1040 Brüssel
Tel.: (0032-2) 2 30 18 52
Fax: (0032-2) 2 30 34 51

Deutscher Fleischer-Verband, Vertretung bei der EG
Leiterin: Dr. Monika Beutgen
Rue Jacques de Lalaing 4
B-1040 Brüssel
Tel.: (0032-2) 2 30 66 90
Fax: (0032-2) 2 30 34 51

Deutscher Genossenschafts- und Raiffeisenverband
Leiter: Dr. Hermann Fragner
Square Ambiorix 32
B-1040 Brüssel
Tel.: (0032-2) 2 30 55 35
Fax: (0032-2) 2 30 42 22

Deutsch-Belgisch-Luxemburgische Handelskammer (DEBELUX)
Hauptgeschäftsführer: Dieter Kleemann
Manhattencenter
Avenue de Boulevard 21
B-1210 Brüssel
Tel.: (0032-2) 2 18 50 40
Fax: (0032-2) 2 18 47 58

Bundesverband der Deutschen Arbeitgeberverbände (BDA)
Leiterin: Prinzessin zu Schoenaich-Carolath
Rue de Trève 92-98
B-1040 Brüssel
Tel.: (0032-2) 2 30 06 02
Fax: (0032-2) 2 30 98 83

Zentralverband Elektrotechnik- und Elektroindustrie (ZVEI)
Verbindungsbüro Brüssel
Leiter: Dr. Heinrich Hölzler
Rue de Trève 92-98
B-1040 Brüssel
Tel.: (0032-2) 2 30 24 16
Fax: (0032-2) 2 30 61 53

Vereinigung Deutscher Elektrizitätswerke (VDEW)
Leiter: Ulrich H. Braatz
Avenue de Tervuren 148, Bôite 17
B-1040 Brüssel
Tel.: (0032-2) 7 71 76 42
Fax: (0032-2) 7 63 08 17

Europabüro der deutschen Kommunalen Selbstverwaltung
Leiter: Dr. Ralf von Ameln
Avenue de la Renaissance 1
B-1040 Brüssel
Tel.: (0032-2) 7 32 35 96
Fax: (0032-2) 7 32 40 91

Deutsche Zentrale für Tourismus (DZT)
Leiter: Manfred Leber
Rue de Boeck 54 – 56
B-1040 Brüssel
Tel.: (0032-2) 2 45 97 00
Fax: (0032-2) 2 45 39 80

Evangelische Kirche in Deutschland (EKD)
Büro Brüssel
Leiter: Hans-Joachim Kiderlen
Boulevard Charlemagne 28
B-1040 Brüssel
Tel.: (0032-2) 2 30 16 39
Fax: (0032-2) 2 80 01 08

Bundesarbeitsgemeinschaft der Freien Wohlfahrtsverbände/ Deutscher Caritasverband
Leiter: Bernd-Otto Kuper
Rue de Pascale 4—6
B-1040 Brüssel
Tel.: (0032-2) 2 30 45 00
Fax: (0032-2) 2 30 57 04

Bundesrechtsanwaltskammer
Leiter: Eugen Ewig
Bundesnotarkammer
Leiter: Dr. Peter Limmer
Rue Newton 1
B-1040 Brüssel
Tel.: (0032-2) 7 36 08 91
Fax: (0032-2) 7 36 14 97

7. EG-Verbindungsbüros deutscher Unternehmen in Brüssel

BASF EG-Verbindungsbüro
Leiterin: Jacoba Helfrich-Laubrock
Boulevard du Régent 50
B-1000 Brüssel
Tel.: (0032-2) 5 14 48 00
Fax: (0032-2) 511 98 19

Bayerische Motorenwerke AG, EG-Verbindungsbüro
Leiter: Bernd M. Thomas
Avenue de Tervuren 81
B-1040 Brüssel
Tel.: (0032-2) 7 36 01 31
Fax: (0032-2) 7 36 99 83

Daimler Benz AG
Leiter: Dr. Hanns R. Glatz
Rue Froissart 123/133, Boîte 29
B-1040 Brüssel
Tel.: (0032-2) 2 33 11 31
Fax: (0032-2) 233 11 80

IBM Government Programs Europe
Leiter: Dr. Helmut Forner
Chaussée de Bruxelles
B-1310 La Hulpe
Tel.: (0032-2) 6 55 53 21
Fax: (0032-2) 6 55 53 00

Deutsche Bundesbahn
Leiter: Ulrich Kurth
Rue de Luxembourg 23
B-1040 Brüssel
Tel.: (0032-2) 5 12 74 46
Fax: (0032-2) 5 14 58 48

Deutsche Lufthansa AG
Leiter: Gerhard Kandulski
Boulevard Ansbach 1, Boîte 4
B-1000 Brüssel
Tel.: (0032-2) 2 12 09 11
Fax: (0032-2) 2 17 35 74

Deutsche Aerospace
Leiter: Jürgen H. Wild
Avenue de Tervuren 273
B-1150 Brüssel
Tel.: (0032-2) 7 62 22 75
Fax: (0032-2) 7 70 04 07

Krone AG
Leiter: Dr. Hans Neetix
Avenue des Arts 19
B-1040 Brüssel
Tel.: (0032-2) 2 19 45 03
Fax: (0032-2) 2 19 91 25

Bremer Vulkan Verbund/Atlas Electronic
Leiterin: Regine Maier
Avenue Michel Ange 68
B-1040 Brüssel
Tel.: (0032-2) 7 32 40 10
Fax: (0032-2) 7 36 68 44

RWE
Büro Brüssel
Leiter: Dr. Bernward Löwenberg
Avenue de Tervuren 273
B-1150 Brüssel
Tel.: (0032-2) 7 72 63 00
Fax: (0032-2) 7 72 64 66

Robert Bosch GmbH
Leiter: Dr. Arwed-Ralf Grenzbach
Rue Henri Genesse 1
B-1070 Brüssel
Tel.: (0032-2) 5 25 51 11
Fax: (0032-2) 5 25 53 01

Siemens EG-Verbindungsbüro
Leiter: Dr. Albrecht Döhler
Rue d'Arlon 69-71
B-1040 Brüssel
Tel.: (0032-2) 2 86 19 11
Fax: (0032-2) 2 30 97 70

VEBA AG
Leiter: Norbert M. Schneider
Avenue de Tervuren 81
B-1140 Brüssel
Tel.: (0032-2) 7 32 82 82
Fax: (0032-2) 7 32 83 00

8. Gemeinsame Forschungsstelle

1. Brüssel
Rue de la Loi 200
B-1049 Bruxelles
Tel.: (0032-2) 2 99 11 11
Fax: (0032-2) 2 99 01 46
Telex: 21877 COMEU B

2. Karlsruhe
Linkenheim
Postfach 23 40
D-76344 Karlsruhe
Tel.: (07247) 8 41
Fax: (07247) 40 46
Telex: 7825483 EU D

3. Geel
Steenweg op Retie
B-2440 Geel
Tel.: (0032) 14 57 12 11
Fax: (0032) 14 58 42 73
Telex: 33589 EURAT B

4. Petten
Westerduinweg 3
Postbus Nr. 2
NL-1755 ZG Petten (N.-H.)
Tel.: (0031) 22 46-56 56
Fax: (0031) 22 46-10 02
Telex: 57211 REACP

5. Ispra
I-21020 Ispra (VA)
Tel.: (0039) 3 32 78 91 11
Fax: (0039) 3 32 78 90 45
Telex: 380042/380058 EUR I,
324878/324880 EUR I

Stichwortverzeichnis

A-Punkt 45
Abfallwirtschaft 102
Agrarabschöpfungen 132
Agrarforschung 87
Agrarpolitik 83
AIDS 91
AKP-Staaten 91
Allgemeiner Rat 6, 7
Amtsblatt 152
Amtsblatt der EG 56
Amtsenthebungsverfahren 32
Amtssprache 61
Amtszeit 32, 37, 41
Anleihen 129
Anti-Dumping-Verfahren 47
Antidumping-Politik 64
Aquakultur 118
Arbeitsbedingungen 154
Arbeitsprogramm 39, 40
Arbeitssprache 11, 46
Assistenten 20
Asylrecht 58
Außenbeziehungen 62
Außenpolitik 63
Außenpolitische Beziehungen 69
Außenwirtschaftliche Beziehungen 63
Außenwirtschaftspolitik 63
Ausgaben 132
Ausschuß der Regionen 124
Ausschuß der Ständigen Vertreter (AStV) 7
Austauschprogramme 141
Auswahlverfahren 97

Banken 120
Bankenrecht 120
BC-Net 140
Befähigungsnachweise 121, 156
Behindertenhilfe 83

Beihilfen 13, 79
Beitrittsverhandlungen 63
Beratende Ausschüsse 14
Berlaymont-Gebäude 21
Berufsausbildung 141
Berufsbildung 156
Beschäftigungspolitik 82
Besucher 157
Besucherprogramme 169
Betrugsbekämpfung 55, 120, 132
Betrugsfälle 135
Bibliotheken 115
Bildung 141
Bildungspolitik 141
Binnenmarkt 75, 119
Binnenschiffahrt 89
Biotechnologie 107
Biotopschutz 102
Börsen 120
Branchenverbände 164
Breitbandkommunikation 113
Breydel-Gebäude 22, 50
BRIDGE 108
BRITE/EURAM 107
Brüssel 21
Buchführung 133
Bulletin 57
Bürgerberater 169
Büro für Unternehmenskontakte 140
Büroautomatisierung 77

CEDEFOP 155
CELEX 152
CEN 76
CENELEC 76
Charlemagne-Gebäude 21
COMETT 141
Concours 97
Consultants 160

CORDIS 114
COREPER 7
CREST 106
CUBE 107

Darlehen 130
Datenbank RAPID 51
Datenbanken 170
Datenschutz 121
Datenverarbeitung 151
Delegationen 57, 70, 91
Dienst des Sprechers 49
Dokumentationsdienst 156
DRIVE 114
Drogen 69

EAGFL 87
ECHO 115
ECLAIR 108
EFTA-Staaten 106
EG-Vertrag 2
Einheitliche Europäische Akte 3, 14, 58
Einnahmen 132
Einstimmigkeit 24
Energie 108, 127
Energieplanung 127
Energiepolitik 127
Energietechnologie 128
Energietransport 108
Entwicklungsfonds 91
Entwicklungspolitik 91, 103
ERASMUS-Programm 141
Erweiterungsverhandlungen 63
ESPRIT 77, 111
EU-Vertrag 2
EURATOM 128, 153
Euro-Info-Centre 170
Euro-Telefon ‚92' 171
Europäische Gesellschaft 121
Europäische Investitionsbank 3, 73, 123, 129
Europäische Politische Zusammenarbeit 69

Europäische Union 2
Europäische Volkspartei 4
Europäischer Entwicklungsfonds 93
Europäischer Fonds für regionale Entwicklung 123
Europäischer Gerichtshof 8, 61
Europäischer Rat 6
Europäischer Rechnungshof 3
Europäischer Sozialfonds 83
Europäisches Parlament (EP) 3, 25
Europarat 70
EUROPARTENARIAT 140
EWG-Vertrag 2

Fachverbände 163
Fangquoten 117
Fernmeldewesen 113
Finanzen 71
Finanzinstitute 120
Finanzinstitutionen 120
Finanzinstrumente 73
Finanzkontrolle 133, 134
Fischerei 116
FLAIR 108
Flüchtlingshilfe 93
Flugsicherheit 90
FORCE 143
Forscher 109
Forschungs- und Entwicklungsprogramme 105
Forschungsrahmenprogramm 106
Freier Warenverkehr 119, 135
Freizügigkeit 82
Fusionskontrolle 77, 81
Fusionsvertrag 1

GATT 66, 87, 113
Geel 110
Gemeinsame Außen- und Sicherheitspolitik 2
Gemeinsame Forschungsstelle 105, 110

Gemeinschaftsinteresse 13
Generalanwalt 10
Generaldirektion 15, 18
Generalinspektion 52
Generalinspektion der Dienste 52
Generalsekretariat 40, 45, 55
Genossenschaftswesen 139
Gesamtbericht 57
Geschäftsordnung 40
Gesellschaftsrecht 120, 121
Gesundheit 83
Gesundheitswesen 2, 114
Gewässerschutz 102
Gleitprogramm 39
Golf-Kooperationsrat 67
Gruppe für prospektive Analysen 48

Handel 138
Hauptorgane 2
Haushalt 25, 131
Haushaltsplan 132
Haushaltsvollzug 133
HELIOS 83
Hilfsaktionen 145
Humanitäre Soforthilfe 144
Humanressourcen 141

Immobilienpreise 159
Industrie 75
Industriepolitik 2, 75
Informationsbüros 168
Informationsbüros der Länder 165
Informationsmarkt 115
Informationsquellen 168
Informationstechnologie 75, 77, 111
Initiativrecht 12, 25, 48
Integrationsprozeß 6
Interessenvertretungen 158
Investitionen 130
ISDN 113
ISPRA 110

JET 109
JOULE 108
Journalisten 50
Jugend 141
Juristischer Dienst 40, 46, 60

Kabinett 15, 41, 43
Kabinettchef 44
Kabinettchefsitzung 45
Kapitalverkehr 73
Karlsruhe 110
Kartelle 77
Kernenergie 128
Kernfusion 109
Kleine und mittlere Unternehmen 138
Klimatologie 107
Kodezisionsverfahren 25
Kohäsion 2
Kohäsionsfonds 59, 123
Kohle 127
Kollegialorgan 39
Kollegialprinzip 44, 47
Kommissare 15
Kommission 12, 15, 23, 29
Kommissionsmitglieder 29, 30, 33
Kommunikationssysteme 113
Konferenzen 151
Kredite 129
Kriminalität 2
KSZE 70

Länderbüros 166
Landwirtschaft 83
Langzeitarbeitslosigkeit 83, 156
Lateinamerika 62
Laufbahnen 20
Laufbahngruppen 18, 20
Laufbahnrecht 18
Lebensbedingungen 82
Lebensmittel 102
Lernsysteme 114
LIFE-Programm 103
LINGUA 141

Linguistik 115
Lobbying 158, 163
Lobbyisten 50
Lomè-Abkommen 94
Luftverkehr 90
Luftverunreinigung 102
Luxemburg 10

Maastrichter Vertrag 2, 3, 7, 25, 37, 41
Medien 49, 121
Medizin 83, 102
Meeresforschung 107
Meeresschätze 117
Menschenrechte 2, 70
Mißtrauensantrag 32
Mikroelektronik 77
Ministerrat 5, 23
Mittelmeer 67

Naturkatastrophen 144
Nord-Süd-Beziehungen 67
Normung 75, 76
obligatorische Ausgaben 25
OECD 66, 93
Öffentliches Auftragswesen 120, 139
Öffentlichkeitsarbeit 147
Ortoli-Fazilität 73
Osteuropahilfe 66
Ozonschicht 102

Parlamentsfragen 58
PEDIP 76
Personal 95
Personenkontrolle 58
PETRA 141
Petten 110
PHARE-Programm 67, 103
Plenarsitzungen 5
Post 113
Praktikanten 55
Praktikantenbüro (Bureau des stages) 55

Präsident 36, 39, 53, 55
Präsidentschaft 6
Pressecorps 50
Produkthaftung 121
Protokoll 47

Qualitätsnormen 86
Quoten 86

radioaktive Abfälle 108
Rat der EU 7
Ratspräsidentschaft 38
Rechnungshof 131
Rechtsangleichung 121
Regelausschuß 14
Regionalpolitik 123
Richtlinienkompetenz 38
Risikokapital 130
Rohstoffhandel 93

SAVE-Programm 128
Schriftliches Verfahren 46
Schutzklausel-Verfahren 47
SCIENCE 109
Seeverkehr 90
Sicherheitsbüro 157
Sozialdemokratische Fraktion 4
Soziale Angelegenheiten 81
Sozialpartner 82, 155
Sozialpolitik 81
Sozialwirtschaft und Tourismus 139
Sperrminorität 24
Sprechergruppe 49
staatliche Beihilfen 79
Staatsmonopole 77
STABEX 93
Stahlquoten 13
Standardisierung 76
Statistisches Amt 147
Stellenausschreibungen 97
Steuern 120, 137
Straßburg 5
Strahlenschutz 102, 108

Stresaformel 6
Strukturanpassung 125
Strukturfonds 123
Strukturhilfen 76
Strukturpolitik 138
Subventionsbetrug 59
Systran 115

Task Force „Erweiterung" 63
Task Force Fusionskontrolle 79
Telekommunikation 111, 113
Telematiknetze 113, 114
TEMPUS 141
Terminologie 150
Thermie-Programm 128
Tierzucht 86
Tourismus 139
Transeuropäische Netze 2
Treibhauseffekt 103

Überfischung 118
Überproduktion 83
Übersetzungsdienst 150
UCLAF 59
Umwelterziehung 103
Umweltpolitik 103
Umweltschutz 87
Umwelttechnologie 107
Umweltverträglichkeitsprüfung 102
Unternehmensstatistiken 148

VALUE 115
Verbände 164
Verbindungsbüros 165
Verbraucherschutz 143
Verkehr 89
Verkehrsnetze 89
Verkehrstechnologie 89
Versicherungen 120
Vertragsverletzungsverfahren 101
Verwaltungsausschuß 14
Verwaltungsstruktur 161
Vizepräsidenten 41
Vorabentscheidung 11

Warenursprung 135
Weisungsrecht 44
Weiterbildung 141
Weltbank 129
Weltraum 107
Werkstofftechnologie 107
Wettbewerb 77
Wettbewerbspolitik 77
Wirtschaft 71
Wirtschafts- und Sozialausschuß 3
Wirtschafts- und Währungsunion 2, 71
Wirtschaftsstatistiken 147

Zeichnungsbefugnis 47
Zentralbank 156
Zoll 135
Zollkontingente 117
Zollunion 135

EG UND EUROPA
FACHBÜCHER FÜR DIE PRAXIS

EU-ABC
Lexikon für Wirtschaft, Recht, Steuern, Finanzen, Institutionen
Von Dr. G. Ettl, Dr. H. Teske, Ministerialdir., Dr. H. Weiler, Dipl.-Volksw., StB. u.a. 2., neubearb. und erw. Auflage, 1994, 278 S., gb., mit zahlreichen zweifarb. Graphiken und Tab., DM 52,- / ÖS 406 / SFr 52,-, ISBN 3-97081-453-5

Frauenförderprogramme
EU, Bund, Länder, Private Wirtschaft
Von H. Ihlefeld-Bolesch, MR, L. Krickau-Richter, Dipl.-Ing. und Dr. B. Messerig-Funk. 1994, 248 Seiten, broschiert, DM 39,80/ÖS 311/SFr 39,80, ISBN 3-87081-222-2

Fordern Sie bitte das kostenlose Fachbuchverzeichnis EG und Europa 1993 an!

Bildung und Europa
Die EG-Fördermaßnahmen
Von A. Czysz, P. Leonhard, Dipl.-Rom., U. Pfaff und Dr. H. Müller-Solger. 1993, 185 S., br., DM 38,80 / ÖS 303 / SFr 38,80, ISBN 3-87081-702-X

Förderprogramme der EU 1994
Von Dr. G. Sabathil. 5., neubearbeitete u. erweiterte Aufl., 1994, ca. 340 Seiten, brosch., ca. DM 54,- / ÖS 421 / SFr 54,-, ISBN 3-87081-353-9
Ersch. vorauss. III. 1994

Insolvenzen in Europa
Recht und Praxis
Hrsg. von Dr. U. Jahn, unter Mitarb. von Rechtsanwälten in den einzelnen Ländern. 1993, 281 S., br., DM 54,- / ÖS 421 / SFr 54,-, ISBN 3-87081-113-7

ECONOMICA VERLAG
Fontanestr. 12 • 53173 Bonn • Tel. 0228/9 57 13-0 • Fax 9 57 13-22